JN215414

〃憲法改正〃教育勅語問題と「二つの日本史」

草野善彦

本の泉社

“憲法改正”教育勅語問題と「二つの日本史」　目次

はじめに――本書の問題意識

〝戦後憲法〟の「改正」が政治の日程にのぼり、その目的が現憲法第九条を変更して、ふたたび海外で戦争をする国づくりと一体的に、「天皇の元首化」など全体的に戦前回帰の動き、同時に民主主義的権利を明記した戦後憲法への否定の顕著な衝動がつよまっています。それはふたたび天皇制的日本社会論・日本文化論を、日本社会の中心におこうという動きです。これが安倍首相の「美しい日本」の意味と思われ、それは「教育勅語」復権の動きなどにも露骨に示されています。その中心的思想は、「天皇中心的日本社会論」＝「万世一系の天皇制は日本の歴史と伝統論」です。

本書は、戦前の「自由民権運動」以来の、〝日本の民主主義論の「天皇制批判」〟の問題点をも視野に、まず戦後の日本史・日本古代史もまた、その実、江戸時代よりその史実性への疑念が指摘されている、『日本書紀』等を盲信する近世の「水戸史学・国学」の尊皇日本史観を継承した、〝尊皇主義の日本史論・日本社会論〟に過ぎず、それは後述するように近世日本社会の歴史的社会的な条件に制約された日本史・日本古代史であって、真の日本民族の歴史とは根本的に異なるものという点を、動かない事実にたって明らかにしようとするものです。

本書は、真の日本史・古代史の解明で重要な視点を第一に、一民族の国家の形成・誕生という問題は、そもそも世界史上でも一国的・一民族内にとどまった閉鎖的な問題ではなく、当初から周辺諸国・諸民族との国際的関係をもったものという点においています。したがって古代日本国家の形成過程にかんしても、古代中国・朝鮮諸国にきわめて古い時代から、当然ながらその交流記が今日に残されているわけです。

ところが「水戸史学・国学」はもちろん、明治以降の日本史の不思議、または問題点は、本論で具体的に指摘するように、この「国際的」記録を国民の前にあるがままに明らかにして、その解明・研究をも考古学的探究を基礎に重視するという、当たり前のことが拒否されるという、世界の歴史学に例のない閉鎖的態度が最大の特質をなしているところです。しかも、この「本朝（日本）国史（古事記・日本書紀）絶対主義」という姿勢にかんしては、約三〇〇年も前の江戸時代に、すでに「学問の姿にあらず」という、正当にして痛烈な批判があるにもかかわらず、しかしこれを戦前の「皇国史観」史学はもとより、戦後の「実証主義史学」もまた、まったく不問に付してきました。

戦前は政府・文部省が、「大日本帝国ハ万世一系ノ天皇之ヲ統治ス」の憲法規定を掲げて、「日本社会に民主主義は馴染まない」（『国體の本義』、文部省発行、昭和一二年、本論一七頁参照）と公言し、戦後、日本国憲法制定にかかわった戦前のアメリカの駐日大使・ジョセフ・クラーク・グルーも、アメリカの国益論から戦後の天皇制護持を断固主張しながらも、他方では、「万世一系の天皇制の日本史」を、〝それはすべて純粋に人工的につくりだされたもの〟と述べ、同時に、「万世一系の天皇制を国民的に信奉する日本人には、真の民主主義はなじまない」（本論一三二頁参照）と述べているのです。すなわち「天皇制と民主主義は両立し得ない」という点で、戦前・戦後の日米政府の見解は一致しているわけです。ところが戦後の〝実証主義的日本古代史学〟においても、「万世一系の天皇制の日本史」を〝すべて純粋に偽造された歴史〟というグルーの指摘は、まったくとりあげられていません。

また、明治以来の「自由民権運動」をはじめとする近代日本の民主主義論も、戦前の〝憲法体制の天皇制〟には反対を掲げましたが、そうしてこれは近代日本の知性の輝きではありますが、しかし、近代天皇制の根幹である「万世一系の天皇制」、すなわち「ヤマト朝廷一元史観」・(日本の王朝・国家は、国家開闢以来ヤマト朝廷のみ)という日本史観の真偽問題にかんしては、まったくとりあげていません。こうして近代日本において明治以来の体制派(現在の改憲派)が、「万世一系の天皇制は日本社会の歴史と文化」論を掲げて民主主義の否定を公言し、民主派は、「万世一系の天皇制」なる日本史論には沈黙して、もっぱら憲法論的な「民主主義論」を主張するという、「スレチガイ」が明治以来の一個の光景と思います。

したがって日本には、日本民族の国家形成初期以来の国際交流を反映した、そこに記録されている真の日本古代史像と、それを意図的に否認する『古事記・日本書紀』絶対主義の、近世の水戸史学・国学以来、すなわち戦前・戦後の憲法第一条的・大学的日本古代史という、二つの日本史があって、その真偽の解明こそは、日本における民主主義の運命に深くかかわるものと考えます。すなわち〝日本民族と二つの日本史〟という問題です。

なお本書で引用の『日本書紀』は、岩波書店の「日本古典文学大系」本により、『古事記』は岩波文庫の倉野憲司氏校註本に依りました。その他は本文中にそのつど記しました。

【注】「瑞穂の国」と「水穂の国」＝『日本書紀』の「一書」は前者を、『古事記』は後者を採用している。本書は、『古事記』の表記を採用。なお『日本書紀』本文は「葦原の中国」。

第一章

戦前の「天皇制批判」の問題点

一

「過去に目を閉ざすものは、現在にたいしても盲目となる」という言葉があります。ナチス・ドイツ同様に、朝鮮・中国をはじめ世界の人々に巨大な災いをもたらし、日本国民に塗炭の苦しみをあたえ、そのうえに国の真の独立を失った日本軍国主義にかんしても、われわれ戦後の日本人の立場と責務も、本来は、同様ではないかと考えます。ところがこの歴史から真に学ぶのではなく、対米従属のまま、ふたたび、戦前の日本社会へ復権をめざす動きが強まっています。それが自由民主党の憲法改正草案（二〇一二年四月、決定、以下『草案』と表記）であり、この実現をめざし戦後憲法の「改正」が、これらの勢力によって政治の日程にのせられようとしています。

その『草案』の第一条には、「天皇は、日本国の元首」とあり、その「前文」でも、「日本国は、長い歴史と固有の文化を持ち、国民統合の象徴である天皇を戴く国家……」とあります。さらには「第三条」の「国旗及び国歌」では、その「第二項」で、「日本国民は、国旗及び国歌を尊重しなければならない。」と規定して、憲法で「尊重」を義務づけるなど、あからさまな戦前の「大日本帝国憲法」時代への回帰の動きが目につきます。

私は敗戦の時、国民学校（小学校）五年生でした。今日では第二次大戦を知る少数派の日本人でしょうか。この日本帝国主義が引き起こした戦争で、日本国民、約三〇〇万人以上が犠牲となり、広島・長崎の原爆被爆、東京大空襲、沖縄戦など国民は、日本史はじまって以来の苦難にさらされ、しかも同様にはじめて外国に敗北し、民族の真の独立を失い、その国土に外国の軍隊の基地がおかれるなど、民族の誇りは蹂躙され、今日に至っています。これをもたらしたものは、本来、日本国民・日本民族への大罪を犯した者たちと思います。しかしこの勢力は正当に罰せられるどころか、戦後の日本の主な政治勢力として存在するという、世界に例がない姿です。

この朝鮮・中国侵略から太平洋戦争（死者二〇〇〇万人ともいう）は、すべて天皇（昭和天皇）の名において開始・遂行されました。日本軍国主義の特質は、「万世一系の天皇制」を掲げて侵略戦争を正当化し、これを国民に強要してきたところです。それは、やれ「八紘一宇」（天皇をいただく日本が世界をとり仕切ること）とか、同じことですが「大東亜共栄圏の建設」を掲げて、中国等への侵略戦争を正当化、美化し、「治安維持法」という極悪非道の悪法を定め、戦争反対・天皇制反対、国民の生活改善等の正当な声を圧殺し、さらに「産業報国会」等の結成がすすめられ、侵略戦争の遂行のためと称して、日本共産党を除いて他の政党はすべて自主的に解散・解消し、「大政翼賛会」（天皇の政治に賛成・御奉公するという意）に合流し、この天皇の名で行われた侵略戦争に参集しない者は、「非国民・国賊」などと罵倒される暗黒の社会でした。

しかもそれは、女性の〝パーマネント〟や、誰かが西洋音楽を楽しむといった些細なことでも、「戦時下に、聖戦のため日本の兵士が命をかけて戦っている時に、敵国性の西洋文化におぼれるなどは非国民」などと称し、さらには女性のスカートも「時局にそむく」などいい、国民生活の万端にかんして職場はもちろん、地域でも隣組等が監視・干渉し、これを通じて日本軍国主義は個人生活の隅々までを統制する、国民にとっては窒息的な社会でした。

国民の〝戦意高揚〟をあおるものとして、政府が力を入れたものに、小学校以来の「教育勅語」があります。そうして「日本は万世一系の天皇いただく神の国」、「国難には必ず神風が吹き、日本を勝利に導く」など、〝日本絶対不敗論〟が学校教育で強調され、「肉弾三勇士」等が授業で絶賛され、「天皇陛下の御為に命を捧げる」ことが、日本国民の生き方のお手本と称され、子供を戦争の肉弾として育てることが、小学校からの学校教育の目的とされました。この結果、あの〝特攻隊〟志望の青年が育てられ、〝燃料片道の出撃〟などの狂気が遂行されました。

さらに「聖戦勝利」の名目で各種資源等が〝生産優先〟とされ――戦後、大企業等の〝隠匿物資〟への摘発闘争が行なわれた――国民は石鹸やゴム長靴等の日常品にも事欠き、とくに都市住民を襲ったのは主食のコメをはじめ、極度の食糧品の不足でした。こうした状況のもとで軍国主義の天皇制政府は、「鬼畜米英撃ちてし止まむ」「一億国民総火の玉」などとあおりたて、同時に他方では、「欲しがりません。勝つまでは。贅沢は敵」などと大宣伝をしました。

こうした無謀・理不尽な事態に国民を追いこんだ根底には、戦前の憲法第一条の「大日本帝国ハ万世一系ノ天皇之ヲ統治ス」、第三条の「天皇ハ神聖ニシテ侵スヘカラス」、さらには第一一条の「天皇ハ陸海軍ヲ統帥ス」などの、憲法規定があります。しかし、この憲法規定の根元に、「万世一系の天皇制」

なる、すなわち〝日本の国家・王朝は日本民族はじまって以来、ヤマト朝廷のみ〟という、〝ヤマト朝廷一元史と史観〟がおかれ、〝日本の世界に誇るべき特質〟と称されて、天皇絶対主義が小学校（国民学校）から国民に公教育を通じて徹底されました。

二

これらはすべて〝過去のこと〟、ないしは戦前回帰を進める安倍自民・公明党等の政治の問題であって、これらの動向に野党などが、「憲法」擁護という立場で反対し、また大学教授などの知識人をはじめ、国民各層の人々が「安保法制＝戦争法反対」や「改憲反対」の行動に参加しているというだけで、はたして十分な「批判的根拠」はそろっている、といえるのかという点に、本書の問題意識はあります。自由民主党の『草案』では、現憲法の第九条の変更が大きな眼目ですが、先述のとおりに「天皇の元首化」や「国旗・国歌の尊重」を、憲法で規定することをも打ち出しています。これはなにを狙ったものでしょうか。この動きのなかでふたたび「教育勅語」がもちだされています。その内容の基本部分は次のようです。

「朕惟フニ我カ皇祖皇宗国ヲ肇《はじ》ムルコト宏遠ニ徳ヲ樹ツルコト深厚ナリ。我カ臣民克ク忠ニ克ク孝ニ億兆心ヲ一ニシテ世々厥《そ》ノ美ヲ済《な》セルハ此レ我ガ国体ノ精華ニシテ、教育ノ淵源亦実ニ此ニ存ス……中略……一旦緩急アレハ義勇公ニ奉シ以テ天壌無窮ノ皇運ヲ扶翼スヘシ。是ノ如キハ独リ朕カ忠良ノ臣民タルノミナラス又以テ汝祖先ノ遺風ヲ顕彰スルニ足ラン。斯ノ道ハ実ニ我カ皇祖皇宗ノ遺訓ニシテ子孫臣民ノ倶ニ遵守スベキ所……」（以下略、傍線は引用者）。

ここには「我が皇祖皇宗」、すなわち「ヤマト朝廷の祖先が〝国を肇《はじ》めた〟」としているところが重大な点です。この「詔」によれば、この「〝肇国〟（建国）によって、いく久しく国民が受けた恩恵は深く厚い。……したがっていったん戦争や革命などの大事が勃発したら、〝汝臣民〟は身をすてて朝廷に命をささげ、こうして終わりない天皇家（および、これを国民にたいしてかかげる支配者と、その政府）を助けるべく奉仕しなければならない。こうした〝汝臣民〟のあるべき姿は、単に現在の天皇・政府と〝汝臣民〟の関係にとどまらず、〝汝臣民〟の祖先以来の称賛に値する遺風である。この優れた道は実に、日本国を創造したわが皇室のはるかなる祖先以来の遺訓である」というのです。これを「美しい日本の姿」と真剣に考える人々が、今日も、日本にいるのです。その歴史的背景は後述します。

ここでは国民は「汝臣民」と位置づけられ、使い捨自由の物として「天皇陛下の御為に命を捨てる」ことが求められ、おおよそ人権とか近代的市民権や民主主義、ましてや主権在民などの思想は、かけらもないのが特徴です。今どき自分を「自由主義陣営」とか、「自由主義諸国」に属していると云々する者が、同時にこの「教育勅語」を礼賛することは、その政治家等が実はその口にする「自由主義」は欺瞞に過ぎず、その正体は日本型のファシズム、日本型独裁政治の提唱者だと告白しているようなものと思います。

三

「日本型のファシズム」、その思想と理論は昭和一二年（一九三七）に時の文部省が発行した、戦前の日本社会に有名な『国體（体）の本義』という書物に記されています。時の文部省はこのなかで「日本は、万世一系の天皇と、その祖先がつくった国であって、国民はその恩恵に浴している以上は、一旦戦争等の大事が起きれば、勇んで命を捧げて、天皇とその祖先の御恩に報いなければならないと強調し、その達成上での最大の問題点を次のように指摘しています。

それは〝次々と西洋思想が流入し、「万世一系の天皇に報いる」という純正な日本思想が乱された〟

として、西洋思想批判を以下のように強調しています。

「我が国に輸入せられた西洋思想は、主として一八世紀以来の啓蒙思想（フランス大革命を導いた思想）であり、或はその延長としての思想である。これらの思想の根底をなす世界観・人生観は、歴史的考察を欠いた（万世一系の天皇制礼賛思想がない）合理主義であり、実証主義であり、一面に於いて個人に至高の価値を認め、個人の自由と平等とを主張すると共に、他面に於いて国家や民族を超越した抽象的な世界性（民主主義・人権の世界的普遍性）を尊重する。

……然るにこれに対して伝統復帰の運動が起った。これは国粋保全の名によって行なわれたもので、澎湃たる西洋文化の輸入の潮流に抗した国民自覚の現れであった。蓋し極端な欧化は、我が国の伝統を傷つけ、歴史の内面を流れる国民的精神を萎靡せしむる恐れがあったからである。かくして欧化主義と国粋保全主義の対立をきたし、思想は混迷に陥り……。然るに、明治二三年「教育に関する勅語」が渙発せられるに至って、国民は皇祖皇宗の肇国樹徳の聖業とその履践すべき大道を悟り、ここに進むべき確たる方向を見出した。」（「緒言」、三頁。傍線は引用者）。

すなわちここでいわれている「西洋思想」とは、民主主義のことです。ところが「教育勅語」擁護派は、この民主主義思想に反対する論拠を「皇祖皇宗の肇国樹徳の聖業」（ヤマト朝廷の祖先が日本国を創設した）におき、そこに「履践すべき大道」すなわち「教育勅語」をおいているのです。そうしてこれを「我が国の固有の伝統」とか「歴史の内面を流れる国民精神」とかいうのです。つまり「万世一系の天皇制は日本民族の歴史と伝統」という日本史観・日本社会論・日本文化観を、民主主義を否定する根拠としているわけです。

つまりは民主主義と、「万世一系の天皇制」なる〝日本史〟は、絶対的対立関係におかれているわけです。民主主義・個人の人権の尊重、その点で万人は平等という思想、それが実現された社会に絶対反対という論拠が、「皇祖皇宗の肇国樹徳の聖業」とか、「歴史の内面を流れる国民精神」、すなわち〝憲法第一条の天皇制〟におかれているわけです。こうして「尊皇」日本史の名によって、民主主義は否定すべき対象にされているのです。

この点で近代日本は、アメリカの独立宣言やフランス大革命と人権宣言を特質とする、欧米的な民主主義の近代社会（資本主義社会）とは根本的に異なる、世界に類例のない社会（資本主義）だというべきでしょう。したがって本来、日本における民主主義の追求の一つの柱は、「皇祖皇宗の肇国樹徳の聖業」とか、「歴史の内面を流れる国民的精神」とかいう〝日本社会の特質論〟、すなわち「万世一系の天皇制」、「ヤマト朝廷一元史観」という日本史論、日本社会論は、はたして真実か、という問題におかれるべきでしたが、現実には「自由民権運動」以来、欧米民主主義とその歴史・理論の紹介、日本におけるその普及と探究で、肝心要の尊皇派が民主主義を否認する根拠とした「皇祖皇宗の肇国樹徳の聖業」、すなわち「尊皇日本史論・日本社会論」の真偽という、一つの根本問題は素通りされて、それの探究・解明は、もっぱら「万世一系の天皇制」憲法下の国公立等の大學の当該学部等教授諸氏に、〝安心して任されてきた〟というのが本書の認識であり、問題意識です。

この光景は〝猫に鰹節の番をさせ〟、欧米風にいうならば〝狼に羊の番をさせる〟ようなものですが、明治以来の日本の民主主義論者等は、この「番人」に疑念を持った形跡はないと思います。

しかも天皇制は日本社会の特質・伝統論と、民主主義の対立という問題は、けっして過去形ではなく、今日の日本の第一級の問題であることは、自民党の改憲案が今日でも一方で「天皇元首化・国旗・国歌崇拝の強要」と、憲法九条の否定とともに、民主主義への攻撃・否定を改憲案に明記している事実によって明らかです。それは『草案』の第一二条「国民の責務」で、「この憲法が国民に保障する自由及び権利は、国民の不断の努力により、保持されなければならない。国民は、これを濫用してはならず、自由及び権利には責任及び義務が伴うことを自覚し、常に公益及び公の秩序に反してはならない。」とか、第一三条、「全て国民は、人として尊重される。生命、自由及び幸福追求に対する国民の権利については、公益及び公の秩序に反しない限り、立法その他の国政の上で、最大限に尊重されなければならない。」などと、「公共の福祉」という正当な現憲法の立場を否定して、「公益」「公の秩序」にかえている点です（傍線は引用者）。

「公」とは「国民」にたいする「お上」の意味であって、「公益」も「公の秩序」も、ともに「お上がいう秩序」であって、国民よりも上位のものとして「お上」をおく考え方です。これは「立憲主義」、すなわち主権者の国民が定めた憲法によって、政府・為政者を縛る、という近代民主主義とは正反対のものです。こうした条項とともに「天皇の元首化」や、「国旗・国歌」尊重の義務づけが規定されている点に、その改憲の意図が示されていると思います。

すなわち戦後の憲法は「象徴天皇制」という、「皇祖皇宗の肇国樹徳の聖業」の日本史論、戦前においてはこれによって「民主主義・個人の尊厳」を、「西洋かぶれ」として否認した当のものと、「民主主義」が並べられて、「戦後民主主義」が謳歌されてきたのです。しかしこの対立と矛盾は、はやくも自由民主党が戦後、結党時の目標に「改憲」を掲げた点に示されています。したがって時がたって「皇祖皇宗の肇国樹徳の聖業」派が、その敵「民主主義」をかたづけようとしても、なんの不思議もないわけです。

しかも問題は、この「皇祖皇宗の肇国樹徳の聖業」派は、明治憲法制定以前の江戸時代以来、日本の民主主義に通じる国民の声に、血の雨を降らせてきたもの達の側を賛美する「日本史論・日本文化論」に、その淵源を発したものであることは、本論で明らかにするところです。すなわち明治以来の「近代天皇制」と、「近代日本の民主主義派」の対立の根底に、「万世一系の天皇制は日本民族の歴史と文化」なる、近世・近代尊皇日本史論・日本社会論があり、これを「日本民族の歴史と文化」というかぎり、それは民主主義とは両立しない、という根本的な問題があると考えるのです。

別の言い方をすれば「皇祖皇宗の肇国樹徳の聖業派」の日本社会論は、戦前の「治安維持法」、安倍内閣が国民の反対を無視して強行した「共謀罪」をこそ本質とし、それは江戸時代以来の近世尊皇思想・その日本社会論の、核心部分なのです。この点は後述（一四五頁参照）します。

すなわち日本における民主主義の達成の根底には、「万世一系の天皇制」、「皇祖皇宗の肇国樹徳の聖業」などは、はたして真に日本民族の歴史と文化か？　――という、〝尊皇日本史論の真偽問題が横たわっているという認識です。つまりは近代日本社会の真の民主化の障害物は、「万世一系の天皇制は日本民族の歴史と文化の特質」という、近世~近代尊皇日本史論・日本社会論であって、これははたして真実の日本史か、という問題が、明治憲法以来、日本社会のあり方論の根底に横たわる根本問題だという認識です。

ところが自由民権運動以来の近代日本の民主主義論は、明治憲法の「天皇制の否定」という、憲法議論とその憲法体制批判に止まって、近代天皇制正当化の根幹である近世~近代尊皇思想、その根底をなす「万世一系の天皇制は、日本民族の歴史と伝統」なる、尊皇日本史論・日本文化論、すなわち「ヤマト朝廷一元史観」は、一切批判の対象にされなかった、これはきわめて大きな〝片手落ち〟ではないか、という考え方に本書はたっているわけです。

四

こうした大問題の提起は、本来は著名な学者、とくに日本史・日本古代史関係の優れた学者と、社会に認められた人が行うべきものです。しかし近代日本社会の不幸は、本文でとりあげるように天皇制の日本史的正当化を主張してきたものが、『古事記・日本書紀』を源流とするとはいえ、近世以降は実に水戸史学と近世国学を直近の淵源とする学派であって、この学派こそが明治維新の「尊皇攘夷」の、「尊皇」論の形成者であってみれば、明治以降のわが国の「日本史」、とりわけ「日本古代史」は、この学派が、文部省の役人や国公立等の大学の当該学部の諸教授を形成し、明治憲法第一条の作成・普及と、その擁護で決定的役割をはたし、またその後輩を育成してきたのであってみれば、これらの学者諸氏に日本民族の歴史の真実を、事実以外のいかなる権威にも服さずに探究することを要望しても、それは「ないものねだり」という、近代日本社会とその日本史学成立の特殊な事情があると考えるものです。

これらの人々の中から万に一つ将来、真実の日本史探究への決意ある探究者が生れるとしたら、それはただ一つ、国民的に真実の日本史への探究の熱意と要望がたかまり、これに答えても、もはや不利益等を蒙らないことが明らかになってからではないかと思います。では誰が最初の狼煙を挙げるのか、「誰が猫の首に鈴をつけるのか」というにも似た問題ですが、それは現状では、今の日本社会では、志あるしかし一介の市民、そうした〝研究者〟の試みとしてと思います。こうした新思考の提起者としては、本来、権威のない者は不適切ですが、現状では仕方がありません。

同時に指摘すべきは、正しい日本史にかんして、真の先学的な研究は江戸時代に端を発し、明治時代には当時の東京帝国大学の教授諸氏がおられ、昭和時代には古田武彦氏がおられます。しかしこれらは、明治以降の尊皇論的日本史への批判と否定の立場ですから、明治以来、今日も学界からは無視されています。ここに「天動説」等の中世的観念に果敢に挑んだ、近世以降のヨーロッパの先進的研究や見解と、それを断固擁護した当時のヨーロッパの先進的見識と、日本の知的世界のあり方の違いが、まるで白と黒の対比のように、鮮明に浮彫にされていると思えます。

近世~現代の尊皇思想、すなわち「万世一系の天皇制は日本民族の歴史」という主張の、第一の特質は、紀元前以来の中国・朝鮮諸国の正史類等の対日交流記への、全面的否定こそがその成立の決定的要素であるという点です。したがって江戸幕府の儒教的教養を背景に成立している水戸史学でさえもが、後述のとおりに古代中国・朝鮮諸国の正史類の「対日交流記」の全面的否定をその絶対立場とし、儒教排撃が看板の近世国学は、もちろん当然ながら古代中国・朝鮮諸国の正史類の、対日交流記への全面的絶対的な否定を特徴とするのです。しかしこれは、近代日本の大きな問題点ではないかと思います。

古代中国・朝鮮諸国の正史類等が記録している「日本史」の特質を、一語にしていえば、ヤマト朝廷に先行して日本古代文化を形成した王朝が存在していたこと、これと唐以前の中国・朝鮮諸王朝は連綿と少なくとも七〇〇年以上、交流していたという内容です。これが正しければ「万世一系の天皇制は、日本民族の歴史と文化」式日本史観は根底から否定され、戦前・戦後の憲法第一条の「天皇制」の規定は、日本民族の歴史の事実にそむき、これを否定・蹂躙した反歴史的反民族的規定ということになります。このように古代中国・朝鮮諸国の正史類の記す日本との交流記とその真偽は、日本国民にとってきわめて重要な意味をもつ記録であるわけです。

しかもこの史料に照らして、『古事記・日本書紀』を検証すると、その虚偽性が鮮やかに浮かび上がってくるのです。したがって『古事記・日本書紀』の神聖化・絶対化をはかる、近世尊皇史学以来の「日本古代史」が、こうした古代中国・朝鮮諸国の正史類の対日交流記を、全面的絶対的に否定するのは、天皇制を国是とする近代日本の政府とその日本史学からは、当然の姿ということになるのです。

ところが明治以降、近代天皇制を厳しくかつ命をかけて批判した、「自由民権運動」をはじめ近代日本の進歩的・民主的傾向は、欧米の民主主義論等は周知のとおり、最大限にこれを重視しましたが、近世尊皇派よりも厳しく古代中国文化を否定・軽視する傾向にあって、ついに今日に至るまで『古事記・日本書紀』はもちろん、近世〜現代の尊皇日本史論、日本文化論とは両立の余地のない、古代中国・朝鮮諸国の正史類等の対日交流記を一考もしないという、特質があるという点で、不思議にも、また遺憾にも、近世以降の尊皇思想と同質という面があるのです。

したがって結局、政治的には近代尊皇派と厳しく対立しながらも、古代中国文明が創設した歴史の正確な記録という文化を、まったく評価しないという点で、近世〜現代尊皇日本史学と結果的には一致し、「万世一系の天皇制」なる天皇制への歴史学的・根底的かつ決定的な批判の武器は、日本の民主的傾向の人々のあいだでは、無価値なものとしていわば野ざらしにされ、ごみのように扱われてきたし、それはいまもかわりない姿と思います。

この傾向はきわめて根深いもので、戦後の〝「皇国史観批判」史学の開祖〟と、民主的な人々からもいっせいに讃えられた津田左右吉氏も、また、「シナ（中国）語シナ文は人の思索を導きえない」とか、「シナ人は糞、小便」と公言（六二頁参照）しています。しかしこれが批判されたことはなく、逆に「優れた歴史家・思想家」と評されてきました。

しかし、古代中国文明が創設した「歴史の正確な記録」という文化は、たとえば『春秋』や『史記』などをはじめ、日本の『古事記・日本書紀』に比較すれば、その記録の精度では〝天と地の差〟が現に指摘されているわけです。

この古代以来の中国・東アジアの文明が創造した、歴史の記録という文化とその意義の無視と否認こそが、実は、『古事記・日本書紀』のみならず、とくに近世尊皇思想とその史学形成の土台であって、これは本書の進行とともに明らかにします。ところが指摘したとおりに、「近代天皇制」と対決した人々もまた、古代以来の中国・朝鮮の人々が生み出した、〝歴史の正確な記録〟という文化を、まったく評価しないという特質は、「文明開化」以降の進歩的傾向が欧米文化の吸収に力を集中するなかで、形成されたと思われるのですが、しかし、結局は古代東アジアの文明とその成果の無条件のなかば全面的な否定という一点で、結果的に尊皇派と共通の面があり、これが近世・近代尊皇派に大きな利益を、〝心ならずも〟与えてきたというのが、明治以降の日本の進歩派の姿と思います。

われわれ日本人・日本民族は、好むと好まざるとにかかわらず、欧米文化に接するはるか数千年も前から、東アジアで古代中国文明等の影響を受けて文明・国家を形成・発展させた民族である以上、自分たちの文明形成にかかわった東アジアの古代以来の文化への、限度をこえた著しい軽視・嫌悪、否定は、真実をみる目をかえって塞ぎ、曇らせる役割をはたすものと思います。これは近代日本の大きな問題ではないかと思います。

さらに言えばどんなに善意からであっても、自分の民族の歴史と文明・文化の真実を知り、これに学ぶことを軽視し、ないしは無視して欧米文化を重視しても、それは期待される成果を生みえないのではないかと思います。いわば一種の「灯台下、暗し」、その涙ぐましい努力は、しかし「遠回りの道」の選択ともなりかねないと思います。

五

最後に、マルクス主義にたつ哲学者岩崎允胤氏の、日本とアジアの伝統文化回帰にかんする興味深い記述をここに述べておきます。それは氏の著『日本思想史序説』（新日本出版社、二〇〇四年、第九刷）の「まえがき」の一節です。

それによれば「古代ギリシャから始めて、ローマ、中世ヨーロッパ、イタリア・ルネサンスを経て、カント、ヘーゲルからマルクスに到達したわたくしであったが、中国・インドの、古代からの思想史への関心も次第に膨らんでいた。このような視野を背景にして、日本の思想にたちかえろうとして、多少自覚的に『古事記』を精読し始めたのが、……一九七六年正月（氏の誕生年一九二一年）である。」（「まえがき」）とされ、さらにこのあとで以下のような興味深いことを記されています。

それは一九八一年、ポーランド・ワルシャワ郊外で開かれた、哲学者の小規模な国際的会議に、氏の他に三人の日本の哲学者（大学教授）と共に参加した時の、〝国際的経験談〞です。

それによるとある日、イタリア人の学者から、「ワインを飲んで話そう」と誘われ、岩崎氏らがイタリア人学者の部屋を訪れた時のこととして、以下の興味深い問答が記されています。それはイタリア人の学者から、日本人学者の大学での講義のテーマをたずねられ、岩崎氏はギリシャ哲学史、他の人々もドイツ古典哲学史など、ヨーロッパの哲学であることを話したら、イタリア人学者は、「ややいぶかりながら、『自分らはイタリアの哲学を大切にしていて、やはりそれを抜きにしては哲学は考えられない。』」と云われたので、日本人学者四人は、あわてて弁明にこれつとめたという記述（同書「まえがき」、二頁）です。

これは明治以降の日本がお手本とする欧米の学者から、日本の文芸の「文明開化」的あり方の問題点が〝一撃された〞ものでしょう。岩崎氏はこのあとに続けて、「しかし、ここで問題となった点は、……やはりきわめて重大なことである。わが国で西洋哲学の研究にたずさわる学者は、大づかみにいって、日本のことはもちろん、中国・インドなど東洋で展開してきた哲学思想について関心がかなり乏しいようにみえるのである。極端な例をあげれば、フランスやドイツで流行しているテーマについては実に詳しくなり、半年か一年か遅れて日本の雑誌や書物に次々と紹介されているものもあり、それもまったく無意味とは思わないが、いったいどれほどの意味があるのだろうか。そういう仕事だけでいっぱしの思想家のようにまかりとおっている（日本の）文化現象は、かなりおかしいのでないか。」（引用文のカッコ内は引用者）とされています。

これは「哲学」を、〝思想・文化・学術・芸術〟におき換えれば、なにも「日本の哲学」だけの問題ではなく、明治以来の日本の政治・文化の一傾向ではないかと思います。ここには世界的には、それぞれの「哲学」、すなわち文化思想は、それぞれの国の歴史と文化を踏まえたものという当たり前の姿が、「イタリア人の学者」によって示され、「文明開化」的欧米文化崇拝（戦後はアメリカ文化礼賛傾向）という姿は、国際的には異端であるということが、とくに民主主義などを強調する日本の学者の姿を通して示されていると思います。この点、「万世一系の天皇制」礼賛的保守的傾向は、〝日本にも固有の歴史と文化がある〟と居直ると思われます。

近代日本の「尊皇日本史・尊皇文化論と民主主義」の対立問題を直視すれば、日本の民主主義派は遅ればせながらも、自己の〝日本史論と日本文化論を確立する〟、すなわち「尊皇日本史・尊皇文化論」の本拠に、鮮明な〝真実の日本史と日本文化論〟という批判の旗をうち立てることが、求められていると思います。そうしてそれは、われわれ日本の古代以来の文化がそれに依拠した、東アジアの古代以来の文化とその成果を否定・嘲笑する近世尊皇思想や、「文明開化」的欧米文化礼賛一辺倒の姿勢からは断じてできない課題なのだ、と。

第二章　「万世一系の天皇制」などありえない

一　〝日本古代史学〟、戦前・戦後の特質

ここで人類の古代国家は必ず、首都・都城を中心に形成されるという、日本本土以外の古代琉球史をふくめて、全世界の古代史学が一九世紀以来、明らかにしている問題を述べますが、その前に、明治時代以降の大学の日本古代史関連学部等の、すでに指摘されている特徴的な、いわば「反学問的」な姿勢にかんして、まずは記しておきます。

イ　国民に真実を語る必要はない

「一九三三年度東京帝国大学文学部国史学科新入生歓迎会において名誉教授の三上参次が述べたという。『諸君は大学を出て、教師になったとき、大学で学んだことをそのまま生徒に教えてはいけない。学問としての歴史と教育としての歴史とは違うのである。』」として、

『皇紀が六百年ばかりのびているということは、学問上は定説であるが、しかしいままで二千六百年と教えているから、それをいま、そうでないなどといってはならぬ。』とあります。」（『「皇国史観」という問題』、六四頁、長谷川亮一氏著、白澤社、二〇〇八年、第一版。傍線は引用者）。すなわち〝国民に日本史の真実を口にしてはいけない。〟というわけです。

これは第二次世界大戦以前の、日本軍国主義花ざかりのころの、日本を代表する東京帝国大学の日本古代史学部の姿です。ここにはまずは、明治憲法第一条と、その合理化をはかるべき学者や教師等は、〝国民に真実を語る必要はない〟という、欧米の近代社会ではありえない、またはアジア的専制体制のなかでも最右翼の、真理を無視し国民を愚弄する姿が赤裸々にしめされています。ここに「皇祖皇宗の肇国樹徳の聖業」礼賛の歴史学の真骨頂があります。

ロ　松本清張氏の指摘　次は、戦後の日本古代史学の姿です。

「最後にですね。学問の真理についてお話しておきたいと思います。今はそんなことはないと思いますけれども、一時は邪馬台国について、京都の古代史の研究方向が畿内説、東京の方が九州説というふうに色分けがあったとされております。それはつまり偉い先生が、いうなれば大学のすぐれた指導者がいわれたから、後の門下生の先生方もなんとなくそれに従わなければならないという風潮があったからだと思います。

やはり学界の、あるいは自分の身の将来がかかっておりますから、非難（批判の意）することができない。学界というところは、やはりそういう弱い、真理ばかり追究できない点がございます。しかし、学問というものは、やはり真理を追究しなければならんわけで、（偉い）先生がどういわれようと学問は真理を第一にしなければならないと思います。」（引用文の傍線およびカッコ内は引用者）。

これは一九九〇（平成二）年一二月、佐賀県教育委員会主催（東京国立博物館）の、「古代史シンポジウム、吉野ケ里遺跡発・『古代国家形成の謎を追え』」で、松本清張氏がおこなった「特別講演」の一節です（『吉野ヶ里遺跡と古代国家』、佐賀県教育員会編、吉川弘文館、平成七年）。ここには日本古代史学の著名な諸先生も当然参加されており、その面前でのお話であれば、その表現も穏やかにされていると推測します。

しかし松本氏の主張の中心分部は、〝大学の『日本古代史』関係学部での真理の探究は、偉い先生のもとで各先生のその後の身のふり方にも関わって生やさしくない。しかし、覚悟をもって将来の出世よりも、真理の探究をこそ中心にすべし〟という、学問的には当たり前のことですが、これが日本社会と大学では、実は大変なもの、ということを示した点に意味があると思います。

これを戦前の東京帝国大学の「国史」学科の姿と比較すると、戦後の〝民主ニッポン〟が、その戦前とどの程度の差があるか、一個の参考資料になるでしょう。なぜこうした深い歪み、真の学問からの本質的な逸脱が、大学の日本古代史関連の学部等で指摘されるのか、これを問えば、この背景・要因に本来、事実以外の何物にも拘束されない学問の自由な探究に任されるべきものが、近代日本では、まず憲法で「万世一系ノ天皇制」を国是として規定しているという、まるで天体の運動が、まず『聖書』で規定され、これにそむけば裁判で裁かれたという時代の、西洋に酷似した問題が、今日ただいまといえども厳然としてあるからでしょう。したがって「大学の著名な教授の本だから、間違いない」などと考えることそれ自身が、近代日本のとくに古代史関連の〝分野〟では、根本的な誤りという点を指摘しておきます。

二 「万世一系」＝「ヤマト朝廷一元史」などありえない

戦後の日本古代史学は、日本神話から「万世一系のヤマト朝廷」を説明した、戦前の水戸史学・国学直系の日本古代史学を、「皇国史観」と称して批判しました。しかし本書は、「皇国史観」とは、「万世一系の天皇制」すなわち「ヤマト朝廷一元史」という日本史観を指すもので、戦後の「神話造作論、実証主義」を云々する日本古代史もまた、まぎれもない「ヤマト朝廷一元史観」、すなわちその史観の根幹において、「皇国史観」と共通であるという立場です。本当の「皇国史観」批判とは、「万世一系の天皇制」なる「ヤマト朝廷一王朝史観」を、文献学的・実証主義的に検証し、その真偽を明らかにし、日本民族の社会・国家発展史とその文化の、真実を探究するものでなければならない、と考えるものです。これは今日の日本社会の民主主義的変革において、大きな意義をもつものと思います。

ここで重視すべきことは、戦前の「皇国史観」史学は、この「万世一系の天皇制」を「万邦無比の国体」と称し、〝国家形成以来、一の王家が一貫して君臨した国家は、世界に日本以外にないと強調・礼賛〟していた点です。しかしこれは実際には〝居直り〟、つまり「ヤマト朝廷一元史観」の破綻の自認に過ぎないというのが本書の立場です。

この「万邦無比」、すなわち国家誕生以来、一の王家が唯一君臨・支配しているという「日本史」論の注目すべき点は、日本〝本土〟以外に、同じ日本人である沖縄の社会・国家形成・発展史をふくめて、世界にこんな社会・国家「発展史」は存在しないという点にあります。本書は日本民族の国家誕生・形成・発展史を、あらためて検証しようとするものですが、その際、『古事記・日本書紀』のみならず、中国、朝鮮諸国の古代の正史類等の「対日交流記」を、それへの実証主義的検証を条件として重視するものです。

第二に、日本民族の国家・社会発展の姿は、古代・中世・近代とその時々の支配階級も、社会の特質（生産関係）の変遷も、古代・中世・近代と明確に区別でき、同時にその歴史的継承関係も明らかという点で、比較的に少々はヨーロッパの諸国の歴史と似ている面があり、どこまでが古代で、どこからが中世か近世かわかりにくい、中国・朝鮮・アジアの諸国・諸民族の歴史の姿とは、区分できるという特徴があるのではないかと考えます。

しかも、古代・中世・近代の社会の交代にあたっては、その時々の新旧勢力の間で、いわゆる階級間のはげしい闘争が展開されており、そこには経済的・政治的・思想的理念的な対立抗争が明確に示されており、これを「万世一系の天皇制」史観にとらわれることなく考察することが、今日のわれわれにとって大きな意味があるという点で、「自由民権派」以来の進歩派が、欧米の近世史以降の歴史とその民主主義思想・文化に執着した以上に、本来は、日本と日本史、東北アジアの古代以来の歴史・文化に、執着すべき偉大な遺産がある、という考え方です。すなわち漢文軽視は根本的誤りだということです。これに精通しなければ日本人は、自分の真の歴史と文化を知ることができないからです。

同時に、そこにはヨーロッパ史とは異なる個性があって、ヨーロッパの場合、その古代世界を代表したローマ帝国は、今日のヨーロッパ人の祖先であるゲルマン諸部族（民族）の、ローマ領への「民族の大移動」によって滅亡し、自分の中世世界を形成し得ませんでした。しかし日本の場合は、古代大和朝廷の支配体制を打破して、日本中世世界を切りひらく武家階級の政権が確立されました。この時に武家階級が古代天皇制に対決して掲げた「天命論」を、「万世一系の国体」派は、「国賊の思想」と評して今日に至り、これにたいして「自由民権派」は、「天命論」を〝無価値なもの〟として、一顧もしていません。ここにも日本の民主派が歴史を、「ヨーロッパ・モデル」絶対主義で考えるという、「文明開化」的歪みがあると考えるものです。私見ではこの民主派の態度は、心ならずも、わが国の保守派に大いなる利益をもたらしたものではないかと思います。近代史ではいうまでもなく、ヨーロッパにおいては台頭するブルジョア階級は、「自由と民主主義」をかかげてヨーロッパ封建制の最終的形成者たる、絶対主義的王権とその体制を打破して今日に至っています。

しかし日本では中国・朝鮮および徳川幕府の鎖国政策により、ヨーロッパに比較してその商品の販路の拡大、したがって商品生産の発展と速度が制約されるなど、ヨーロッパに比較して近世ブルジョアジーの発展が、大きく立ち遅れたという事情があったと思います。その結果、わが国の近世ブルジョアジーには、幕末の西欧列強の「開国の圧力」に対応する独自の力はなく、これに当たったのは封建勢力の末端に連なる下級武士という、ヨーロッパを基準とするならば変則的な姿となり、したがって徳川幕府を打倒する思想、理論には、ブルジョア的「自由と民主主義」論はもちろんありえず、古代大和朝廷の復権を正当視する近世尊皇論（水戸史学）が、下級武士を中心とした勢力の〝国論〟を形成する以外にはなく、「尊皇・攘夷」論がわが国近代化の〝国論〟を形成するにいたりました。

同時に、あとで述べるように水戸史学と〝尊皇史観〟が酷似する、近世国学の誕生と発展という問題があります。これは近世の豪商・豪農層等を支持基盤とした「反一揆・反勤労国民」という、当時の日本的ブルジョアジーの心底を基礎に形成され発展した、「天皇中心の日本社会論」が特質の、〝近世日本のブルジョワ思想〟です。まさにヨーロッパ近世以降のブルジョア思想とは、正反対のイデオロギーであるわけです。ヨーロッパのブルジョア思想で、これにほんの少々似た面のあるものを探せば、イギリス・ブルジョアジーの、〝反勤労国民思想からの、キリスト教重視と王室礼賛〟の姿かと思います。

こうして明治維新で下級武士と近世日本のブルジョアジーの、日本史・日本社会の特質論をめぐる同盟関係が生まれ、両者の結合が促進され、まさに両者一致しての、「万世一系の天皇制は日本民族の歴史と文化」論が誕生し、これが日本の近世～近代の、歴史的発展の制約を反映した階級的構造、その特質にそうイデオロギーを形成し、「万世一系の天皇制は日本民族の歴史と文化」なる近代尊皇論が、明治以降の支配階級の国民への支配の、〝日本史論的〟正統化論とされたと考えるものです。ここに彼らが憲法に、「万世一系の天皇制」をくり返し書きこむ、真の背景があると思います。すなわち「万世一系の天皇制、ヤマト朝廷一元史観」の日本史論とは、近代日本の支配階級の政治的ないしは、階級的なイデオロギーに過ぎない、ということです。

同時に注目すべきは、この下級武士も近世日本のブルジョアジーも、ともに不倶戴天の敵とみなした〝日本の文化・思想〟があることです。それは先述の古代末期に東国武士階級——北条鎌倉幕府以降、室町幕府時代ぐらいまで——が古代天皇制との闘いでかかげた「天命論」です。しかし、これは天下統一をはたした徳川武家政権によっても、また後述するとおり近世日本を彩った貧農・都市下層民の度重なる、しかも大規模な一揆にくるしめられた、近世日本のブルジョアジーの渾身の憎悪の的になり、そのために絶対的否定の対象にされた、と考えるものです。

この国民の正当な要求でも〝問答無用で否定する〟という、近代日本の「尊皇・ブルジョア思想」にこそ、「治安維持法」、の根元があると考えるものです。そうしてここに日本と欧米の近代化の違いがあるわけです。したがって自民党が改憲をめざすにあたって、「治安維持法」との類似が指摘される「共謀罪」を強行採決したのは、日本国民にとって重大事ながら、「近代日本史」的には、なんの不思議もないわけです。

こうした近代日本の「万世一系の天皇制」なる日本史観や日本文化観には、たしかに『古事記・日本書紀』がその源流・背景を形成しているとはいえ、実は近世尊皇思想――水戸史学・国学――が、勤労国民の正当な要求を根底から敵視し、その敵視の正当化を「万世一系の天皇制」、すなわち『古事記・日本書紀』を盲信して、ここにたって古代天皇制社会への幻想的理解を日本社会の規範と称し、これを国民におしつけてきたもので、これこそが明治以降の〝日本古代史・日本史〟の正体と考えるものです。「自由民権運動」以来の進歩派は、この近世尊皇日本史論の歴史的階級的性格とその特質とその意味、役割を完全に見逃してきたと考えるものです。

すなわち「万世一系の天皇制」なる〝日本史論〟は、幕末の下級武士の自己の階級の上層部・幕府否定への合理化論であるとともに、近世日本のブルジョアジーの階級的日本社会論に過ぎないということです。したがって真の日本史・日本古代史とは、まったく別のものなのです。真の日本古代史・日本史の探究は、この偽造された階級的日本史論の虚偽を明らかにし、そこに吹き渡る真の日本民族と国民の歴史、その姿、およびそこを貫く真の日本的進歩思想を明らかにすべきだと考えるものです。これは日本勤労国民の自己解放と、日本社会の進歩に資するものと思います。

三　藤原京以前に首都・京師がないヤマト朝廷

さてまずは「万世一系の天皇制」、すなわち「ヤマト朝廷一元史」は虚構だという点です。それは戦前から「国家開闢以来の唯一王家」と日本政府と、大学の日本古代史学部等の教授諸氏が称してきた

「ヤマト朝廷」には、六九四年の藤原京以前に〝首都がない〟、という問題に端的に示されています。しかも奇妙なことにわが国の「都城研究」は、「律令国家成立以降」に限られ、「平城京」研究や、「平安京」研究などで、氏族社会から最初の古代国家形成と都城の確立という、当然あるべき都城研究のイロハがないのが、最大の特徴なのです。しかもそれは『日本書紀』からは当然で、日本における都城は、『古事記・日本書紀』にしたがえば、藤原京が最初なのです。

すなわち『古事記・日本書紀』の記事では、神武天皇から天武天皇に至る四〇人の天皇には首都がなく、その天皇の在位期間一代ごとに限られる、各天皇ごとの「宮」（通説はミヤコと読む）が記されているばかりです。それも奈良県内～大阪府などなどの近畿各方面を、一代ごとに転々と移動する「宮」（ミヤコ）です。この四〇人の天皇のうち、在位年代一桁が一三人、うち五年以下が九人です。今から約一三〇〇年以上前、その輸送力や建築技術の水準を念頭におけば、これらの天皇の宮（ミヤコ）の規模は〝おして知るべし〟でしょう。

しかも日本古代史に有名な「大化の改新の詔」（六四六年、大化二年正月）には、「はじめて京師を修め」（『日本書紀・下』、二八〇頁）と、ヤマト朝廷自身が〝天皇の詔〟で、藤原京という「京師・都城（首都）」の設置を、〝はじめて〟と明言しているのです。そのうえにきわめて重大なことは、「大化の改新の詔」は、井上光貞氏の研究によって、実際は、七〇一年の「大宝令」からの遡及、すなわち八世紀になって、デッチ上げられた「詔」ということも明らかにされていることです（井上光貞氏著、『日本の歴史』「３・飛鳥の朝廷」、「詔の信憑性」、三〇七頁、小学館、一九八七年）。

つまりは古代ヤマト朝廷には、七世紀の最終期、事実上八世紀以前には、〝首都・京師がない〟ということを、自分の正史『日本書紀』で公言しているわけです。

私は二〇〇六年に出版した拙著『二世紀の卑弥呼——「前方後円墳」真の構築者』（本の泉社）以来、一貫してこの問題をとりあげ、『古事記』『日本書紀』の記す「ヤマト朝廷一元史」は、その七世紀以前にかんしては、〝日本史の事実ではない〟と指摘してきました。なぜならば世界で首都のない王朝・国家などは、日本（本土）以外にないからです。

国家には首都があること、あたかも人間には人種の如何をとわず、臍があるようなものです。この首都がない王朝・国家が、七世紀以前の「ヤマト朝廷の姿」なのです。

ところが興味深いことに、日本史研究で権威があるとされている、『岩波講座・日本歴史』（第一巻、二〇一三年、岩波書店）に、「古墳時代における王宮の存在は、考古学的証拠から導き出すことがかなり難しい。とくに畿内地域において、豪族層の居館を規模や構造において上回る施設を指摘することは困難であり、大王家と豪族との間でそれぞれの施設を峻別できるかどうか疑問である。」（同書、二二八頁。傍線は引用者）、と述べているのです。

〝国家は都城を核として生まれる〟という、人類史共通の視点にたてば、都城のない時代の「ヤマト朝廷」は実在しないもので、その〝王宮が発見できない〟のは当然です。まさにわが国の都城研究が八世紀以降という現実を合理的に説明するものです。とはいえ同書はこの後につづいて、「一方、文献研究では」として「王宮や諱にちなむ部民の存在」とか、「王族の名に用いられる地名も王宮にふくめ、それらが繰り返し現れることに注目し、それらが一定の系譜のもとで継承される事実を明らかにしている」とか、さらには「これまで王宮の候補として注目されていた遺跡として、奈良県脇本遺跡がある。雄略天皇の泊瀬《はつせ》朝倉宮に比定される五世紀後半の遺構が発見されているが、さらにその周辺では六世紀代の掘立柱建物、七世紀前半の区画を持った建物群が発見されており、さきに見てきた王宮の継承性という性格がよくわかる。」（前掲書、同頁）と述べて、あたかも一貫した王宮が存在したかの記述をしています。にもかかわらず〝実証的に王宮が発見できない〟などと記し、自ら、「大王家と豪族との間でそれぞれの施設を峻別できるかどうか疑問である。」というのは、自己矛盾でしょう。その矛盾の姿は〝王宮の系統的存在〟の主張は、まず『古事記・日本書紀』の記載と違うという、厳然たる問題があるわけです。

同時に重視すべきは、同書の当該論文自身が、「王宮の継承性」を論じながら、首都の存否にかんして沈黙している点の不可解さです。『日本書紀』自身が藤原京を、〝はじめての京師〟（首都）と述べているのです。藤原京以前に首都がないという問題に目を閉ざして、日本古代史を論じることは、古代国家成立論の根本問題を無視して、古代国家を論ずることなのですが、そうしなければ「万世一系の天皇制」なる日本古代史が、根底から崩壊する、これが明治以降の日本古代史学の真の姿である点を、まずは指摘しておきます。

四　なぜ、国家は首都・都城を中心に生まれるのか

人類が国家を形成するのは、農耕・牧畜という狩猟時代にはない産業が、その社会の主な生産様式になり、人間が定住生活をするようになった段階と指摘されています。日本でいえば水田稲作が普遍的な産業になる時代でしょう。これは日本では、後述するとおり約三千数百年前、北九州〜日本海側を最初とするという考えに根拠があります。

さて農耕開始と定住社会を切り開いた時代の人間の社会は、日本（通説）以外、沖縄を含む全世界では、どこでも氏族社会という共通性が指摘されています。この定住氏族社会のあり方およびその人間像こそは、単に今日の人間社会の過去というにとどまらず、将来の人間社会をも律するものという先進的見地が、アメリカの一九世紀の世界的に著名な人類学者ルイス・ヘンリー・モーガンの『古代社会・下』（三三八頁。荒畑寒村氏訳、角川文庫、一九五四年、初版。原書は一八七七年出版）によって、すでに指摘されています。なおモーガンには『古代社会』の一篇として書かれながら、それを加えるとあまりにも膨大ということで、一八八一年にあらためて出版された『アメリカ先住民のすまい』（上田篤氏監修、古代社会研究会訳、岩波文庫、一九九〇年。以下『すまい』）があります。この書物にもそれにかかわる詳しい記述があり、それとともに氏族社会像の具体的で詳細な描写がされており、歴史、とくに古代史を探究する者の必読の書と思います。

しかし日本では、〝氏族社会論〟は戦前は禁句であり、戦後は「原始時代から社会は発展」などと、そのごくごく表面しか語られないか、または「石器時代から金属器時代」というように、マルクス・エンゲルスの「史的唯物論」の核心部分は忘れて、ないしは故意に沈黙して、ごく表面をなでさする仕方で済まされています。

マルクス・エンゲルスの「史的唯物論」を口にして、人類の国家が氏族社会的原始都市から、まず都市国家として誕生する、したがって「都城・首都なし」の国家などそもそもあり得ない、ということを指摘しない「史的唯物論」は、正常な「史的唯物論」とは言い難いと考えるものです。たとえば日本の有名なマルクス主義の日本古代史家、先述の二〇一三年の『岩波講座・日本歴史』（第一巻）が、「一―石母田正、『日本の古代国家』」と見出しまでつけて絶賛しているこの歴史家は、「三角縁神獣鏡・魏鏡論」という今日では破綻した「実証主義」を掲げ、「卑弥呼・ヤマト朝廷の始祖論、近畿地方の巨大前方後円墳・ヤマト朝廷造営論」という、戦後の〝実証主義的〟「ヤマト朝廷一元史観」の構築で、大きな功績があったと評されているわけです。そうしてこれを「歴史科学」というのです。

そもそも学者で「史的唯物論」、すなわち歴史の探究で、〝事実にもとづいて真実を探究する〟という立場を、自己の見地という者が、「ヤマト朝廷一元史観」にたつこと自身、「史的唯物論」を理解していないか、または進歩的装いをも凝らそうというだけのものでしょう。この自称マルクス主義の「ヤマト朝廷一元史」の「実証主義」は、正当にも実証主義的に否定されたことは、都城論の他にも後述（五四頁参照）します。日本古代史の探究において、「史的唯物論」にたつ者がなすべき第一は、国家は、人種の如何を問わず、氏族社会の定住原始都市を核として生まれる、という普遍的事実・真理を承認すべきです。ここが世界はもちろん日本の古代国家形成史考察の、本来あるべきイロハのイなのです。

人類の国家形成の最初はすべて都市国家である、という点の人類史的必然性にかんしては、すでに先に指摘したモーガンによって明らかにされ、またマルクス・エンゲルス共著の『ドイツイデオロギー』にも、「古代（社会）が都市およびその周辺から出発するとすれば、中世は農村から出発する。」（古在由重氏訳、一二九頁、岩波文庫、一九六一年。カッコ内は引用者）と指摘されているのみならず、日本古代史の真実探究できわめて重要な、「天下り神話」（二一一頁参照）の日本史的意味をも明らかにすることに通じる、マルクスの次の指摘があります。それはまた定住的氏族社会が、原始都市を形成する必然性を解明したものでもあります。

その重要なところは、「氏族的共同団体が出会う困難（土地の支配・所有権問題）は、他の共同団体からのみおこるのである。すなわち、他の共同団体が土地をすでに占拠しているか、でなければ占拠している共同団体をおびやかすのである。だから戦争は、それが生存の客観的諸条件を占取するためであろうと、その占取を維持し、永久化するためであろうと、必要にして重大な全体的任務であり、重大な共同作業である。だから家族からなりたっている共同体は、さしあたって軍事的に編成される——軍政および兵制として。そうして、それが共同体が所有者として生存する条件の一つである。住所が都市に集合するのが、この軍事組織の基礎である。」（『資本主義的生産に先行する諸形態』一三頁、〈一八五八年執筆〉、手島正毅氏訳、大月書店、一九七一年。傍線は引用者）。ここには定住氏族社会、そこから国家が誕生する社会の姿をつらぬく、人類史的普遍性が鋭く指摘されているのです。

しかしこれが、日本古代史の国家の発生の研究では、「万世一系の天皇制」云々で跡形もなく消え失せ、日本の「マルクス主義」の古代史家は、この史的唯物論が、そこから国家が誕生するという、定住氏族社会の普遍的特質の指摘を百パーセント無視して、通説の「古事記・日本書紀史観」・ヤマト朝廷一元史観に、追従・埋没、唱和するのです。

このマルクスの定住氏族社会の組織の軍事的原理と、それが氏族社会的な原始都市を、一定の血縁的ルールで形成することをマルクスとは別に明らかにしたのが、モーガンの先述の『アメリカ先住民のすまい』です。モーガンの『古代社会』はマルクス・エンゲルスがこれを高く評価した結果、またソ連の崩壊などで国際的に、「共産主義理論」への評価が後退するなども相まって、〝時代遅れの思想〟でもあるかにいう傾向がありますが、『アメリカ先住民のすまい』にかんしては、「イロクォイ部族の共同体住宅やその生活の報告などについては、なお高い評価が与えられている。」（前掲書、「解説」）という指摘もあります。

この書物ぐらい「氏族社会の生き生きした姿と、そこでの人間像」を記録した書物はないのではないかと思います。したがってこれを読まずに『古代社会』のみでは、モーガンの理解は十分ではないのではないかと思います。私は、この『アメリカ先住民のすまい』を、その出版年代からみて、エンゲルス（『家族・私有財産・国家の起源』、初版、一八八四年）は読んでいたと思います。マルクスも同様ではないかと思いますが、先述のマルクスの引用文献はこれに先立ちます。

しかも、モーガンの『アメリカ先住民のすまい』の定住氏族社会の特質への指摘は、その後、マルクス主義に無関係な人々によっても世界的に指摘されています。実はここに、『古代社会』の真理性も示されていると思います。

そもそも部族・氏族の定住地、すなわち原始都市は、その氏族的血縁構造によって、四部族の居住形態である四地区制をうみだすことを、はじめて明らかにしたのはこのモーガンです。モーガンはアステカの都市構造にかんして、「トラスカラのプエブロ（スペイン語、集落の意）の四地区に住んでいたトラスカラの部族の四つの『血統』は、たぶん非常に多くの胞族（婚姻可能な同一血族）からなりたっていたと思われる。彼らは、四部族として十分な人数であったが、同一のプエブロに住み、同一の方言を使っていたので、胞族組織が必要であったのは明らかである。各血族、すなわち、いわば各胞族は、独自の軍事組織をもっていた。つまり、特有の服装や旗、軍総司令官の役割を果たす将軍を有していた。

胞族や部族による軍事組織は、ホメイロス時代のギリシャ人にも知られていた。たとえば、ネストルはアガメムノンに、『軍隊を、胞族や氏族にわけよ。そうすれば、胞族は胞族を、氏族は氏族を援護できる。』（『イリアス』、第二巻、三六二頁）と忠告している。もっとも発展した型の氏族制度のもとでは、血族の原理が、かなりの程度軍事組織の基礎をなしていた。アステカ部族も同じようなやり方で、メキシコのプエブロ（アステカ都市を指す）を、四つの明確な区画に分けて住んでいた……」（『すまい』、三八頁）。

と、その都市の「四つの血縁構造と、その軍事組織の体制」を詳しく述べています。こうしてモーガンの氏族社会の定住生活の記述と、マルクスの先の指摘とが完全に一致しています。

次がエンゲルスの『家族・私有財産・国家の起源』(土屋保男氏訳、新日本文庫、一九九四年、第二刷)です。「征服当時(一五一九〜一五二一年のスペイン人によるメキシコ・アステカ征服)トラスカラ(メキシコ)の四地区に住んでいた、四つのライニッジ(血縁団体)が四つの胞族であったとすれば――このことはほとんど確実なことだが――これでもって胞族が、ギリシャ人の胞族やドイツ人(ゲルマン民族)の類似の血縁団体と同じく、軍事的単位とみなされていたことが証明されたことになる。これら四つの血縁体は、各自それぞれ別個の部隊として、独自の制服と軍旗をもって、各自の指揮官にひきいられて戦闘におもむいた。」(同書、一四六頁、傍線は引用者)。

つづいてエンゲルスの古代アテネ国家形成論です。「……クレイステネスはその新制度(アテネ都市国家形成をめざす)において、氏族と胞族とに基礎をおく四つの部族を無視した。それにかわってすでにナウクラリアで試みられていたところの、単なる定住地による市民の区分をもとにした。」(前掲書、一八九頁)。なお今日、このエンゲルスの古代アテネ国家形成論は〝古臭い〟という指摘が、日本の西洋古代史学者(マルクス主義系列)などにあります。のちに別途、その是非を検討したいと思います。しかもこのモーガン・マルクス・エンゲルスの指摘は、いまや日本本土(日本古代史)以外の古代琉球、中国、インド、ギリシャ・ローマ、ゲルマン人、また中南米のアステカ、インカで例外なく、その氏族社会段階の性格として、マルクス主義以外の人々によっても主張されています。ここに人種・言語、定住地の地球的東西南北の差異にもかかわらず、類似ないしは共通の特質という、人類の国家形成にかかわる普遍性が示されていると思います。〝事実〟には本来、政治的な「色」はついておらず、事実や真理はだれが述べても事実であり、真理なのです。これを「色分け」するのは、事実を受け入れたくない人々の下心ある態度からです。

人類の国家を誕生させる母体は、農耕・牧畜を開始して定住生活を始めた氏族社会の、氏族的部族的集落＝原始的な都市であるわけです。古代アテネ、古代ローマもすべて、このアテネ部族や、ローマ部族の集落・原始都市から誕生しています。この原始集落＝原始的都市は、日本本土（一元史観の日本古代史）をのぞいて、先述のように類似の氏族的部族的血縁構造によって特徴づけられています。それは例外なく一個の原始都市・集落が、「四部族・四地区制」という氏族・部族的血縁構造にもとづいて形成されているという指摘です。同時に、これはその定住氏族・部族が類似の軍事組織を保持していたということです。古代沖縄でも似た点の指摘がみられます。

戦後の日本古代史学（日本のマルクス主義を云々する古代史学者をふくむ）――古代琉球・沖縄の国家発展史をのぞく――の古代国家形成論は、世界の古代国家形成・発展史にたいして、異常な異端性が特質です。この異端性は、あたかも「ヤマト朝廷一元史と史観」を、「皇国史観」自身が「万邦無比」と強調した姿と一致しています。この異端的「日本史」を教科書にしつつ、同時に「人類進化論」を教えるのは、本来は支離滅裂だ、ということです。なぜならば「ヤマト朝廷一元史観」は、人類の社会・国家形成・発展史との共通性がまったくない、その意味で人類史の普遍性ゼロの「歴史」だからです。

以下、それを日本本土以外の古代琉球を含む、全世界の例で述べます。まずは古代中国の原始都市の血縁構造です。「陝西省臨潼県姜塞遺跡《りんとうけんきょうさいいせき》（紀元前四五〇〇年頃）では環濠集落がほぼ完全に発掘調査されており、……中略……姜塞遺跡中期になると、一集団がさらに半族として分かれていくことにより、結局四つの集団が出現していくことになる。大型住居を核として集団が同心円状に求心的な配置を示している。民族的例では四集団によって外婚規制による安定した双分社会が存在することからみれば、この四集団が基礎単位となり、安定した双分制による平等な部族社会が構成されていたと考えるべきであろう。」（宮本一夫氏著、『中国の歴史01、神話から歴史へ』、一一八頁、講談社、二〇〇五年。傍線は引用者）。

次は古代インドです。「四種姓の権利、義務、生活法などを規定した『ダルマ・スートラ』には、このころの社会の実情をうかがわせる貴重な記述がある。」（佐藤圭四郎氏著、『世界の歴史六・古代インド』、一三〇頁、河出書房新社、一九八九年、初版）と、ここにも明確に、「四種姓」という四部族制の存在が指摘されています。

さらにはインカの姿です。これはマリア・ロストウオロフスキー女史著・『インカ国家の形成と崩壊』（増田義郎氏訳、東洋書林、二〇〇三年、初版）です。まずはこの書物の原題名は「Historia、del、Tahuantinsuyu」です。これにかんして「序文」につづいて、「おことわり」とあって、そこに女史は「統一にたいする原住民の願望は、タワンテインスーユという言葉のうちに表現されている。これは〝ひとつに統合された四つの地方〟を意味しており、統合への意図ないしは衝動を、おそらくは無意識裡に表している。残念ながらこの統合はかなえられることなく、ピサロの軍勢の出現によって挫折してしまった。」（XV）と指摘されています。こうして〝四地区制の原理〟がクスコの原始都市の基本的構造であったことが示されています。なお女史は、「この町を区分するために使われた基準についてである。これは習慣的な規準にしたがって、四分の形をとったに違いない。」（同書、七五頁）と述べています。

女史は「おことわり」で、インカを「帝国と呼ばないのは、帝国という言葉があまりにも旧世界（アジア・ヨーロッパ）の意味合いを含んでいるから、あえて使用を避けた……」とされていますが、インカは帝国はおろか西側やそれにならうインカ・アステカ研究者がいう、〝征服王朝〟などではなく、あくまで氏族・部族的特質を持った原始都市なのです。モーガンが『古代社会・上』（第二編、政府の観念の発展、二三八頁）で、アステカ王国論に徹底的な批判を加えていますが、その批判の一例としてアステカ王朝論者が、その人口を二五万人と主張しているのに対して、これは一九世紀のニューヨーク州の平均人口の二倍の比率であり、農業生産に鉄器も馬・牛も車もない水準・段階の社会が、当時のアメリカの生産力をはるかに凌駕していたことになる矛盾を指摘して、その「君主国」論を批判しています。

要するにアメリカや西側・日本の中南米古代史家がインカ・アステカ、マヤ等を「帝国」とか、「高度の文明」とかいうのは、例のピラミッドと黄金像によるのです。だがしかし、知るべきは生産用具が、木の棒と石しかなく、鉄の製造・使用を知らず、牛・馬という耕作用の家畜も、車もない（おもちゃではあるという）という社会で、帝国はおろか国家そのものさえも存在しえず、西側のインカ帝国論などの説は、氏族社会の真の姿を知らず、研究せず、モーガンの研究を「マルクス主義の史的唯物論」、と攻撃する視点からのものと思います。

したがってマリア・ロストウオロフスキー女史の、『インカ国家の形成と崩壊』の内容も、氏族社会の姿への考察はなく、氏族社会の氏族員の選挙によって選出され、したがっていつでも罷免される世襲酋長や、一世代酋長を王族・貴族と理解し、後述する世襲酋長や一世代酋長とその家族が、氏族社会から平等に分配された土地を公務多忙の結果、個人的には耕作できない時代がおとずれ、やむを得ず住民に耕作を依頼する「小作」制度とその土地を、「私有地」と解釈し、その小作人を日本などの中世の小作人とみなし、さらにはインカ社会の公的業務にかかわる物品等生産のための、インカ社会の共有地を〝王や貴族の私有地〟、その耕作者を奴隷的小作人と勘違いし、さらには氏族社会は常在戦争社会であって、勝利した氏族は敗者の氏族に「貢納」を厳しく要求するという、南北アメリカの先住民の習性（多分、人類共通の習性）にかんするモーガンの指摘も見ず、これを旧大陸の「古代帝国」の征服戦争と同列視して、「征服王朝・帝国」というなど、結局はモーガンの研究の無視からおきる混乱にあふれたものだと考えます。

しかもこれと同列の誤りと思えるものが、古代ミケーネを〝アジア的専制王制国家〟と解する見解です。その根拠は本来、古代ギリシャ語に属さない、不明の民族がつくったといわれる「線文字B」を、ミケーネ時代のギリシャ人は借用し、その解読に成功したとして、そこから浮かび上がるその社会の姿は、「アジア的専制的特質をもつ社会」という見解です。しかしその社会の叙事詩『イリアス』には、その社会の議会の姿があり、この社会が氏族社会であるとことを示しており、戦争の場面では、先述のとおりに「同一氏族は同一氏族に・同一胞族は同一胞族に援護させよ」という場面さえ明記されていますす。しかし「古代ミケーネ社会・アジア的専制国家論」の人々は、これを正しく眼中に置いていません。

この「線文字B」と呼ばれるものは文字としてきわめて不完全で、数量や若干の事物を記録する記号という見解もあって、この解読から古代ミケーネ社会を「アジア的専制体制」と評するのは、かなり「義経の八艘飛び」的飛躍の観もあり、現にヨーロッパ人学者の間でも意見の一致はないようです。

こうした「線文字B」の「解読」から「古代ミケーネ」を、「アジア的専制国家」という人々の描く社会の姿は、マリア・ロストウオロフスフスキー女史がいう、インカ国家の姿に似ているように思えます。すなわち氏族社会の原始都市の姿を曲解し、「世襲酋長や酋長」を王や貴族、その氏族的都市の共有地を王や貴族の私有地、そこで労働する氏族員を奴隷・小作人と解する仕方です。すなわち氏族社会の定住的原始都市を、「階級国家」と考える錯誤ですが、こうしたものを基礎にエンゲルスのアテネ国家形成論を時代おくれと評する見解は、形成されているように思えます。

なお先述のとおりモーガンには『古代社会』の他に、『アメリカ先住民のすまい』があります。これを読まずに『古代社会』のみで氏族社会を論じるならば、それはきわめて不十分な〝モーガン理解〟となるのではないかと考えます。最後が、古代沖縄です。古代沖縄の集落は「マキョと呼ばれる血縁団体で構成され、他からの血縁集団の移住もあり部落は膨張して、政治社会化（国家）していく。」（宮城栄昌氏著、『沖縄の歴史』、一二三頁、NHKブック80、一九九七年）。

以上、すべての古代国家は、そもそもこの氏族的部族的な原始都市を出発点に誕生することは、次のとおりです。まずは、古代アテネ、スパルタ、またはローマは、今さらいうまでもなく都市国家ですが、この点、古代中国においても同様です。「殷の政治組織は部族連合を基礎にしたものであったが、その部族連合はそれぞれの小都市国家をなしその都市国家がよりあつまって殷の国家組織をつくっていた。殷の内服つまり畿内は、殷固有の都市国家群でよりあつまって、殷の部族が住んでいたが、外服（畿外）つまり地方は……異民族の都市国家連合がたくさんあった。」（貝塚茂樹氏責任編集、『世界の歴史Ⅰ』、一一八頁、中央公論社、一九八六年。引用文中のカッコ内は引用者）。この〝都市国家群〟を日本史でいえば「倭人、百余国」という『漢書』地理誌の記載と思われます。

イ　王宮・首都と原始都市　以下は、国家は原始都市から生まれるという場合の、王宮・議事堂（民主制の場合）と原始都市との関係にかぎっての基本的な考察です。まず原始都市の時代がどんな特徴をもつかといえば、「常在戦場」の時代です。たとえば日本の原始都市である吉野ヶ里遺跡をはじめ弥生時代の集落は、一般的に「環濠集落」と呼ばれる特徴があります。吉野ヶ里遺跡では、集落のまわりに深い濠がめぐらされ、しかも集落は木柵で囲まれて防衛され、濠に逆茂木もあったと思います。すなわち厳重な防衛集落です。この事実は、この時代が激しい戦争の時代であったことを示します。

モーガン（『古代社会・上』、一四一頁）の指摘によれば、インディアンの世界では、同一血族で盟約をしていない、その近在の全インディアンが敵であって、しかもこれはわれわれ日本人も同様であったことは、先の環濠集落の姿が物語っています。この氏族社会時代の戦争の特徴は、「戦争は個人の自由」で、「好きな時にやりたい人が自由にできる」という特質があったという点です。戦争したい人は戦踊を開始し、同意する人はこれに加わり、気分が最高に達すると出陣したと指摘されています。西部劇にみられるインディアンの「出陣の踊り」がそれです。古代中国では「鼓舞」が有名です。出陣の踊りです。日本では「勇気を鼓舞する」と云われていることは、周知のことです。エンゲルスは先の『家族・私有財産・国家の起源』で、ゲルマン人も同様であったこと、さらにはヨーロッパ中世の王や貴族は、この習慣の中から生み出されたと述べています。

この時代、原始都市がいかなる不意の攻撃にも耐え、反撃できる防衛措置を備えるのは、都市形成の不可欠の前提となります。これこそが今日、古代の首都を「都城」とも呼ぶ背景です。日本では木柵と濠・堀ですが、大陸では巨大な土壁や石壁などの防衛施設です。

第二は、その原始都市がその後、共和制の方向に進めば議事堂、王制をとれば王宮が生まれるそもそもは、原始時代の〝会議場〟がその原点だといわれています。原始的定住都市の形成者は、ヨーロッパはもちろん、アジア、南北アメリカ大陸でも、すべて氏族的部族的な性格をそなえた血縁集団です。その政治は、同じ血縁で結ばれた氏族が基礎で、成年にたっした男女の全体会議での自由な討論と評決といわれます。これは青天井の広場で行えます。

氏族社会が発展して、氏族の数が増えて、その結果、部族数がふえれば、その部族全体の政治は全部族員の監視のもとで、氏族の代表（世襲酋長＝特定の氏族……この氏族の〝本家――古くは女系――〟に当たる血族か？……からのみ候補者が撰ばれる）と、一世代酋長（各業務で有能な人物）および軍事酋長の「代表者会議」（部族酋長会議または部族酋長連合会議）がさまざまの問題を評議し、その原始都市の全成員に議案を提示し、最終結論は氏族の全体会議で評決されるといわれます。なおこの時代の会議には「多数決制」は存在せず、「満場一致制」であって、意見の異なる問題は評決に付されなかったと、モーガンは指摘しています。その意味は、この段階の社会には階級的差異がなく、大きな貧富の差がなく（氏族は昼食等を一緒にする）社会に分裂的、敵対的亀裂がなかったためと思われます。

問題は、この世襲酋長・各種の一世代酋長、軍事酋長等は、時代がさがりその原始都市が発展するとともに、戦争等の業務がふえ、自分に割りあてられた土地を耕す時間さえなくなり、それを自由契約で他者に有料で耕作（外見上後代の小作に似ている）を依頼し、日中から原始都市の共同事務所に詰めるということになったとモーガンは指摘し、その事務所は「テクパン」と呼ばれたとあります。

「建物はテクパンと呼ばれた。族長会議（部族連合体の世襲酋長、〝普通酋長＝一世代酋長〟、軍事酋長により構成）は、政治機構として最高の権限があったため、それは文字通り会議所であった。ブエプロ（集落）のほぼ中央に建てられ、公の儀式を行なうために定められた広場に面していた。……中略……族長会議は、はじめのうちはときどき開けば十分だったが、次第に定期的に行われるようになり、さらにテクパンに日参しなければならないほどになり、そのためにそこに首長が恒常的に住むようになり、それが会議所の役割のひとつになった。」（『すまい』、一六四頁）。

このテクパンとその機構はじつは氏族社会から国家組織が形成される姿が、具体的に考察できる性格を具現したところで、この「テクパン」には、ここの公的活動およびここで生活する首長等の生活費や活動費にかかわる経費が、この建物に附属した公有地での部族・氏族員の間の、公平な労働の分担で生産される仕組みが組み込まれているのです。

これは後の国家形成で決定的な意味があり、この考察はきわめて重要なものであるにもかかわらず、日本古代史では考察ゼロという姿と思います。

なおこの氏族・部族の個々人の平等な面積の個人的土地の使用権（売買可能、ただし所有権なし）の他に、先述の公有地における公費生産労働の分担等、原始共産主義社会、これから生まれる人間と社会のあり方は、日本においても日本古代末期、古代天皇制打破の闘いで北条鎌倉幕府・初期武家階級が、日本の空たかくかかげた「天命論」をうみだす役割を果たすのです。後述（一五七頁参照）します。これを尊皇派は「国賊の思想」といい、自由民権派等は「無価値なもの」としてきた点も、さきに指摘しました。ここには原始共産制社会の実際と、そこでの人間像、また、これを反映している面のある『孟子』をも、古代中国・アジアの思想・文化など〝ダメ〟、と無視・否定してきたわけです。

しかしこれはモーガン・マルクス・エンゲルスの氏族社会論と、それへの評価の無視と否定に通じるのと思います。

ロ　古代中国でも発見　この「テクパン」と似た機能をもつ建物は、約五〇〇〇年前のものが中国でも発見されています。それは費孝通氏著の『中華民族の多元一体構造』（西沢治彦氏、塚田誠之氏、曽士才氏、菊池秀明氏、吉開将人氏共訳、風響社、二〇〇八年）に次のように述べられています。

「甘粛省秦安県の大地湾遺跡において、いまから五〇〇〇年前の総面積四二〇平方メートルの大形建築遺構が確認されたという。それはしっかり組み立てられた複合建築物であり、主室、左右の側室、後室、前門の附属建物の、四つの部分に分かれる。主室は中央に位置し、主室の正面入り口は南向きで、主室の形は長方形を呈し、面積は一三〇平方メートルに達し、……主室の東西それぞれの辺に側室に通じる入口があり、北側には後室があって、（建物の）周囲は黄土を版築した土壁が断片的に残っていた。……中略……（この建物は）氏族あるいは部族が連盟して公的な活動を行なう場所であろうと認識されている。」（同書、一九二頁）。

こうして原始時代の定住社会に、氏族的部族的な公的建築物が存在したことが指摘され、古代ギリシャ等での後の「長老会議」の前身が、氏族・部族時代の「連合酋長会議」という指摘があることを考えるならば、テクパンや中国の五〇〇〇年前の建物が、氏族・部族時代の「部族連合の酋長会議」の、会議場所であったという指摘はきわめて重要と思います。こうしたものから王制ならば王宮が、共和制ならば議事堂が生れたといわれています。

八　日本の例――吉野ケ里遺跡

通説の日本古代史学には、古代国家を右のような原始都市やその公的事務所論から王宮・首都を考えるという、当然あるべき国家形成論は見えません。すなわち弥生時代――通説の年代論よりはるかに古い。後述――の原始集落・原始都市群から都市国家群、さらには小規模な地域国家群に発展という国家形成論は、まったく考慮されていません。『漢書』地理志に「楽浪海中、倭人あり。分かれて百余国」とあるにもかかわらずです。

しかし奇妙なことに、二〇一三年の『岩波講座・日本歴史』（第一巻）に次の指摘があります。「……大規模環濠集落を都市と認め、その根拠は、論者によって多少違っているが……規模が大きい、人口が多い。人によって一〇〇〇人（たった？　……これを四部族で割り、それぞれ老壮青幼と男女に分ければ、一部族の壮青年男子は何人？　引用者）と推定される。異質な職掌に携わる人びとが多数存在し、専業工人がいる。内部に階層制がみられる。首長権力が所在し、……区画された首長の居住地、王宮がある。流通センター、ネットワークの中心、「市」がある……防衛施設が厳重である。」（同書一二〇頁。引用文中のカッコ内および傍線は引用者）。この「大規模環濠集落」とはどこのことでしょうか。発見されている弥生遺跡でこれに一番該当するのは、北九州の「吉野ケ里遺跡」でしょう。

この『岩波講座・日本歴史』（第一巻）の記述の奇妙さは、たった一〇〇〇人を「大規模」集落という、トンチンカンもさることながら、次の点にもあります。〝弥生時代とは古墳時代の前の時代〟です。ところが先述のとおり、〝古墳時代〟に「大王家と豪族との間でそれぞれの施設（王宮をいう、引用者）を、峻別できるかどうか疑問である。」（三六頁参照）と公言しつつ、その古墳時代よりはるかに前の〝弥生時代には、環濠大都市のなかに王宮があった〟と主張することは、歴史は順序をおって発展するという、人類史の常識に反するものに見えます。これが日本社会では権威ありとされる学者の姿であり、こうした歴史家の記述に、「これは歴史の逆転論ではないか」という、当然の声もないようだという点です。

吉野ケ里遺跡、この弥生時代の環濠集落が物語るその姿は、この九州の弥生人の都市遺跡が世界の原始都市と共通の性格を持っているということです。しかし、古墳時代の「ヤマト朝廷」には王宮の不存在、首都の欠如という、〝沖縄をふくむ世界の原始都市群から国家への道筋に必ずある原始都市、その王宮（その国家が共和制ならば〝会議堂〟）も、さらに都市国家が他の都市国家を併合した際に形成される首都もないという点で、世界史に例がない〝王朝・国家〟の姿だということです。

こんにち国家と呼ばれるものは、氏族社会の部族的都市国家＝日本でいえば吉野ケ里遺跡等型から出発したにせよ、多くの部族的原始的都市国家を併合した地域国家とでも呼ぶべきもので、その中心的勢力の王宮や会議所が、首都を形成するのです。したがって首都のない国家・王朝などは、臍のない人間はいないのと同様にあり得ないものです。

ここから必然性的に導かれる結論は、〝古代ヤマト朝廷の確立は八世紀、藤原京確立時である〟ということです。すなわち藤原京以前の『古事記』『日本書紀』の記述は、〝造作の歴史〟と断ぜざるを得ないのです。世界の国家形成・誕生にかかわる、原始都市・会議所または王宮の形成、これが地域国家に発展すれば、首都と王宮ないしは議事堂に発展するという、人類史の必然性のかけらもない『古事記・日本書紀』が記す、八世紀以前のヤマト朝廷を、実在の国家・王朝というのは不可能なことなのです。これが事実にたった科学的歴史学からの、唯一正当な帰納です。

五　ヤマト朝廷一元史・造作の資料、「諸家の帝紀・旧辞」

しかも大和朝廷の真の始祖から二代目と考えられる天武天皇の、『古事記・日本書紀』編纂にかかわる「詔」に、「諸家の賷す帝紀・旧辞」、すなわち大和朝廷に先行して『帝紀』、つまり「王家の記録をもつ家」が複数、存在したという意味の記載があることです。これは太安万呂の『古事記』の上表文にあります。この「天武の詔」の年代と、当のヤマト朝廷自身が八世紀の藤原京を、「はじめて京師」と述べている年代とが、みごとに照応しているのです。こうして戦前・戦後の〝日本古代史学〟の破綻が示されているのです。「天武の詔」の立ち入った検討はもちろん後述（一二二頁参照）します。

六　戦後〝実証主義〟の破綻、「三角縁神獣鏡・魏鏡説」の崩壊

戦後、「皇国史観批判」を叫んだ〝古事記・日本書紀批判的戦後の古代史学〟は、考古学的「実証主義」の重視を掲げましたが、その「三角縁神獣鏡・魏鏡説」も破綻しました。「邪馬台国論争・近畿説」が主張した「三角縁神獣鏡・魏鏡説」に、中国社会科学院考古研究所の前所長の王仲殊の周到かつ徹底的な批判が、一九八一年以降に展開（王仲殊氏著、『三角縁神獣鏡』、西嶋定生氏監修、学生社、一九九八年初版）され、「三角縁神獣鏡・魏鏡説」は、全面的かつ徹底的に否定されました。

これによって「邪馬台国・近畿説」にたって、卑弥呼をヤマト朝廷の始祖と称し、三角縁神獣鏡は卑弥呼の魏交流の時に、「下賜された鏡」という説は否定され、「邪馬台国・近畿説・卑弥呼・ヤマト朝廷の始祖説」、すなわち戦後の実証主義を装った「ヤマト朝廷一元史観」は、その成立の根底を失いました。同様にこの「三角縁神獣鏡・魏鏡」説にたって、あたかも実証主義の外観を呈した〝巨大前方後円墳・ヤマト朝廷造営論〟も、また否定されました。こうして「実証主義」を装った、戦後の「ヤマト朝廷一元史観とその日本古代史論」は、実証主義的に否定・崩壊しました。もちろん「邪馬台国・近畿説」に属する学者諸氏は、いまだに王氏の批判を受け入れてはいませんが、そこに少しの道理もありません。

そもそも「三角縁神獣鏡・魏鏡説」にたいしては、日本においても「邪馬一（台）国・九州説」や、「東遷説」にたたれる古田武彦氏や井上光貞氏、さらには考古学者の奥野正男氏らの否定的見解が出されていました。また日本の古代中国史関係の学者からも、次の批判が出されています。「日本の古墳か

ら現在も大量に出土する『三角縁神獣鏡』は、この時（卑弥呼の魏交流時）に中国から下賜された『魏鏡』であるといわれてきた。これに対して森浩一氏は、つとに一九六二年、このような特殊な形と独特の文様のある鏡は、中国本土からは一面も出土していないという事実を指摘して、「帰化系工人製作説」を発表した。（「日本の古代文化」、『古代史講座』三）。

さらに中国の考古学者王仲殊氏は、一九八〇年代から詳細で緻密な『魏鏡説批判』を精力的に展開し、これらは『呉から渡来した中国の職人が日本で製作したもの』とする新説を発表している。……この新説には説得力があり、日本の考古学界には、王氏の周到な批判に耐えるだけの〈魏鏡説の再建〉を期待したいものである。」（『中華文明の誕生』、尾形勇氏、平勢隆郎氏著、「世界の歴史」②、三八三頁、中央公論社、一九九八年、初版）という見解までがだされている現状です。

イ　王氏の「三角縁神獣鏡・魏鏡説」批判

王仲殊氏著の『三角縁神獣鏡』の、「三角縁神獣鏡・魏鏡説」批判の中心分部は二点と考えます。その第一点は、「三角縁神獣鏡は三世紀の中国三国時代の魏の鏡ではなく、当時の呉の工匠が日本に渡来し、日本で製作したものであること。及び製作した場所は「畿内の邪馬台国であること」（王仲殊氏著、『三角縁神獣鏡』、「新装普及版によせる序言」）。第二は、しかしにもかかわらず、「三角縁神獣鏡は日本独自の青銅鏡」という点です。

ここで王氏は「邪馬台国」を、〝近畿〟としていますが、この点、本書は採用しません。王氏は著名な中国の考古学者で、氏の「三角縁神獣鏡」への考察は権威あるものといえます。その「邪馬台国・近畿説」は、この青銅鏡が圧倒的に出土するのが近畿地方の前方後円墳であって、その結果、呉から渡来した鏡職人が、三角縁神獣鏡を製作した場所を、近畿地方と王氏が考えたのは、たしかに合理的であります。氏はそうした点を考慮して、日本の古代史学での「邪馬台国論争」を念頭に、「近畿地方＝邪馬台国」としたと考えます。

しかし日本史の真実に最終的に責任を負うのは当然、日本人であって、その点で近畿地方を「邪馬台国の中心」ということは不可能であることは、本書が〝実証主義にたって示す〟ところです。この点をまずは指摘しておきます。

王氏の「三角縁神獣鏡・魏鏡説」批判の意義は、実際のところ、王氏の批判を受けいれている人々の間でも意識されていない側面があり、この王氏の「批判」は一挙に、戦前・戦後の「ヤマト朝廷一元史とその史観」に止めをさし、あわせて、『古事記・日本書紀』では隠蔽されている、真実の日本古代史への扉を開く意味があるのです。

それは第一に、「倭人」（今日の日本人の直接的祖先）は、なぜ、どのような理由で、またどのようにして揚子江流域の人々と交流していたのか、という問題です。しかもこの点にかんして、『後漢書』倭伝など古代中国正史類の「倭国伝」に記されているわけです。この解明は日本古代史探究の基礎であり、ここをさけては真の日本古代史にはならないという点を、あらためて浮上させたことです。

第二に、この問題は『古事記・日本書紀』に、この揚子江流域との濃密な交流が一語も語られず、「三角縁神獣鏡」文化とその製造にかんしても、一語の記載もないのは何故か、という大きな問題をも浮上させるのです。第三に「三角縁神獣鏡」は日本独自の青銅鏡というのですが、その独自性を生んだ文化やその青銅鏡の使用目的にかんしても、近畿地方を中心にこの種の青銅鏡が三〇〇面以上も出土しているにもかかわらず、『古事記・日本書紀』には一切その記載がないのは何故か、という問題をもまた、提出するのです。

呉方面の交流にかんして『日本書紀』の応神・仁徳～雄略紀に、「呉国、貢奉る」式の記載が七～八ケ所あるのは事実です。ただし『古事記』には、「呉国」交流記事は一語もなく、『日本書紀』が「呉国」交流の使者として記す人名、たとえば「阿知吉師」は、「応神記」に百済との交流の使者として記され、『古事記』には「呉国」との交流記事は一語もありません。『日本書紀』の「呉国、貢奉る」式記載と、これが一切ない『古事記』の差異がしめすものは、『日本書紀』のこの種の記載が、造作記事であることを物語るものと思います。

例えば『日本書紀・上』の「応神の三七年、春二月」に、「阿智使主《あちのおみ》・都加使主《つかのおみ》を呉《くれ》に遣《つかは》して、縫工女《きぬぬひめ》を求めしむ。」（同書、三七八頁）とあります。この記事にたいして同書「上段注九」（三七九頁）には、「中国の江南の地をさす。この年は丙寅で、干支二運繰り下げると四二六年丙寅となるが、その頃の江南は南朝の宋の代で、宋書・夷蛮伝に『太祖（文帝）元嘉二（四二五）年、讃（倭王の名）又遣司馬曹達、奉表献方物』（太祖の元嘉二年、讃また司馬曹達を遣わして、表〈国書〉を奉り、方物〈国の土産物〉を献じる）とある。ただし南朝史書の倭の五王関連記事に見えるが如き政治目的をもった交渉事実は、書紀（日本書紀・引用者）からは全くうかがわれない。」と註釈されています。そもそも中国の呉国が、ヤマト朝廷に「臣下の礼」をとるはずもなく、「貢奉る」式の『日本書紀』の記載は、当時の東アジア世界への著しい〝外交音痴どころか無知〟を、そのまましめすものと思われます。

以上、近畿地方の前方後円墳等から多数出土する「三角縁神獣鏡」は、呉の鏡職人が近畿地方に招かれて、当地の人々の要望に応じて作成した日本独自の青銅鏡ですが、この肝心要のことが『古事記・日本書紀』には一語の記載もない、すなわちこれらのことが戦前以来、通説が日本古代史探究の〝絶対的史料〟とする、『古事記・日本書紀』に一字もないということです。この事実は、七世紀以前に「ヤマト朝廷」に首都がない問題と相まって、『古事記・日本書紀』の七世紀以前にかかわる記載には、卑弥呼や「倭の五王」の記載も一字もない事実にも見られるように、真の日本史をゆがめた、「倭国文献」等からの盗作記事の恣意的羅列と考えます。

ロ　三角縁神獣鏡・「日本独自の青銅鏡」　王仲殊の「三角縁神獣鏡・呉鏡説」は、倭人がなぜ、三角縁神獣鏡を前方後円墳に埋葬したのか、この問題は、ひいては前方後円墳という墓制は、「倭人・日本人」のどんな歴史的社会的背景・要因に由来するものか、という問題を解明するうえできわめて重要な意味をもつものと思います。まずは王仲殊氏の指摘です。

その第一は、「日本の三角縁神獣鏡は、中国の神獣鏡に比べてはるかに大きい。……中国では……こうした大型鏡は非常にまれである（二面の発見のみ）。後漢、三国、西晋時代の神獣鏡についていうと、一般的に一〇センチ余りあるだけである。……しかし日本の三角縁神獣鏡は二〇センチをこえるのが普通で、なかには二五センチ以上のものもある。」（『三角縁神獣鏡』、四六頁）。

この日本の三角縁神獣鏡の大きさにかんして、「中国の職人が日本にきて、自己の技量を発揮し、自己の工芸伝統をまもっていても、しかし土地の風習に従わざるを得ない。倭人は鏡を重視し、中国鏡を仿製するとき、いつも鏡を特別大きくしなければならなかった。福岡県（糸島郡、前原町有田）平原（古墳）遺跡出土の直径四六・五センチある「内行花文鏡」がとくに際立ったものの一例である。倭人の好みにあわせたので、職人たちは三角縁神獣鏡をもかなり大きくつくったのである。」（前掲書、五三頁。傍線は引用者）。

しかし、中国の神獣鏡との違いは、その大きさのみにとどまらず、その形・文様にまで及んでいることも、指摘されています。その一は、「中国で出土する各種の神獣鏡で、縁部の断面が三角縁、あるいは三角に接近したものは発見されていないといえる。これは中国の各種の神獣鏡と日本の三角縁神獣鏡の間における、もっとも主要な区別の一つである。」（前掲書、四七頁）。その二は、「鏡縁の形式と密接に関連しているのは、鏡の外区の形式と文様である。日本の三角縁神獣鏡の外区の文様はすべて同じで、二重の鋸歯文帯のあいだに一周する複線波状文帯が挟まったものである。……この文様に似たものは中国にもある……しかし、問題なのは中国出土の各種の神獣鏡には、あくまでこのような外区がないことである。」（同書、四七頁、傍線は引用者）。

なおここで王氏は中国青銅鏡の「平縁」について言及され、以下のように補足されています。それは中国の画像鏡と三角縁神獣鏡とを比較して、「以上の点からみて中国の一部の画像鏡に、日本の三角縁神獣鏡とすこぶるよく似たものがあるが、しかし、鏡の内区の主文からいえば、……当然、日本の三角縁神獣鏡とも異なるものである……」（同書、四七頁。傍線は引用者）。

最後が「笠松文様」についてです。

「もし、中国の画像鏡の外区（鏡縁をふくむ）と神獣鏡の内容を結合すれば、日本の三角縁神獣鏡ができるといっても、……そこに少なくとも一つの重要な違いがある。それは日本の三角縁神獣鏡には、いつもいわゆる『笠松形』文様が見られることである。……中略……私は又中国で発見した各種の銅鏡には、日本の三角縁神獣鏡に常にみられる笠松形がないということをいわねばならない。」（同書、四九頁）。以上ですが、古代の中国の各種の青銅鏡と、日本の三角縁神獣鏡とは異なり、それは結局、日本にきた呉の鏡職人が、「倭人・日本人」の要望にしたがって製造した鏡ということです。この「三角縁神獣鏡・日本の独自的鏡」の日本史的意味については二四四頁で述べます。

第三章　「卑弥呼・倭国」はヤマト朝廷とは別国家

一　『古事記・日本書紀』と古代中国史料の対立

そもそも古代史の探究で重要な点は、近世以降のどんな著名な学者でも、自分の目で直接、古代社会やその出来事を見聞きしたわけではなく、今日、生きている人間はもちろん、江戸時代の人であれ、鎌倉時代さらには平安時代であれ、直接には、古代日本社会を見聞できないわけです。したがって古代史探究の基礎は、古代の人々が書き残した当時の見聞の記録、古文書やさらには金石文などが基礎だということです。すなわち文字の記録が、古代社会とその歴史解明の基礎です。この文献の記載を実証的に検証するものとして、考古学は大変重要なものであることも、いまさらいうまでもありません。

もちろん文字のない時代の研究は、いわゆる考古学が基礎になりますが、その研究の性格は文字のある時代とはまったく別です。古代史ではなんという天皇や王が、いつどんなことをしたかが研究対象ですが、たとえば縄文時代の研究では、そこにどんな個性の酋長がいて、いつ何をしたかなどは、そもそも研究しようにも、なんの資料・史料も残されておらずできないわけです。したがっていわゆる古代史と縄文時代等の研究では、同じ考古学という言葉を使っても、いわゆる古代史の方は、国家やあれこれの政治的勢力の動向、その社会の生産・交易などにかんする文献記載の真偽を、考古学的に検証するというものであって、縄文考古学とは全く性格が違うと思います。

こうして日本古代史であれ中国、ヨーロッパであれ、どこであれいわゆる古代史の探究では、根本的な研究材料は金石文をふくむ文字の記録、すなわち文献であって、その文献記録がどの程度、事実を反映しているか、正確な記録か否かという問題が決定的な意味をもつわけです。その検証として考古学的方法が重視されています。トロイを発掘したシュリーマンのホメロスの詩への確信と探究が、その例です。ところが古来、日本古代史には『古事記・日本書紀』の記す「日本史」と、古代中国の漢・三国時代、南朝劉宋および隋・唐の正史類、ならびに古代朝鮮諸国の正史類の対日交流記（正確には対倭交流記）が記す〝日本史〟とが、根本的に食い違うという問題があるのです。

しかしながら近世以来、〝日本古代史の正統派〟の位置をしめてきた水戸史学および国学、これは江戸時代に新たに勃興した学派であって、とくに国学は豪農や裕福な町人等を基盤としたものですが、この両者は、明治維新の「尊皇攘夷」の尊皇論・尊皇日本史論・尊皇思想を形成したもので、明治以降のいわゆる日本古代史を形づくったものです。すなわち明治憲法第一条の「大日本帝国ハ万世一系ノ天皇之ヲ統治ス」という、「万世一系の天皇制」の日本史論・日本文化論を形づくったものですが、これがいう日本史と、古代中国・朝鮮諸国の正史類が記す日本史とが、根本的に食い違うという大問題が、実はあるのです。ところがこの近世以降の尊皇日本史論は、『古事記・日本書紀』絶対主義を日本古代史、日本古代文化探究の根底にすえ、古代中国・朝鮮史料と『古事記・日本書紀』の食い違いと対立を、隠蔽・歪曲・無視・否定してきた点に、最大の特質があるのです。

これが戦前・戦後の憲法第一条の「万世一系の天皇制・象徴天皇制」、すなわち「ヤマト朝廷一元史と史観」の最大の特徴であって、「ヤマト朝廷一元史観」を絶対とする戦後の〝日本古代史〟に、これは完全に継承されています。

例えば「記紀批判・神話造作論」で、戦後日本古代史学の開祖とされる津田左右吉氏は、「……シナ（中国）語シナ文が思索に適しないものであるということが、注意せられねばならぬ。シナ語によって表現されているシナ思想そのものが、人間の思索を導きえない性質のものである。」（津田左右吉氏著、『シナ思想と日本』、三九頁、岩波新書、一九七五年。なお初版は一九三八年。カッコ内は引用者）とか、中国文化と中国人を「糞・小便」（家永三郎氏著、『津田左右吉の思想的研究』、二一六頁、岩波書店、一九七二年）などと放言しています。これは後述する近世尊皇思想、とりわけ国学の独善思想や、「文明開化」的古代中国・朝鮮文化、劣等論にたつものと思います。しかし、これは今日の欧米諸国の、古代中国史・中国文化研究の姿（一八三頁参照）に照らせば、日本文化の恥でしょう。

なお家永氏は同書で、「……国体観念の源泉とされた『国史』（皇国史観）の重みをはねのけ……新しい歴史の見方を教えてくれたのが、津田左右吉の学問であった。」（「序」i）と述べて、この津田史学をおおいに評価さえしています。こうした誤った古代中国・朝鮮文化論と、〝万世一系論批判の日本史論〟にたたれた先学の、古代中国・朝鮮史料にたいする態度・見解は、一八〇度、異なっているのです。この点に大きな意味があるのです。

イ　新井白石の『古事記・日本書紀』絶対主義批判　古代中国・朝鮮諸国の正史類の対日交流記を無視・否定する、近世以来の尊皇日本史論への鋭い批判は、「梅檀《せんだん》は双葉より芳《かんば》し」で、すでに約三〇〇年も前に江戸時代を代表する著名な学者・知識人・新井白石（一六五七〜一七二五）によって、展開されているものを皮切りに、明治時代には広池千九郎氏（東京帝国大学）編集の『日本史学新説』（国立国会図書館・近代デジタル・ライブラリー収録）などがあります。まずは新井白石の最晩年の「水戸史学批判」をとりあげます。

「水戸にて出来候本朝史（『大日本史』）など、定《さだめ》て国史（古事記・日本書紀）の誤りを、御正し候事とこそ頼もしく存候に、水戸史官衆と往来し候て見候へば、むかしの事は日本紀（日本書紀）、続日本紀等に打任せられ候体に候。それにては中々本朝（日本史）の事実はふっと（まったく）すまぬ（解明できない）事、僻見にや候やらむ（歪んだ見方ではないか）。と老朽（老生）などは存じ候。

本朝（日本）にこそ書も少なく候へども、後漢書以来、異朝（中国）の書に本朝の事しるし候事ども、いかにもいかにも事実多く候。それをばこなた（日本側・水戸史学）不吟味にて、かく異朝の書の懸聞之誤りと申し破り、又は、三韓（朝鮮諸国）は四百年余本朝（ヤマト朝廷とは異なる日本・つまりは倭国）の外藩にて、よき見合せ（よい史料）候とも、右の如くやぶり捨て候。本朝国史々々（日本書紀・古事記）とのみ申すことに候。まずは本朝の始末（水戸史学のあり方）、大かた夢中に夢を説き候やうの事に候。」（『新井白石全集』第五巻、「白石先生手簡、佐久間洞巌書」、五一八頁。印刷者・本間季男氏、明治二九年。引用文カッコ内は引用者）。

ここには水戸史学（国学は後述）を直接の源流とする「本朝国史々々」、すなわち『古事記・日本書紀』絶対主義、古代中国・朝鮮諸国の正史の対日交流記の〝絶対的否定〟を基盤とする、近世「尊皇論」的日本古代史論とその学問的態度への、根本的批判の見地が明確に示されているわけです。先述の明治二五年出版の広池千九郎氏編集の『日本史学新説』も、その内容は「昔九州は独立国にして年号あり」（飯田武卿氏著、東京帝国大学）、「倭と日本は二国たり、卑弥呼は神功皇后に非ず」（今泉定介氏著、東京帝国大学）など、古代中国正史類の対日交流記にたって、「卑弥呼・倭国」・非ヤマト朝廷説を展開したものです。画期的な見地です。

戦後においては、古田武彦氏の『「邪馬台国」はなかった』（朝日新聞社、一九七一年）を皮切りに、つづいて同じく朝日新聞社から、『失われた九州王朝』（一九七三年）、『盗まれた神話』（一九七五年、これらは現在ミネルヴァ書房より刊行）等、実に多くの系統的な「ヤマト朝廷一元史観」批判の著作が刊行されました。こうなるのも実に古代中国・朝鮮史料の対日交流記の〝日本古代史像〟、たとえば卑弥呼や「倭国」は、〝ヤマト朝廷とは別の王朝〟という意味の記載と、『古事記・日本書紀』の「ヤマト朝廷一元史」との、のっぴきならない対立が背景にあるからです。

ロ　通説はなぜ、「一元史観批判」を無視するのか　なぜ戦前・戦後の日本古代史学では、「卑弥呼・倭国・非ヤマト朝廷論」にたつ学者や、先学の重要な研究や見地を評価しないのか、といえば第一に、これをとり上げれば、「ヤマト朝廷一元史と史観」の真偽という、通説の成否が根本的に問われるからだと考えます。同時にそれは、戦前・戦後の日本国憲法の第一条の日本史的正当性が、公然と問われ、世評の大きな問題にもなるからだと考えます。この「ヤマト朝廷一元史観」と戦前・戦後の憲法第一条とは、両者はともに後述する近世の「水戸史学・国学」を父母とし、両者はともに明治維新の「尊皇攘夷」の、尊皇論を形成したものです。古風な言い方をすれば、尊皇日本史論と戦前・戦後の憲法の天皇制条項は、「おなじメダルの表と裏」の関係にあるわけです。

したがって真実の日本古代史の探究は、明治以降の憲法第一条の真偽問題とともに、「一元史観」を主張してきた学者にとって、その〝学者生命を左右〟する問題でもあるわけです。憲法一条と通説の「ヤマト朝廷一元史と史観」は、運命共同体の関係にあるわけです。これは戦前の日本社会を知る者ならば、敗戦で戦前の「皇国史観」が一夜にして否定されるや、いかめしい「皇国史観」史学の諸先生の権威が、即時、完全喪失したことを思い出させるものです。事実を無視し権威・権力にすがる者の末路は、こうしたものでしょう。

〝しかしそれは政治の話で、日本古代史学は学問だから、その「非ヤマト朝廷論」に学問的根拠があれば、とくに戦後の日本は民主社会だから頭から無視などということはないのではなか〟、と思われる方もおられるかもしれません。

しかし、戦後憲法第一条も「象徴天皇制」と表現されている、「万世一系論」です。こうしてこの〝政治的国是〟と、「日本古代史」の真実の探究とのあいだに深刻な対立が内在し、それはあたかもガリレオ・ガリレイ時代の宇宙観をめぐって、『聖書』の「天動説」と、宇宙の真実が「地動説」、これを掲げる自然科学との対立に似た、すなわち時の支配階級の〝宗教的政治的〟ドグマと、客観的自然およびその科学的認識のあいだの対立に似た問題が、近代日本社会の根底に横たわるという問題です。

なぜこうした超前近代的な問題が、今日の日本社会の中心部に存在するのか、これを問えば先に述べた明治維新の、「尊皇攘夷」の尊皇論を形成したイデオロギーに内在します。これを形成したものこそは、第一に「水戸史学」およびこれ以上に明治以降、国民に大きな影響をあたえてものに、本居宣長をその著名な代表者とする近世国学があります。これらの内容・性格等にかんしてはあとで項目をもうけて述べます（一二六頁参照）。

問題は、こうした「万世一系の天皇制こそが、日本社会の歴史と伝統」という日本史論・日本社会論が、下級武士の「討幕の理念」を形成した点にあるのです。これこそ日本の近代化と欧米の近代化との、深刻な違いと思います。

この近代化、すなわち資本主義的生産関係の誕生とその社会の確立という問題ですが、欧米ではこの近代化は、町人・都市ブルジョアジーによる民主主義のスローガンのもとに推進されましたが、日本では、徳川武家政権の正当性の否定として、超古代的理念・イデオロギーである「古代天皇制の復権」の姿をとったのです。

なぜそうなったのか、すでに指摘（三二頁参照）したように近世日本のおかれた状況によって、日本の資本主義体制確立・推進に当たるべき町人・手工業者、いわゆる都市ブルジョアジーの発展が、欧米に比べてはるかに立ち遅れた結果、第一に、幕末に開国をせまる欧米資本主義国の圧力に抗するに、下級武士が指導権を握り欧米のように、町人・手工業者等の都市ブルジョアジーが、封建勢力に民主主義の旗をかかげて農民を結集して立ち向かう土壌が、日本では未成熟であったという点にあると思います。ならびに近世日本の地主や裕福な町人がおかれた、後述するような特殊な社会的・日本的状況の結果、欧米的な民主勢力として成長する基盤が、著しく限られていたと考えられる点です。

こうした歴史的背景の結果、本来、近代社会確立で一掃されるべき、封建勢力の一構成要素である下級武士集団が、自分が所属する武家階級のはるかなる上層身分の武家政権の打倒の、大義名分論として古代天皇制をもちだし、その復権を掲げて自己の討幕を正当化した点に、欧米の民主主義的変革と異なるという特徴があります。現に、「薩長両藩が政治的孤立をさけつつ幕府をたおすには、なんらかの大義名分がなければならない。薩長討幕派の最大の問題点は、そうした大義名分をもたないことであった。かれらが封建支配下の民衆の解放＝市民革命（ブルジョア民主主義革命）を求めない以上、当然であったといえよう。彼らが頼りにしたのは、手近にある朝廷の権威であった。」（石井寛治氏著、『大系・日本の歴史』⑫、一八九頁、小学館ライヴラリー、二〇〇〇年、初版、引用文内カッコ内は引用者）という指摘もあります。ここには「朝廷の権威」とありますが、より正確には「万世一系の天皇制なる日本史論」、その一つ水戸史学（大日本史）の尊皇主義的日本史論です。

もう一つが本居宣長をいわば代表格とする近世国学です。こうして日本の近代化は、「万世一系の天皇制」を掲げて、武家政権を否定する「日本史論・日本文化論」を説く水戸史学と国学と、その系列の日本史学者等によって思想的学問的に合理化され、これが明治以降の日本政府とそれを支える、近代日本の支配層の支配体制の日本史論的正統化論を形成しているわけです。これが近代の日本国民にとって、どんなものであったかを典型的にしめすものが、あの教育勅語や「治安維持法」、またはその結果としての特攻隊等や日本軍国主義、およびその第二次大戦での大敗です。

こうした近代日本の歴史的政治的状況のなかで、「万世一系の天皇制」史観・文化観、すなわち「一元史観」が国是とされ、国民の目・耳を塞いできたのです。この一見、鉄壁に見える〝日本古代史〟ですが、述べてきたように七世紀以前の「ヤマト朝廷」に〝首都がない〟問題や、三角縁神獣鏡・魏鏡説の破綻など、〝国是と称される通説の日本古代史〟に、修復不可能な巨大な亀裂が入っているのです。これを国民の前に明らかにすることこそが、真の学問・日本古代史のあるべき姿なのです。

こうして「ヤマト朝廷一元史観」への批判という問題は、単なる日本の過去の問題とか、一部の物好きなマニア的議論などではなく、日本民族の真実の歴史を探究・解明するとともに、日本民族が人類の一構成部分として、その歴史のなかに「自由と民主主義」という人類史の普遍的価値観を、ヨーロッパとは見かけの上では異なる仕方で、しかし厳然として保持し、日本社会の歴史的発展を現実に促進してきた事実、その偉大な民族の歴史・闘い、文化、その遺産を正当に発見・評価し、日本社会の正常な発展に資することにあると考えます。これを第二次大戦後のドイツ人は、「過去に目を閉ざすものは、現在にたいして盲目となる」といい、古代中国人は「歴史を鑑とせよ」といったのだ、と思います。

八　『古事記・日本書紀』に、「卑弥呼・倭の五王」記載なし

さて真実の日本古代史探究の要の一つは、古代中国・朝鮮史料と『古事記・日本書紀』の記載の、根本的食いちがいという問題を、どう見るかなのです。実はここに後述する国学や津田左右吉氏等の、「シナ語シナ文は思索に適しない、クソ、小便」等々の、中国文化と文献否定の根本的な要因があるのです。

戦前の日本古代史には、国民的規模での「邪馬台国論争」とか、卑弥呼云々などという議論はありませんでした。もちろん内藤湖南氏と、白鳥庫吉氏に代表される京都帝大と東京帝大の「邪馬台国論争」はありましたが、これが国民的に有名になるのは戦後です。戦前の学校教育や日本史の教科書には卑弥呼等の記載はなく、国民的次元での「邪馬台国論争」などはありませんでした。それにはりっぱな理由があるのです。『古事記・日本書紀』に卑弥呼や「倭の五王」等のことは、一語もないからです。現に、戦前のいわゆる「皇国史観」史学、その元祖の水戸史学および国学では、次のように卑弥呼・「倭の五王」、非ヤマト朝廷論が明確に述べられていたのです。

①『大日本史』外国伝「序」〈水戸史学〉

「自隋以前、秦漢之裔、雖有帰化者、而未聞有通使者……」。〝隋より以前、秦漢の裔、帰化の者ありと

雖《い》えども、未だ使者、有通する（ヤマト朝廷の使者の中国交流）を聞かず〟。すなわち〝日中の交流は隋が最初だ〟というのです。これは『日本書紀』の中国交流記事も同様です。

②つぎは国学を代表する本居宣長です。

卑弥呼について、「皇国の御使には非ず。筑紫の南のかたにていきほいある熊襲のたぐいなりしもの……」（『馭戎概言』）。

「倭の五王」にかんしても同書で、「天皇に讃・珍・済・興・武などと申す御名あることなし……松下氏（松下見林、『異称日本伝』をさす）、此の天皇たちの御名々を、おのおのかの讃などいへる名どもに当てたれど、……いささかも似つかぬしひごとなり。」と述べています。すなわち「卑弥呼・「倭の五王」・非ヤマト朝廷説です。これは『古事記・日本書紀』絶対主義からは当然の態度です。

しかもこの『古事記・日本書紀』および水戸史学・国学の主張を肯定する「日本史」を、八世紀のヤマト朝廷の遣唐使が唐朝に述べているのです。それは唐の正史のひとつ、『新唐書』「東夷・日本伝」の一節です。そこに遣唐使が

「自言、初主號天御中主、至彦瀲凡三二世、皆以尊号為居筑紫城、彦瀲子神武立、更以天皇為号、徒治大和州、次綏靖、次安寧、次……次用明、亦曰目多利思比孤、直隋開皇末、始與中国通……」（ヤマト朝廷の遣唐使が）「自らいう。初主を天の御中主と号す。彦瀲《ひこなぎさ》（天津日高日子波限建鵜葺草葺不命、あまつひこひこなぎさたけうがやふきあえずのみこと）に至る凡《おおよそ》三二世は、皆尊《みこと》を以て号となし筑紫城にいる。彦瀲の子、神武立つ。更に天皇を以て号となし、徒《うつりて》大和州（国）に治す。次に綏靖、次安寧、次に、次に……次に用明（天皇）、亦、目多利思比孤《もくたりしひこ》と曰《い》う。隋の開皇の末にあたる。始めて中国と通ず（傍線は引用者）。」と、神武以降の歴代天皇の名をあげて、第五七代・光孝天皇までを述べています。なお自分たちの原点

を、筑紫（北九州）と明言している点も注目されます。

この「日本史」はこれから明らかにするように、「ヤマト朝廷」とは異なる「倭国」の中国交流をも平然と、〝ヤマト朝廷に取り込んだところが特徴〟ですが、しかしその重要な点は、ヤマト朝廷の古代中国交流の最初を、「隋の開皇の末にあたる。始めて中国と通ず」と明記しているところです。これは『日本書紀』の中国交流の最初を隋とする記述と、その限りで一致しています。この文献的事実にたつかぎり、卑弥呼・「倭の五王」はヤマト朝廷ではないという他はないでしょう。

とすればいったい戦後の日本古代史学の「邪馬台国・近畿説」、「邪馬台国・九州説・東遷論」、すなわち『古事記・日本書紀』とは全く異なる、「卑弥呼・倭の五王＝ヤマト朝廷論」はなにか、これがあらためて問われると思います。

なお、戦後、「邪馬台国論争」や「倭の五王・ヤマト朝廷論」が、先述の『内藤・白鳥論争』や、また「倭の五王・ヤマト朝廷論」では、江戸時代の尊皇日本史家・松下見林の『異称日本伝』をもちだして、この議論がさも近世・近代の日本古代史の学問的経緯と姿でもあるかに装う、戦後の古代史学の不実さは、『古事記・日本書紀』に「卑弥呼・倭の五王・ヤマト朝廷論」が一言もない事実の無視にとどまらず、そうした主張は遣唐使が唐朝（中国）に述べた〝日本史〟にも、一言ないという不動の事実を無視、沈黙してばからないところです。これは学問的不誠実の見本でしょう。

二　戦後史学の「卑弥呼・倭の五王」ヤマト朝廷論の意味

なぜ、戦後の日本古代史学は、戦前の姿に照らせば豹変して内藤湖南・白鳥庫吉氏の「邪馬台国論争」や、松下見林の『異称日本伝』をことあたらしくもちだして、「卑弥呼・倭の五王＝ヤマト朝廷論」を主張しはじめたのかを問えば、「皇国史観」の崩壊を受けてまさか、日本神話から直線的に「万世一系の天皇」をいうわけにもいかず、戦後の状況のもとであらためて、「万世一系の天皇制＝象徴天皇制」の日本史的合理化論の構築という課題に直面し、事新しく「邪馬台国論争＝卑弥呼・ヤマト朝廷の始祖説」や「倭の五王」論争をかかげて、これに「三角縁神獣鏡・魏鏡説」、「巨大前方後円墳・ヤマト朝廷造営論」などの「実証主義」的装いをも凝らして、いわば戦後的「万世一系の天皇制・象徴天皇制」擁護の日本史を構築するためなのです。すなわち戦後憲法の「天皇制」の日本史論的合理化のためです。

ホ　『推古紀』、「隋交流記事」の真偽問題　しかしこの重大な問題を検討する前に、是非、指摘しなければならないのは、『新唐書』日本伝記載の遣唐使が述べた日本史の、「用明云々」の一節は『日本書紀』推古紀の「隋交流記事」と重大な点で食いちがい、その違いも三点もあるという、これまた軽視しがたい問題をふくんでいるところです

しかもこれは、戦前・戦後の大學の日本古代史学が、完全に無視・沈黙してきた問題でもあります。その食い違いの第一点は、『日本書紀』では、隋との交流は推古天皇となっているのに、『新唐書』日本伝の遣唐使の〝日本史では用明天皇〟と記されているところです。〝それはキット中国側が間違えたのだろう〟という、戦前・戦後の日本古代史学の古代中国・朝鮮史料に対する一八番の、自分に都合の悪い記事にたいして堅持されている態度、すなわち「かく異朝の書の懸聞之誤りと申し破り、……本朝国史々々（日本書紀・古事記）とのみ申すことに候。」と、新井白石が看破した態度、または津田氏流に、「シナ語シナ文は人の思索を導きえない。」などという態度は、真の学問では断じて通用しないのです。そもそも中国側が用明天皇の名を知るはずもないからです。

これは重大な問題です。『日本書紀』では「ヤマト朝廷」、すなわち〝日本〟と中国との国交樹立の最初を隋とし、「（推古一五年（六〇七）七月……大礼小野妹子を大唐に遣す。鞍作福利を以て通事（通訳）となす。」（『日本書紀』・下、一八九頁。傍線は引用者）と明記しています。断じて「用明天皇」ではありません。

つぎに注目すべき点は、「大礼小野妹子を大唐に遣す。」と記され、相手国の名は〝隋〟ではなく、「大唐」としているところです。これにかんして同書の上段の「注一九」（同書一八九頁）は、「事実は隋」としているだけです。

しかしこれも不可解です。なぜならば『日本書紀』推古紀には、本来、〝隋〟と明記すべきところを例外なく、「大唐」と記しているからです。通説は『日本書紀』が隋とすべきを大唐と記しているのは何故か、という大問題にかんしても、戦前から、いっさい国民に説明していません。第三は、戦前から聖徳太子が起草したとかいう、あの有名な「日出る処の天子、書を日没する処の天子に致す……」という国書も、肝心要の『日本書紀』には一語もなく、あるのは、「東の天皇、敬しみて西の皇帝に申す」という、中国では「皇帝」より一段と低い「天皇」を称したもので、『隋書』倭国伝の「天子＝皇帝対天子＝皇帝」という対等の構えと、根本的に異質なものという点です。

この『日本書紀』すなわち〝本朝国史〟に一語もない文章（国書）を、戦前から〝あっぱれ日本の誇りを輝かした見事な国書〟といったような調子で、学校教育で絶賛し、また学者のなかにはこの国書を天まで持ち上げて、〝日本人の誇りを世界に示す文書〟と褒め称えてきたわけですが、その誉れ高い国書が、肝心要の『日本書紀』に一語もない、この事実について一切かたらない、こうした態度も〝学問としては問題外〟、というべきでしょう。

これにかんしては拙著『改訂版・「邪馬台国」論争史学の終焉』で詳しく述べましたので略記します

が、ここで指摘しておきたいことは、ヤマト朝廷の中国交流の最初は、中国側の正史では〝唐だ〟という点です。つまりは『日本書紀』推古紀が、隋に使者派遣したかに書きながらも、その相手国を「大唐」と一貫して記したのは、偶然ではないという点です。たしかに『隋書』帝紀を参照すれば、七世紀に、卑弥呼の国家「俀国」の他に、「倭国」と自称する勢力が隋と交流をはかっています。これが推古朝だろうとはいかない点、『改訂版・「邪馬台国」論争史学の終焉』で検討を加えた点、ここに述べておきます（なおこれに関しては一二九頁に略記）。

ヤマト朝廷は隋時代、すなわち推古時代には、首都一つない存在であって、隋との交流など、生まれてもいない子供が「もう歩きました」というような類のお話に過ぎないのです。だからこそ唐にたいして遣唐使が、隋交流は〝用明時代といったかと思うと、〝本朝国史〟の『日本書紀』では、〝いやいや推古天皇です〟といった具合に混乱し、しかも〝隋と記すべきを大唐とする〟といった誤りも生まれてくるのです。

ヤマト朝廷の成立は、その京師・藤原京成立時代であって、その中国交流は八世紀初頭が最初というのが真実であることは、唐の『新唐書』の前の正史、『旧唐書』倭国伝および日本伝に明快です。この史書は七世紀の、唐と「倭国」の交流を記し、また八世紀冒頭の大和朝廷の遣唐使の、中国派遣の事実も詳細に記録し、同時に日本史にとって重大な王朝交代が、七世紀なかばからその末期にあったことをも、簡明に記しています。すなわち日本の「二国併記」という、『古事記・日本書紀』絶対史観の「一元史観」からは、〝仰天すべき非常識な記載〟となっているのです（一〇九頁参照）。

二　古代中国正史類の対日（倭）交流記

『古事記・日本書紀』および遣唐使が唐朝に述べた日本史には、「卑弥呼・倭の五王」を「ヤマト朝廷」としたものはなかった、これが日本側史料の現実です。これにたいして中国側の「倭国」との交流記録の特質の第一は、左記のとおり、まずはその首都の地理的位置が例外なく、一貫して記されている点です。ここが自分の首都記載がない『古事記・日本書紀』と、するどく対比されるところです。第二には、「倭国」との交流記載が一世紀～七世紀まで連綿とあること、第三に「倭国」と「ヤマト朝廷」の交代期が明確で、ヤマト朝廷の登場が八世紀初からであること、最後に唐の正史『旧唐書』が、ヤマト朝廷の主張した「ヤマト朝廷一元史」を、「日本の歴史の事実と異なる」と正面から指摘し、その冒頭に、ヤマト朝廷は倭国とは別国家と明記している点です（一一〇頁参照）。

古代中国正史類の〝対倭国〟交流記、およびその正史の名称、その撰者とその生存年代は次のとおりです。

正史名	王朝名	撰者	（生存年代）
『後漢書』・東夷　倭伝	南朝宋	范曄	（三九八～四四五）
『三国志』・東夷　倭人伝（魏志倭人伝）	西晋	陳寿	（二三三～二九七）
『宋書』・夷蛮　倭国伝	南朝梁	沈約	（四四一～五一三）
『隋書』・東夷　俀国伝	唐	魏徴	（五八〇～六四三）
『旧唐書』・東夷　倭国伝と日本国伝	五代晋	劉昫	（八八七～九四六）

以上ですが撰者の生存年代を一瞥すれば、これらの記録がほぼ同時代的なもので、『古事記・日本書紀』が神武以降、〝約一千数百年も後〟とはまったく異なる、という点が重視されるべきです。同時に、日本側にもこれに劣らない古い記録と書籍があったことが、『日本書紀』に共に記されている点、後述します。こうしたことは、本来、日本古代史研究者ならば当然指摘すべき問題ですが、それもない通説の〝日本古代史〟には、本当に驚かされます。

さてまずは、これらの中国正史類の「倭国」の首都の地理的位置にかんする記載を列挙します。なぜならばこれをみれば、いわゆる「邪馬台国」論争の正体が、だれにでも一目でハッキリとわかるからです。


『後漢書』倭伝　「倭は韓の東南大海中にあり、山島に依りて居（首都）をなす」

「魏志倭人伝」　「倭人は帯方の東南大海の中にあり。山島に依りて国邑（首都）をなす」

『宋書』倭国伝　「倭は高驪の東南大海の中にあり、世々貢献を修む」

「隋書」俀国伝　「俀国は百済・新羅の東南にあり。水陸三千里、大海の中において、山島に依って居（首都）る」

『旧唐書』倭国伝　「倭国は古の倭奴国なり。京師を去ること一万四千里、新羅東南の大海中にあり。山島に依って居（首都）る」（傍線は引用者）

以上ですが、この「正史」のうち、「魏志倭人伝」、『隋書』俀国伝および『旧唐書』倭国伝には、それぞれ当該中国王朝側から、倭国・俀国に使者が派遣されています。すなわちこれらの中国側の正史の、「倭都」の方角記載は、こうした国家的な使者交流のうえに記されたものです。なお、これらの記載にかんして述べる前に、『隋書』東夷伝の国名が「倭」ではなく「俀」（タイ）とある点について簡略に述べておきます。

この問題で指摘すべきは、通説は戦前からこれを「倭国伝」と称してきましたが、『隋書』東夷伝には「倭国伝」はないのです。この問題は古田武彦氏が指摘されたことです。それは「俀国」とは倭国側、すなわちその王・〝多利思北孤〟が、自国を隋にたいして「大倭国《たいいこく》」と称し、例の「日出る処の天子」云々の国書を送ったのですが、これを読んだ隋の煬帝が激昂して、「蛮夷の書、無礼なる者あり。復《また》以て聞するなかれ」（無礼な蛮夷の国書だ。こんなもの以後一々報告する必要はない）といったとあり、ここから「俀国」が自称した「大倭」に音が似て、意味が反対の「俀」（タイ、弱い）をあえて当てたという、古田武彦氏の指摘が正論と考えます。

なおこの「俀国伝」記載の例の「日出る処の天子……」という有名な国書は、中国側が五世紀以降、本来、「倭・俀国の首都」名の「邪馬壹（一）国」（一番の国の意がある）を、一方的に「邪馬臺（台）国」（〝臺〟は字形が壹の字に似ていますが、意味は壹（一）にたいして〝最低〟の意味がある）に変更したことへの抗議とともに、こうした中国にたいして自分たちを「日出る国」、すなわち〝日の本〟（日本）と称したのであって、「日本」という国号はこれに端を発したもので、〝「ヤマト朝廷」が称したものではない〟という点など、拙著『改訂版、「邪馬台国論争史学」の終焉』に述べましたので、ここではその点を指摘するにとどめます。

さて、古代中国正史類は、「倭国」の首都の地理的位置を一貫して、「朝鮮半島南部、東南・大海中の島にある」と記しています。これを読めばまずは通説の、とりわけ「邪馬台国・近畿説」は、方角論からはなりたたないことは、朝鮮半島南部から近畿地方は、〝東にあたる〟点を指摘すれば十分と思います。現に一五世紀の「朝鮮王朝」の申叔舟の日本および沖縄にかんする記録書の表題は、『海東諸国紀』（岩波文庫、田中健夫氏訳注、一九九一年）です。

この申叔舟は朝鮮通信使の一人として、当時の日本（京都）を訪れた人です。すなわち「邪馬一国」が近畿ヤマトの地にあれば、朝鮮半島からみて「東」とされていなければならないはずだ、ということです。ここに通説の「邪馬台国論争」の欺瞞的性格が端的に露呈しているわけです。もし古代中国人は「西も東も分からない劣等人種」と、津田氏とともにいうのであれば、その〝劣等〟人種が創設した漢字で「西、東」を云々している日本人は、どうなるのでしょうか。

しかも皮肉なことに、この古代中国正史類の「倭都」の方角記載を、『日本書紀』神功皇后紀がその正当性の保証人をかってでている、という問題もあるのです。それは『神功皇后紀』の「熊襲・新羅討伐紀」にある、北九州からの新羅をみる方角記事です。それが「新羅は、肥前国、松浦縣の西北にあり」（『日本書紀・上』、三三六頁）です。

これに照らせば、通説の「邪馬台国論争」の欺瞞性は明らかでしょう。「松浦縣」とは「魏志倭人伝」中、「一支国」（壱岐）のあとに記される「また一海を渡る千余里、末盧国に至る」、とある北九州の一地点、すなわち魏使達の日本本土への最初の上陸地点の地名です。

『神功皇后紀』には、「夏四月の壬寅《みずのえとら》の朔《ついたち》甲辰《きのえたつのひ》に、北《きやのかた》、火前国の松浦縣《まつうらのあがた》に到りて……中略……『朕、西、財の国（新羅）を求めんと欲す。』……中略……是《ここ》に吾瓮海人烏摩呂《あへのあまをまろ》といふをして、西海に出《いで》て国有やと察《み》しめたまふ。還《かへ》りて曰《まお》さく、『国も見えず』とまうす。又《また》磯鹿《しか》（＝志賀島）の海人《あま》、名は草を遣わして視しむ。日を数《へ》て還りて曰《もうさ》く、『西北《いぬゐのかた》に山有り、帯雲《くもい》(=雲がたなびく)にして、横に絚《わた》れり。蓋《けだ》し国あらむか』と申す。爰《ここ》に吉日を卜《うら》へて、臨発《たちたまは》むとす。」(『日本書紀・上』、三三二頁。傍線は引用者)とあります。

すなわちここには、古代中国正史類の「倭国」の首都の、朝鮮半島からみた方角記載と、北九州・松浦縣からみた朝鮮半島南部の方角記載とが、みごとに対応しているわけです。つまりは北九州からみて朝鮮半島南部は「西北」、ならば、朝鮮半島南部からは北九州は「東南」に決まりきったものでしょう。しかも引用したとおり御叮嚀にも、「西海に出《いで》て国有やと察《み》しめたまふ。還《かへ》りて曰《まお》さく、『国も見えず』とます」と記して、「邪馬台国・近畿説」など論外という意味に通じることが、大和朝廷の正史にその編者らの方角論として明記されているのです。

この「西海に出て……」という意味は、朝鮮半島を「西」の方角と見る考え方、すなわち近畿地方から、朝鮮半島をみる方角論であることは、多言を要さないでしょう。これはどなたも否定できないでしょう。

北九州にいるとされながらこうした方角認識にたって新羅の探査を命じられた使者は帰って、神功皇后に「国も見えず」、すなわち〝北九州の西方海上に、国などありませんよ〟と当然の報告をしているわけです。困った神功皇后は、「新羅はどこか、探して参れ」と命じ、使者は「北九州の西北に雲が棚引いています。あれが新羅でしょう」と報告し、「そーれ、出陣だ」となったという記事です。この記事の日本古代史学上の意義は、「邪馬台国・近畿説」は方角論としては、西暦七二〇年に、ヤマト朝廷の正史・『日本書紀』の編者、その史官等によって否認されているという点にあります。こうした『日本書紀』の記載を無視して、「近畿説」に固執するものに、学者の資格があるのでしょうか。

それにとどまらずよく知られているように、「邪馬台国論争」には近畿説の他に、「九州説・三世紀末ごろ、ヤマト朝廷に滅ぼされた論」（津田左右吉氏著、『日本古典の研究』・岩波書店）や、「九州説・東遷論」（水野裕氏著、『日本古代の国家形成』・講談社現代新書。井上光貞氏著、『日本国家の起源』・岩波新書）などがあります。

戦後日本古代史学で大家とみなされているこれらの学者の主張は本当のところ、古代中国正史および肝心のヤマト朝廷の正史、『神功皇后紀』によって約一三〇〇年も前に、方角論として否定されているのです。「魏志」等の方角記載は地理的に正確であり、しかも日中双方の〝正史の共通の記載〟であり、日本古代史の真実探究での意味は絶大です。

それは「倭国・俀国」が一世紀の後漢への交流時以降、六四八年まで中国・唐と交流していたという、すなわち「倭国」は紀元一世紀から七世紀まで、七百年間（実際の日本史ではそれ以上）にわたって、北九州に首都をおき、その間、中国等にたいして日本を代表する国家として存在していた、というにとどまらず、この国家・王朝こそが真に日本の古代国家と文明を創設した、ということを示したものであり、これに照らせば『日本書紀』等の「日本史」の欺瞞性は明らかです。

すなわち「大日本帝国ハ万世一系ノ天皇之ヲ統治ス」（戦前の憲法、第一条）とか、「肇国樹徳の聖業」「象徴天皇制」とかの「ヤマト朝廷一元史観」の日本史論は、日本民族の歴史の事実を無視、歪曲したものだ、ということです。つまりは「邪馬台国・近畿説」も「東遷論」も、古代中国正史類の「倭都」の方角記載、およびそれと照応する『日本書紀』神功皇后紀の北九州から新羅への「方角」記載を無視した議論に過ぎないわけです。こうして『日本書紀』神功皇后紀は、この松浦から朝鮮半島への方角記載によって、〝自己の日本史〟をも否定する結果になっているのです。この「方角記事」は、事実を偽るものの思いもかけぬ落とし穴でしょう。

しかしこの事実を指摘しても、通説はこの方角的記載の事実とその意味を認めないという姿に、今日の日本社会の問題点があると思います。これこそが戦前の「皇国史観」史学の、「本朝国史々」の姿であって、その絶叫的尊皇論とは裏腹に、『日本書紀』神功皇后紀の「方角」記載をさえも無視し、実証主義をさけぶ戦後の日本古代史学の「邪馬台国論争」もまた、「象徴天皇制」護持の目的で戦前同様に『神功皇后紀』の先の記事を無視して、知らん顔をしてみせるというわけです。すなわちそのいかめしい学問論や、学者風の権威の表面をはぎとれば、その真の素顔が現れるわけです。

この「倭国」がいかに滅亡したかは、古田武彦氏の『失われた九州王朝』(ミネルヴァ書房)の他に、拙著『改訂版・「邪馬台国論争史学」の終焉』にも詳しく述べました。だがしかし「尊皇攘夷」を掲げて政権を獲得した近代日本の政府と、それを支える日本の支配層にとって、この日本民族の歴史の事実は、〝断じて受け入れることのできない〟ものです。なぜならば「万世一系の天皇制」という日本史観が、否定・崩壊するからです。すなわち明治憲法以降の「万世一系の天皇制」は、日本民族の歴史の事実を無視・否定したもの、ということが露呈するからです。

イ「魏志倭人伝」の里程記載からも　さてこの方角記載は、当然ながら「魏志倭人伝」の帯方郡治(ソウル付近という)から、卑弥呼の首都・王宮のある「邪馬壹(一)国」までの、魏使の訪問・進行記載、その方向・道程・里数と完全に一致しています。これは当り前のことです。しかし従来、「魏志倭人伝」の研究は、その里程および魏使の進行方角問題のみが論じられて、朝鮮半島からみた「倭都」の方角記載は無視されてきたわけです。ここでも古代国家の探求で、『首都・都城論』なしという姿の非科学性が露呈しているわけです。この「倭都」の朝鮮半島からの方角記載を正面におけば、その瞬間に、かの

「邪馬台国論争」は消え失せ、「倭国」はヤマト朝廷とは別個の、ヤマト朝廷にはるかに先行した、真に日本の古代文明を切りひらいた王朝・国家であることが明らかになり、その瞬間に、「万世一系の天皇制」なる日本史も、日本社会の特質論も消え失せるのです。これの承認をきらう近代日本古代史学の著名な教授諸氏は、戦前から、「魏志倭人伝」の道里記載を〝解読不能なもの〟、あるいは〝根拠のない記載〟ででもあるかのように論じてきたわけです。

日本神話から直線的に「万世一系の天皇制」を導き出していた、戦前の「皇国史観」の破綻をうけて、あらためて「万世一系論」を再構築する課題に直面した戦後の大学の日本古代史学は、この〝『三国志』「魏志倭人伝」の「〝里程記載〟根拠なし論」を掲げることによって、その蔭に隠れつつ〝「卑弥呼・倭の五王」＝ヤマト朝廷論〟の構築をもくろみ、これを「実証主義」的に飾るものとして、「巨大前方後円墳・ヤマト朝廷造営論」や、「三角縁神獣鏡・魏鏡論」を「魏志倭人伝」の、「青銅鏡・卑弥呼下賜」記載と結びつけて、「邪馬台国・近畿説」とも絡めて、あたかもこれで実証主義的科学的に「ヤマト朝廷一元史」が、確証されたかの装いを凝らしてきたのです。

しかしこの虚偽が、第一に古田武彦氏の『「邪馬台国」はなかった』をはじめとする、一連の真に科学的な探究と、王仲殊の「三角縁神獣鏡・呉鏡説」の出現で粉々になったのです。すなわち「実証主義」を掲げてみせた戦後の日本古代史学は、真の実証主義的・科学的歴史探究、すなわち文献記載への実証主義的検証という、世界の近代的科学的歴史学の当たり前のあり方の前に、その真の姿をさらす結果となったのです。

ここでは古田武彦氏が明らかにされた「魏志倭人伝」の、道程記事、その里程記載を簡略に述べて、「魏志倭人伝」の里程記載が、正確なものであることを述べます。こんなことは魏の使者が、卑弥呼の首都と王宮を訪問しているのですから、基本的に正確な記載であることは本来、当たり前のことです。しかし、この正確さを承認した途端に、「万世一系の天皇制」とか、「象徴天皇制」という日本国憲法と、それを支える〝学問・日本史〟は終焉をむかえるのです。

実にここに近代日本社会とその政治の暗黒の素顔があるのです。暗黒とはここでは、事実にたって真実を探究するという民主主義的思考・精神――「実証主義」――の否定と、それが支配する社会を指します。

だからこそ「一元史観」は今日に至るも、「魏志倭人伝」の記載について、「そのまま信用するとすれば日本列島内に位置づけることができない。この点は衆目の一致するところである。しかしながら、畿内説・九州説が前提にする里程・方位論は、先述したように、その要素のうち一部を修正し、その一部を信用する議論である。こうした『文献に現実を合わせるやり方』は、『内藤・白鳥の亡霊』だとする藤間生大は、そこからの止揚・解放を主張した。」(『二〇一三年・『岩波講座・日本歴史』、第一巻』一四二頁)などと、今日も断言するのです。この御託宣めく言葉ははたして根拠があるか、次に見ていきましょう。

ロ　古田武彦氏の『「邪馬台国」はなかった』に即して【古田武彦氏の解明、その一】

そもそも「魏志倭人伝」の「倭国」の首都・卑弥呼の王宮への道順記事には、その総距離を「郡より女王国に至る万二千余里」と明記されています。しかもこの「倭人伝」の道順・里数記事は、大きく三つの部分に分かれています。

その一は、「帯方郡治から朝鮮半島南岸の狗邪韓国」まで、その進行の総距離、計「七〇〇〇余里」。

その二は、「狗邪韓国」〜九州の「末盧国」までの海上および島上の歩行距離。

内訳　「狗邪韓国」〜対馬国（対馬）」　渡海　一〇〇〇余里

「対馬」　上陸・歩行距離、後述　八〇〇余里

「対馬〜一大国（壱岐）」　渡海　一〇〇〇余里

「壱岐」　上陸歩行距離、後述　六〇〇余里

「一大国〜末盧国」　渡海　一〇〇〇余里

「その二」　小計　四四〇〇余里

その三は、「末盧国〜女王の都する所」（九州上陸〜卑弥呼の王宮）

内訳　「末盧国〜伊都国」　五〇〇余里

「伊都国〜不弥国　一〇〇余里

「不弥国〜女王の都」　〇里

「その三」　小計　六〇〇余里

総計（その一＋その二＋その三）　総計　一二〇〇〇余里

その四、「魏志倭人伝」の一里は何メートルか……「七五〜九〇メートルで、七五メートルに近い数字」（『邪馬台国はなかった』（二五七頁、角川文庫、一九八〇年）。その根拠、『三国志』「韓伝」に、「韓は帯方の南にあり。東西は、海を以て限りとなし、南、倭の接す。方四千里なるべし」を根拠に、

今日の韓国の南岸の東西の距離数から試算されたもの。

以上の記述からは末盧（松浦）上陸以後、すなわち日本本土内の行進距離総数は約六〇〇里で「女王の都」に至る計算です。「帯方郡治」（今日のソウル付近という）から、今日のプサン港まで約七〇〇〇余里、ここから対馬・壱岐を通って松浦まで、四四〇〇里と記されているからです。この合計数は一一四〇〇余里となります。

さてここで注釈すべきは、対馬・壱岐の上陸歩行とその里数にかんしてです。これを解明されたのは古田武彦氏（『「邪馬台国」はなかった』――「島めぐり読法」）です。つまり「狗邪韓国」を出港した魏使の一行は、対馬・壱岐でちょっと立ち寄って水などを補給して、すぐ出港するという船旅形式ではなくて、それぞれの島に上陸し島中を歩行したという理解です。その歩行の目的は一つにはその島内の様子と、その島内歩行数から面積（中心的な人里、引用者）の概算を得るためと思います。この古田氏の指摘の正しさは、「魏志倭人伝」を読めば明瞭です。たとえば対島（対馬国）では、「其の大官を卑狗といい、副を卑奴母離という。居る所絶島、方四百里ばかり。土地険しく、深林多く、道路は禽鹿の径の如し。千余戸あり。良田なく、海物を食して自活し、船に乗りて南北に市糴す。」とあります。

これは船を下りて島内を歩行しなければ、書けないことでしょう。すなわちここの「方四百里ばかり」とは、この島の内実とともに、その島（主としてその島の中心的な人の生活領域・草野）の面積の一推定根拠として記されていると考えます。これは壱岐（一大国）についても同様と思います。

なお三世紀の中国は数学や測量・地図作成能力で、高次の水準にあり、とくに劉徽には『九章算術』への注釈や、『海島算径』（測量技術）があることが、京都大学名誉教授の藪内清氏によって指摘（『中国の数学』、岩波新書、一九九一年、第二版）されています。以上から古田氏がいわれるとおり「帯方郡治から

〝女王の都するところ〟までの歩行・および航海の行進距離数に、この対島、壱岐の歩行距離をそれぞれ二倍（面積の概算数値）して加算すべしという指摘は正当であり、かつ計算上、「郡治～女王の都する所」の一二〇〇〇余里にピッタリ一致もします。

こう見てきますと出発点は今日のソウルと想定し、朝鮮半島南端のプサンまでが全行程一二〇〇〇余里のうち、七〇〇〇余里、プサン～対馬間一〇〇〇余里、対馬～壱岐間、一〇〇〇余里、壱岐～松浦間一〇〇〇余里、これに対馬と壱岐の島内歩行数（倍数）をくわえて、総距離数一二〇〇〇余里から差し引けば、のこりは六〇〇余里です。これを先の一里約七五メートルを暗算しやすいように八〇メートルで計算すれば、六〇〇里は約四八キロです。これが九州内の行進距離数です。この数値がどうして「そのまま信用するとすれば、日本列島内に位置づけることができない。この点は衆目の一致するところである。」などという見解に結びつくのでしょうか。これが第一です。

【古田氏の解明、その二】 古田氏が先の著書で解明されたもう一つの重要な点は、陳寿の「魏志倭人伝」の道里記事の文法的な特徴です。通説の学者諸氏の特質は、『三国志』「魏志倭人伝」を問題にしながら、肝心の『三国志』を読んだり、研究した形跡がないというのが古田氏の指摘です。『国富論』や『資本論』のある部分を論じるのに、その全体を読まないで云々する人がいるならば、その人は欧米文献の研究者の間では、わらわれるのではありませんか。

こうしたごく初歩的なこと、ないしは基本的なことが、古代中国文献にたいしては軽視される傾向が、日本古代史学者の中国正史類等への態度にはみられるのです。新井白石が看破したように「本朝国史々々」という、近世以降の尊皇史学に内在する深刻な歪みです。

何故、こうした傾向が生まれるのかといえば、水戸史学・国学以来、中国・朝鮮諸国の正史類は、「異朝の書の見聞の誤りと破り捨て候。」という対象でしかないという、「ヤマト朝廷一元史観」に由来するものです。後述します。

さて古田氏は、『三国志』「魏志倭人伝」の道里記事の、文章上の特徴にかんして、次のように述べておられます。帯方郡治を出発した魏使一行の道程記事は、その通過道路、ないしは行進通路（以後、主線行路という）にかんしては、例外なく「主語＋動詞＋到～至＋里数」が明記され、主線行路を行進しつつ、その周辺の〝国等〟にかんして述べる場合には、先行動詞がなく「至」が記されているという指摘です。

これをわかりやすくいえば、観光バスや遊覧船では出発地点から行先は一本の線ですが、その進行中にガイドさんが周辺の故事や地理の案内をする、あれです。それが右に述べたように主線行路と周辺説明とで、先述のように書き分けられているわけです。指摘されれば「あーあー、そーか」という、いわば「コロンブスの卵」ですが、古田氏以外にこの点を指摘・解明された人はいない以上、氏の日本古代史への貢献は、非常に大きいというべきです。

この結果は、魏使の「倭都」訪問記事の「帯方郡治」から、「女王の都するところ」までの総計一万二千余里と、「主線行路」の各部分の「里数」の合計が合致する事実を否定しえず、ましてや『魏志倭人伝』の記載について、そのまま信用するとすれば日本列島内に位置づけることができない。この点は衆目の一致するところである。」などという事実もないわけです。さて以下、確かめましょう。

①「郡より倭に至るには、海岸に循《したが》って水行（動詞）し、韓国を歴《へ》（通って）て、乍《たちま》ち南し乍《たちま》ち東し

（「乍南乍東」は練り歩く姿。威示行進をさす。古田説）、その北岸狗邪韓国に到る七千余里」、すなわち動詞「（水行）……韓国を歴《へ》（……を通って）……到……七千余里」

②「始めて一海を渡る。一千余里、対馬国の至る」（動詞・渡る……一千里……至）

③「大官を卑狗……、副を卑奴母離という。居る所絶島、方四百里ばかり（歩行）。……道路は禽群鹿の径の如し……云々。」

④「また南一海を渡る千余里……一大国に至る」（渡る……一千余里……至）

⑤「官を卑狗といい……方三百里ばかり（歩行）……三千ばかりの家あり……云々」

⑥「また一海を渡る千余里、末盧国に至る。云々」（渡る……千余里……至る）

⑦「東南陸行五百里にして伊都国に到る」（陸行……五百里……到る）

⑧「東南奴国に至る百里」（動詞がない。すなわち幹線行路以外の都市の説明、その意味は「二万余戸」の戸数にある）

⑨「東行不弥国に至る。百里……」（動詞、「東行＝東に進む」……至る……百里）

⑩「南、投馬国に至る。水行二十日、……五万余戸」（動詞、里数記載がない。すなわち周辺説明で、それは都市の規模、「五万余戸」を重視したもの。すなわち「南に船で二十日ほどで、投馬国という戸数五万余の大きな都市にいける」という記載）

⑪「南、邪馬壹（一）国に至る。女王の都する所、水行一〇日、陸行一ケ月」

ここには〝動詞も里数もない〟ということはできないのは、この「南、邪馬壹（一）国に至る。女王の都する所」が、①の「郡より倭に至るには……」以下を受けた文書だからです。それを確証するものは、この文書に続いて、「女王国より以北、その戸数・道里は得て略載すべきも、其の余の旁国は遠絶にして得て詳しからず。」と記した後で、二一ケ国の国名のみを記し、「これ女王の境界の尽きる所なり。」とした後に、「その南に狗奴国あり。男子を王とす。……女王国に属せず。郡より女王国に至る万二千余里。」と、総距離数が記されているからです。

したがって①以来の進行記事の「動詞……到～至……○○……里数」、および対島および壱岐の歩行距離「方○○里」記載の二倍の数を合計すれば、一万二〇〇〇余里になるわけです。注釈すべきは対馬・壱岐の「方○○里」は何故「二倍」するかといえば、「方○○里」という記載は、面積を概算する記載であって、四角形の面積計算術であってみれば、「方三〇〇里」とか「方四〇〇里」と一片の長さを示す数値ですから、こうした計算ができるように歩いたという表現になっている以上は、その歩行距離は一辺の距離の二倍、つまりは、対島の「方四〇〇余里」は歩行距離八〇〇里、同じように壱岐は「方三〇〇里」は、歩行距離六〇〇里、以上から二つの島内の総歩行距離は〝一四〇〇余里〟になるわけです。つまりは帯方郡・治から「女王の都する所」まで、距離・日程など不明なものはなにもありません。

八　「倭都」の方角と里数記事の一致　以上からは、「邪馬一国」の首都・王宮の所在地は北九州になります。この地点はさきの、歴代古代中国文献の朝鮮半島からの、「倭都」の方角記載と一致しており、さらに『日本書紀』神功皇后紀の、「火前国・松浦縣」から朝鮮半島南部をみる方角記載とも一致しているわけです。なおこの北九州から朝鮮半島をみる方角記載にかんしては、江戸時代の福岡藩の儒学者・貝原益軒（一六三〇～一七一四）の『筑前国続風土記』にも、太宰府を眼下に見る宝満山からの眺望を述べつつ、次のように記されています。「此の山に登れば、一瞬の間に数百里の外までかえり見て、……九州の内、近国は眼下一望の内にあり。西北に壱岐・対馬はるかに見えたり。秋天晴朗の時は、しらぬ新羅の山もほの見ゆ。」（傍線は引用者）です。

以上が明治時代からの「ヤマト朝廷一元史観」の通説の、「邪馬台国論争」の結末です。まさに新井白石や広池千九郎氏、そうして古田武彦氏が指摘されたように、「倭国」は「ヤマト朝廷」とは無関係な、真に日本の古代文明の幕を切って落とした、七世紀以前において当時の東北アジア世界に、日本を代表した王朝・国家であったのです。

すなわち「教育勅語」の「……我ガ皇祖皇宗国ヲ肇ムルコト宏遠ニ、徳ヲ樹ツルコト深厚ナリ……」というのは、日本民族の歴史の事実の無視と否定なのです。

三　歴代古代中国正史にみる〝倭都と王宮〟

国家・王朝には〝必ず首都と王宮ないしは共和制ならば議事堂がある。〟これは常識の類と思いますが、この常識が通説の日本古代史学では、まったく通用しないわけです。

そもそも国家・王朝ならば税の徴収をするものと思います。もし通説がいうように古墳時代の「ヤマト朝廷」を〝大王の世紀〟というのであれば、〝それは日本本土全域ではないが、しかし、そのおおむねを支配下においていた〟というとしても、第一に徴税にはその支配下の国民をそれなりの仕方で、その生産能力を把握し、課税台帳を作成し、それにもとづいて課税・徴収するという作業が第一でしょう。もちろんその作業はそれぞれ各級の地方別に行うにしても、地方の報告・言い分が正当か否か判断する一定の基準と知識、それを統括する組織が必要でしょう。

この作業だけでも中央・地方にかなりの人員がいなければ、この仕事は不可能でしょう。しかし、徴税はこれで終わりではなく、徴税の執行・記帳、さらには中央への運搬、収納・貯蔵、また支出とその記録、さらには徴税に反対・妨害する者があれば、これを抑える警察力・軍事力等が必要でしょう。

これらの業務にたずさわる者、すなわち中央・地方の役人ですが、これはもちろん古代においては、それぞれ各級の土地所有者であって、それぞれがその格に応じて自分の所有地から年貢を徴収しうる立場であっても、しかし、地方でさえもがその役所に出勤しうる距離に住むことが求められ、日々の生活の必要品をすべて国許、自分の所有地にたよるのでなく、その生活の場に求めることが必定となる、すなわち中央はもちろん、地方でさえもが一定の都市機能の確立は、国家組織の確立・整備の不可避的前提と思われます。その社会における商品生産の一定の発展と集積、つまりは一定の規模の都市機能の確立ですが、ましてやそれが中央政府、こういう面からも通説がいう「ヤマト朝廷」のおひざもとならば、当時の社会で第一級の都市がなければ、課税・徴収・収納・支出とそれらの業務の記録といった、基本的作業を行う人の生活それ自身が不可能でしょう。

つまりは朝廷のおひざもとならば首都の確立は、国家機能の絶対的前提条件でしょう。通説と『古事記・日本書紀』以外の全世界の国家・王朝は、それにふさわしい規模の都市・首都をともなっています。ところが『日本書紀』は、六九四年の藤原京を「はじめての都城」と天皇の詔で明言し、それ以前には、「天皇の治世毎の王宮」が、奈良・大阪等々の近畿地方をひろく転々としていたと、一々王宮名をあげて記しているわけです。

これは王朝・国家というものを、そのなりたちを知らないものが、「王様・天皇がいた」と紙に書いただけのものという他はないわけです。だからこそ首都はおろか「古墳時代における王宮の存在は、考古学的証拠から導き出すことがかなり難しい。」となるのは、当たり前のことです。

イ　卑弥呼の「王宮」　以上にたいして『三国志』「魏志倭人伝」など、古代中国正史類に記される「倭国」の首都像は、『日本書紀』等の天皇の「宮」記載とは根本的に異なっています。まずは卑弥呼の王宮です。

①「宮室・楼観・城柵、厳かに設け、常に人あり。兵（武器）を持して守衛す」

②その王宮の規模考察の一例、「（卑弥呼にかんして）王となりしより以来、見るある者少なく、婢千人を以て自ら侍らしむ。」（傍線は引用者）　以上です。この「婢千人を以て自ら侍らしむ。」とは奇妙な表現で、これでいけばこの「婢」は、〝自分から侍っている〟、すなわち「下女が自ら申し出て卑弥呼に仕えている。」ということになると思います。

しかし実際は「婢」という言葉が誤りで、卑弥呼を、「鬼道に事《つか》え、能《よ》く衆を惑わす。」としている点にてらせば、この「婢」はその全部か否かは別ですが、古代沖縄の女性神官長官の「聞得大君」に仕えた、女性神官群と似たものではないかと思います。だから「自ら侍る、仕える。」ということになるのだと思われます。

すなわち卑弥呼は古代沖縄の「聞得大君」とにた女性神官の長官で、「託宣」を行なっていたのではないかと思います。国家に宗教的要素の少ない中国の外交官は、「託宣」を「鬼道に事え、……衆を惑わす」としたのではないかと思います。この「託宣」や未来の予言の重視は古代人類の特質で、あの有名なタキトゥースの『ゲルマーニア』（泉井久之助氏訳注、岩波文庫）にも、古代のゲルマン人が、「予言能力のある女性を、常に非常に尊敬していた」姿を記しています。沖縄県では最後の「聞得大君」（?〜ノロ〃?・）の大きな写真が、県立博物館にあったと思います。なかなか古代的威厳のある顔でした。

横道にそれましたがここで重要な点は、そうした〃女性一〇〇〇人を侍らせている〃という記述の空間的な意味です。人間一〇〇〇人が、ただ寝泊りするだけの空間を考えても、「ヤマト朝廷」の所在不明の「天皇」一代ごとの「宮《みやこ》」の規模の比ではないことは明らかと思います。この女性神官たちには宗教的〃公務〃とその場所もあったはずです。しかも記述のとおりこの他に王宮には宮室・楼観がそそり立ち、それを城柵で防衛し、さらには要衝に守衛が武装して防護している、とあるわけです。王宮の規模は数千人を要するのではないでしょうか。こうした規模の王宮を「王の在位交代毎」に奈良、大阪等々に点々と作り直すなどは不可能でしょう。

ロ　その首都像　しかも「魏志倭人伝」には王宮のみならず、当然ながらその首都の規模と様子も記されています。

①「戸数、七万余戸」とあります。戸当たりの家族数は不明ですが、仮に現代風に四人家族とすれば、二八万人ですが、戸当たり四人家族などということは、古代の家族像からはあり得ないことと思われますので、優に三〇万人を超えた三世紀としては、日本本土中の大都市であったことは明らかと思います。

②「一大率を置き、諸国を検察せしむ。諸国これを畏憚す。常に伊都国に治す。」とあって、諸国がこの警察か軍団をおそれはばかっていたと記され、強大な権力が存在したことが特記されています。そうして「その法を犯すや……」とあって法令が整備されていたことも記されています。

③さらには「国中において刺史の如きあり。」と、一種の地方長官のような役人の存在が記されています。

④次に「租税を収む。……国々市あり。有無を交易し、使大倭これを監す。」とも記されています。「倭国」には税制があり国民は税を徴収され、その国々には「市」があり、「有無を交易」すなわち商品の売り買いが活発であって、使大倭という卑弥呼の国家＝政府が派遣した役人が、これを監視・管理しているというのです。

以上のように租税の徴収と、人口三〇万人以上の首都をはじめ、かなり大きな「国」＝都市の存在と活発な商業と商品生産があり、「一大率・刺史・使大倭」という、いわば警察・地方長官・税務署めく役所が整備され、法はかなり整備されている姿が記されています。古墳時代以前、近畿ヤマト地方に人口三〇万人以上の都市を探しても、その痕跡すらないでしょう。こうして当時、北九州に巨大な都市＝首都があり、そこに王宮をもつ「倭国」が存在していたと、『三国志』「魏志倭人伝」は記し、さらには歴代古代中国正史類が、その「倭都」の〝方角記載〟をしているわけです。しかしこれをまったく認めないのが、戦前・戦後の通説「日本古代史」です。

八　巨大前方後円墳はヤマト朝廷の造営か

「しかし、あの巨大な前方後円墳がある、これは動かぬ証拠だ。〝お前がいう事実そのものではないか〟」という人もおられましょう。しかし、あの巨大前方後円墳をヤマト朝廷が造営したという証拠も、実はないのです。しかもこれは私ごときがいまさらいうことではなく、通説の権威がとっくに指摘していることです。

「古墳の研究で一番困ることは、その古墳に葬られている人がだれだかわからないことである。……いわゆる古墳時代の古墳からは、被葬者の名を記したものは、まだ一度も出ないのである。……こういう点からいうと、天皇稜の存在は重要である。なぜなら、奈良時代のはじめにできた古事記や日本書紀には、歴代天皇についての陵墓の位置が書いてあるし、平安時代の『延喜式』の「諸稜式」にも、天皇の陵墓の位置や大きさが記されているからである。これらの記録と、あれは何天皇の、または何皇后の陵だと伝えてきた言い伝えを対照して、明治になってから天皇稜の指定が行われたのである。この場合も古墳の中から、何天皇の墓だという証拠が出てきたわけでないから、疑えばいくらでも疑えるわけだ。」（井上光貞氏著、『日本の歴史・I』、三〇二頁、中公文庫、一九八五年、第二四刷）。これが通説の巨大前方後円墳・ヤマト朝廷造営論の実体です。

要するに『古事記・日本書紀』をはじめ、ヤマト朝廷の文書頼みで、肝心の〝文献と考古学的出土物の一致〟という、真に科学的考古学による実証・証明はないのです。では肝心の『古事記・日本書紀』の信頼性はどうなのか、といえば通説自身が、「……『古事記・日本書紀』の記術の信憑性が低い……」（二〇一三年・『岩波講座・日本歴史』第一巻、八頁）と公言している有様です。

二　首都・王宮のないものに巨大古墳がつくれるか

通説は「仁徳天皇稜」と称される古墳を、その造営に〝一日千人が働いて、四年近くの歳月を要した〟というような計算をして、ピラミッドに匹敵するなどという説を、まことしやかに掲げ「ヤマト朝廷大王説」を強調しますが、もしそれだけの力あれば、考古学的に実証しうる王宮一つないのは何故か、首都がない、作れないのは何故か、説明がつかないでしょう。

通説が、王宮・首都の存否、確認を日本古代史・古代国家形成・誕生の、根本におかない姿の歪みは歴然たるものです。しかも「三大ピラミッド」を造営した古代エジプトの王朝には、メンフィスという約一千年間の首都があったことが指摘されています。通説は自分達に都合のよさそうなことを大いに強調してみせ、都合の悪いことには知らん顔をするという、世間一般では褒められない態度を〝学問の基本〟としている、といわれても仕方はないでしょう。

そうであればあの巨大前方後円墳は、誰がどんな動機で造営したのか、という問題が生じます。この謎を解くカギは、実は「三角縁神獣鏡とはなにか」という点にあると考えます。当然、後述（二四四頁参照）します。

四　『宋書』倭国伝と「都督府古跡」

今日、福岡県の大宰府市にある「大宰府政庁跡」と通説がよぶ遺跡には、「都督府古跡」と刻まれた石碑が立っています。この「都督府古跡」の「都督府」とは何でしょうか。『古事記・日本書紀』には、五世紀の時点では「都督府」という言葉はありません。そもそも「倭の五王」記事がないのに、「都督府」がでてくるわけがありません。

この「都督府」という言葉が日本古代史に関連してでてくる最初は、『宋書』倭国伝です。「太祖の元嘉二年（四二五）讃（倭王の名）、また

「石碑・都督府古跡」—（太宰府政庁跡）

司馬曹達を遣わして表（国書）を奉り方物を献ず。讃死して、弟珍立つ。使を遣わして貢献し、自ら使持節都督倭・百済・新羅・任那・秦韓・慕韓六国諸軍事、安東大将軍・倭国王と称し、表して除正せられんことを求む。詔して安東将軍・倭国王に除す。」（傍線は引用者）。

イ 「倭の五王」と「都督府」

「倭国」は、北九州の一角に首都をおいていたという、歴代古代中国正史類の「対倭国」交流記の正しさは、まさに太宰府市の「大宰府政庁跡」と通説がよぶ遺跡に、「都督府古跡」という大きな石碑が建てられていることによって示されていると考えます。通説の「都督府古跡」と刻む石碑、およびその都督府という名称への説明が、きわめて不透明なのです。通説はこの「太宰府・都督府」の考察を、『日本書紀』にそって行うのですが、そうすると幾多の矛盾を抱えることにもなるのです。

第一に、通説は「倭の五王・ヤマト朝廷論」です。ならばその「使持節都督倭・百済・新羅・任那・秦韓・慕韓六国諸軍事、安東大将軍・倭国王府」が、古代中国の南朝・劉宋の首都・建康（今日の南京。当時、規模・百万都市という）につぐ規模で、百済・新羅の首都・王城を凌駕して、近畿ヤマトの地になければならないはずです。なぜならば「倭の五王」たちの中国交流の目的は、〝「倭国」は、百済・新羅など南朝鮮地域の諸国から朝貢を受ける資格がある、これを認めてほしい〟、という点にあるからです。

つまり「倭国」の国力は、当時、中国南朝の首都・百万都市の建康に次ぎ、新羅・百済を凌駕していた、ということです。当時の国力を推しはかる一つの方法は、その首都と王宮の規模の比較でしょう。こうした考え方にたてば、「倭の五王・ヤマト朝廷論」に根拠があれば、近畿地方に新羅・百済の首都と王城を凌駕して、当時の中国・南朝の首都に次ぐ、堂々たる都城の遺跡がなければならない、これが真の実証主義の考え方でしょう。しかし通説の姿は首都はおろか、「古墳時代における王宮の存在は、考古学的証拠から導き出すことはかなり難しい……」、という有様です。

これは「倭の五王・ヤマト朝廷論」の破綻です。これは当然であって、古代中国正史類の「倭国」交流記事は、述べたとおり「倭都」を北九州の一角と、七〇〇年間にわたって明記しているのです。その「都督府」が太宰府に厳然と「都督府古跡」という石碑として、黙々とたっているのです。これは古代中国正史類の対倭国交流、およびその首都の地理的記載に照らせば当たり前のことです。ここに「万世一系の天皇制」とか、「ヤマト朝廷は限りなく由来深い」という、後述する近世尊皇日本史論・日本文化論の破綻と、その欺瞞性が示されているのです。

なお新羅は、「建国以来、九世紀まで一貫して慶州を王都とした。慶州の王京には、京都に坊里の名を定め（四六九年）というように王京内に方格地割による都市計画を行ない、市を設ける（四九〇年）、六世紀の中頃には朝鮮三国のなかで、中国都城にもっとも近い都市を完成し、盛時には京中一七万戸を数えた。」（中尾芳治、佐藤興治・小笠原好彦氏・編著、『古代日本と朝鮮の都城』、二五八頁、ミネルヴァ書房、二〇〇七年）と指摘されています。

百済の漢城にかんして、「一九九九年には東面土城の調査によって、幅四三メートル、現在の高さ一一メートルの巨大な版築土城壁が発掘・確認され、少なくとも三世紀には完成していたことが分かった。この一連の調査で夢村土城よりも数世紀さかのぼり、かつ大規模な施設をともなう風納土城こそが、漢城百済の王城・慰礼城であろうとの結論に至った。」（前掲書、二四七頁）とあります。いずれにせよ中国・朝鮮諸国の王宮・首都は、その遷都部分をふくめて特定され、遺跡も出土しているわけです。これは当り前で、国家とは首都と王宮ないしは議事堂をもつもので、これは人間には必ず臍があるようなもと考えます。

ロ　通説の太宰府論の矛盾　今日、通説の太宰府諸施設への理解は、『日本書紀』天智紀の記述を史実として、百済問題をめぐって六六三年、すなわち七世紀に、〝ヤマト朝廷〟が「白村江の戦い」で唐・新羅軍に敗れ、本土への唐軍等の侵攻を防ぐために、急遽造営したというものです。しかし太宰府防衛の諸施設は、このあとで述べるように巨大であって、王宮も不明、首都もない天智天皇が敗残兵が渦巻く、しかも唐・新羅軍の本土侵攻の危機感あふれる北九州で、その大規模な土木工事をなしうるか、という問題こそが、ここでの日本古代史の探究の真の課題と考えるものです。

この点、通説の太宰府研究家の田村圓澄氏でさえもが、「『日本書紀』は水城や大野城・基肄城の築造について記述するが、中枢となるべき施設ないし建物などについて、一言もふれていない。外郭防衛線の造営が先行し、中枢部の造営がおくれたことも考えられるが、しかし防衛されるべき中枢部分について、文献史料から解明する手立てはない。

それればかりではない。水城や大野城・基肄城などによって、厳重に防衛されることになるはずの中枢部の名称、いや外郭防衛線の諸施設を含む全機構の官衙名についても、『日本書紀』は無言である。これだけの規模の造営工事を実施しながら、中枢部の機構や、施設全体の官衙名を明記しなかったのは、異例というほかはない。」（田村圓澄氏編、『古代を考える──太宰府』、五頁、吉川弘文館、一九八七年）と、その著書の冒頭部分で強調されています。

しかし、氏はこの後で「唐・新羅軍の日本来攻の危機は後退した」。この結果「太宰府中枢分の造営について黙していているのは、作業が中止ないし放棄されたことを示唆しているように解される。」（前掲書、六頁）と云われています。

①「倭の五王」の都督府と〝筑紫都督府〟は別

しかし、太宰府は唐・新羅軍によって占領されています。これも拙著『改訂版・「邪馬台国論争史学」の終焉』に記しましたので簡略にしますが、その第一は、『日本書紀』天智紀の六年一一月に、「百済の鎮将劉仁願、熊津都督府熊山縣令上柱国《ゆうしんのととくふゆうせんのけんれいじょうちゅうこく》、司馬法聡等《しばほうそうら》を遣わして、大山下境部連石積等を筑紫都督府に送る。」（同書、三六六頁。傍線、引用者）という記事に明らかです。

同書の校註者は、「熊津都督府」にかんして、同頁上段の「注一六」で、「唐が百済統治のため熊津に置いた行政府」としながらも、筑紫都督府にかんしては、次頁の上段「注二一」で「筑紫太宰府をさす。原史料にあった修飾がそのまま残ったもの」（三六七頁）と述べています。驚きです。「熊津都督府」にかんしては、唐軍の百済占領支配を史実と認め、「筑紫都督府」にかんしては「原史料にあった修飾」と称して、「唐軍の筑紫占領支配の役所」と見ることを否定するのです。この点、たとえば田村圓澄氏編集の『古代を考える太宰府』でも、「天智六年条に見える筑紫都督府は太宰府に強い近親性を示し、当時の状況からこれが軍政府として成立していたと説かれることもあるが、これは同時に見える熊津都督府を模した用字である可能性が大きいように思う。」（五八頁）という、意味不明の解説をされています。

この天智紀・六年の「熊津都督府、筑紫都督府」は、ともに唐軍の行政府であって、先の「天智紀」の記事は、六六三年の「白村江の戦い」で唐・新羅軍の捕虜となった、大山下境部連石積等を筑紫の唐軍の占領司令部の筑紫都督府に送り届けてきた、すなわち「倭軍」の捕虜を送り返してきたという記事です。

しかも『日本書紀』は、天武紀でこの筑紫都督府記事と整合性のある次の記事を記載しています。それは天武元年（六七二）天智天皇の死にさいして、筑紫に使者を派遣して天智天皇の死を、唐側の人物（筑紫占領軍総司令格?）郭務悰に知らせた云々（同書、三八四頁）という記事です。不可解でしょう。六七二年とは「白村江の戦い」以後十年目です。それなのに唐軍の人物、郭務悰がなぜ筑紫にいるのですか。筑紫のどこにいたのですか。当然、「筑紫都督府」でしょう。すなわち「筑紫都督府」とは熊津都督府と同様に、唐軍の北九州・筑紫占領軍司令部をいうのです。

この占領軍司令部の駐留目的は「倭国」権力の解体と考えます。「倭国の滅亡」です。天智・天武は唐とくみ、「倭国」権力解体を了解し、それと共同したということでしょう。これが天智天皇の死を筑紫に人を派遣して、わざわざ知らせた背景でしょう。この「筑紫都督府」と「倭の五王」時代の都督府は別物です。〝都督府〟という用語は、古代中国の行政府・役所を意味します。五世紀の「倭の五王」時代の「都督府」は、「倭の五王」の王宮・役所の中国風の呼び方であって、七世紀、「白村江の戦い」の後の〝筑紫都督府〟とは内容的に違うものと考えます。

②太宰府、諸施設の規模

「古代都市太宰府の最大の特徴は、古代中国の都市が羅城《らじょう》によって厳重に防衛されているのと同様に、防衛施設が設けられていることである。都府楼跡と呼ばれる太宰府政庁を中心にして、その後方、すなわち北方に大野城があり、前方に基肄城がある。さらに博多湾に上陸した敵の侵入を防ぐため、政庁西北の平野部には水城が築かれている。」（田村圓澄氏編、『古代を考える「太宰府」』、一二七頁）。

諸施設の規模

○「大水城」――①全長一・二キロ、②土塁の高さ一三メートル、③土塁の基底幅約八〇メートル、④土塁の外側（博多湾側）に幅約六〇メートル、深さ約五メートルの堀、⑤土塁の内側（太宰府市側）から外堀に水を貯えるために、土塁の下に木樋が埋設（田村圓澄氏著、『太宰府探究』、四四頁、吉川弘文館、一九九〇年）。

○「大水城」造営の労力――「土塁、三八万四〇〇〇立方メートル。一〇トン積みダンプカー六万四〇〇〇台。作業員延べ約一一〇万人以上」（沢村仁・元九州芸術工科大学教授の試算、内倉武久氏著、『太宰府は日本の首都だった』、一九〇頁。ミネルヴァ書房、二〇〇一年。傍線は引用者）。

○その他の水城・土塁――①上大利土塁（福岡県大野城市）、②大土居土塁（福岡県春日市）、③天神山土塁（福岡県春日市）、④基山築堤土塁（水城？　佐賀県三養基郡基山町）、⑤上津土塁（福岡県久留米市）。

○大野城――約六・五キロの土塁をめぐらし、河谷の流水部は石塁。両端は石垣、北側の百間石垣がある。美口《うみくち》、および南辺の太宰府口・坂本口・水城口の四個所に、城門の遺跡。城内、八か所に七〇棟の遺跡。

○基肄城――約三・八キロの土塁をもち、石塁・石垣が各所の残存。城門跡として確認できるのは二個所。城内の建物は約四〇棟あったと推定される（以上は、『大宰府探究』、四四頁）。

○対馬・壱岐等の――「防人《さきもり》と烽《すすみ》（＝のろし台）の設置。

○太宰府は条坊都市――中国の都城をまねた「条坊制」の都市であって、「鏡山猛氏の研究」によれば、都督府から南に朱雀大路にあたる大路がのび、それを境に東は左郭、西は右郭、左右両郭を合わせた郭内は、一町を単位として正方形の碁盤目状に街路が走り、左郭・右郭それぞれ一二坊、南北二二条……」（『古代を考える――太宰府』、一一〇頁）とあります。

もちろん通説は、これをヤマト朝廷によるとしていますが、実際は、「倭国」の首都であることはさらに後述します。

田村圓澄氏は同書で、「水城・大野城・基肄城は、六六三年（天智二）の白村江の敗戦による唐軍・新羅軍の日本侵攻の危機に直面し、緊急に造営に着手されたと見るべきだろう。」（同書、四五頁）とされながらも、「しかし、考えなければならないことは……」とされ、「これだけの工事を短期間で、今見るような状態で竣工したとすべきか、否かという点である。」といわれ、最終的には「いま遺構をのこす水城・大野城・基肄城の造営について、竣工まで相当の期間を要した、とする仮説を、想定する必要があるのではないか。」（同書、四六頁）とされています。

ここに通説の太宰府論、すなわち「白村江の戦い」での大敗をうけて、天智朝等の大和朝廷が急遽、本土防衛のために造営した、という主張の矛盾がしめされているのです。現に、「白村江の敗北」とそれに続く唐・新羅連合軍の北九州侵攻という事態は、すでに指摘したところです。田村氏ご自身が「緊急に造営に着手」を云われながら、にもかかわらず「竣工まで相当の期間を要した、とする仮説を、想定する必要」を云われるのは、「防衛の緊急性」という主張とは矛盾するでしょう。

ここに『日本書紀』天智紀の「太宰府」造営記事の正体と、これを正面から指摘しえない通説、「一元史観」の破綻が示されているのです。そもそも大水城一つで約百万人以上の労働力が必要とされ、この他も大小の土塁や水城、大野城、基肄城等の造営を考えただけでも、敗戦のどさくさに「緊急に」作れる施設などではないことは明らかです。

③斉明・天智と唐・新羅・百済の首都・王宮、規模の比較

この問題を一層明らかにするものが、「白村江の敗戦」にかかわった二人の天皇の「宮《みやこ》」の姿の極端な貧弱さという問題です。これは戦前・戦後の「一元史観」が一貫して沈黙のうちに放置してきた、しかし、「白村江の戦い」への歴史的考察の、一個の客観的な視点を提供するものと考えます。「白村江の戦い」とは、唐および新羅の連合軍と対峙した百済（百済再興組）、それを支援した「倭」という構図です。これをその国力で比較する場合、今日、もっとも適切な客観的な規準として考えられるものが、それぞれの首都と王宮の規模の比較という方法と思います。この方法を採用すると、『日本書紀』斉明・天智紀の「百済救援」云々等の記載や、これを盲信する明治以降の大學の学者諸氏の見解・主張の空虚さが際立つと思います。

まずは唐の首都ですが、これはかの有名な「長安」です。当時、国力・文化ともに世界に名だたる古代中国の首都です。新羅は慶州・月城です。六世紀には新羅は一七万戸をようする、中国式の都城を整備したとされています。百済はいろいろ遷都していますが、最後の首都は泗沘。「聖王の五三八年から義慈王の六六〇年。この年、百済は滅亡したわけです。泗沘はその後の発掘調査で、錦江をいわば外堀として、居住地区や王城遺跡が発見」（『古代日本と朝鮮の都城』、二五二頁）されたとあります。当たり前のことですが、国家にはかならず、首都と王宮（議事堂）があるわけです。

④斉明天皇の首都・王宮は

これに対して肝心の「ヤマト朝廷」の姿はいかに、といえば、そもそも『日本書紀』自身が「孝徳紀」の有名な「大化（六四六年）の改新の詔」で、「其の二《ふたつ》に曰《のたま》はく、はじめて京師（首都）を修め……」と言っているのみならず、この「詔」は七〇一年の「大宝令」からの遡及（井上光貞氏）という指摘があることは、さきにふれました。すなわち六六三年時点で大和朝廷には首都などはない、これが大和朝廷の正史自身の証言です。

第二は、その「王宮」、すなわち「宮」の規模等です。「白村江の戦い」にかかわる天皇は直接的には二人、その一人は斉明天皇、次が天智天皇です。まずは斉明天皇の「宮」（王宮）ですが、『日本書紀』

ではその治世七年間に、「宮」の建築記事は七ヶ所と、この他に造営を途中で断念したもの一ヶ所です。一年に一度の割合を越えています。ここに『日本書紀』斉明紀からその宮名を列挙すれば、次のとおりです。即位の「宮《みやこ》」は飛鳥板蓋宮。元年十月には、瓦葺の小墾田宮《おはりだみや》造営を計画、材料不足で断念。「元年、冬、飛鳥板蓋宮、火災。飛鳥川原宮移転」。二年九月「後飛鳥岡本宮」と、この他に「両槻宮《ふたつきのみや》」と、「吉野宮をつくる」。斉明の六年一二月には「難波宮に行幸」。「七年、三月に巌瀬行宮（長津宮という。福岡市）。五月、朝倉橘広庭宮を新築。秋七月この宮で崩御」とあります。そもそも首都がなく七年間の治世で七か所の「宮」を新築というのですが、これがどんな規模かおしてしるべしでしょう。

『斉明紀』によれば、この天皇の性癖として「時に興事（工事）を好む」とあって、「……水工をして渠穿《みぞほ》らしむ。香具山の西より、石上山に至る。舟二百隻を以て、石上山の石を載《つ》みて、流の順《まま》に控《ひ》引き、宮の東の山に石を累《かさ》垣とす。時の人謗《そし》りて曰く、『狂心の渠《みぞ》。功夫損《ひとちからおと》し費やすこと、三萬餘。垣造る功夫を費し損すこと、七萬餘。宮材爛れ、山椒埋《やまのすえうづも》れり』といふ。」（『日本書紀・下、三二八頁）と記されています。

　これを読むとこの時代の「天皇」は、大変な勢力に一見みえますが、その実体は次のようです。まずはこの合計一〇万人の工事の記事は、『日本書紀・下』当該頁、上段の「注三二」（三二九頁）によれば、古代中国文献の「以下は文選、西都賦」の李善注……とある」、と記されているところから見ると、古代中国文献の一節からの修飾記事です。

　さらに決定的なことは、「倭国」の都城・太宰府の、巨大防衛施設の一つである「大水城」は、先述のとおりこの工事の労働力は、約一一〇万人と試算されており、一〇万人規模の工事でさえも世人が、「狂心の渠」と非難したとされる水準の力しかないものが、なしうる水準の工事ではないわけです。しかもこの「大水城」は、都城太宰府の施設の一部分でしかないわけです。こうした点から見て、当時の首都もない「ヤマト朝廷」に、太宰府諸施設の造営など、「ヨチヨチ歩きの子供をオリンピックの重量挙げ選手よりも強い」というにも似た主張にみえます。

⑤天智天皇

次は「白村江の戦いの敗北」後に、太宰府諸施設を造営したと通説がいう天智天皇の「宮」です。最初が「長津宮」、すなわち博多の斉明の磐瀬行宮（名を長津宮に変更という）。「天智の六年、三月、都を近江に遷《うつ》す。」と、『日本書紀・下』（三六六頁）にありますが、同書の巻末の「補注二七―九『近江大津宮』（五八一頁）」によれば、宮跡も土地も「今の大津市内の平地にあったろうという程度で、くわしい位置はわからない。」とあります。

これが『日本書紀』が伝える、「倭国」滅亡直前の「ヤマト朝廷の王宮の実像」であって、こうした都城も明確な王宮の一つも発見できないものが、滅亡百済の再興をもくろむ勢力を後援して、唐・新羅軍と戦ったなどと言いうのは、正常な理性からは歴史論としてもありえないもの、というのが正当な考え方と思います。さらには敗戦後の危機感あふれる北九州の地で、先述の巨大都城・太宰府とその都督府を、「ヤマト朝廷」が造営したなどという主張は、あからさまな日本史の偽造です。

八　太宰府は「倭国」の都城・王宮　七世紀以前の太宰府は、〝ヤマト朝廷の造営ではない〟のです。これを示すものは第一に、すでに指摘した都城の存否、その国際的比較です。同時に「ヤマト朝廷一元史」と対立する大いに興味深い記事が、『日本書紀』自身にあることです。第二は、本書の指摘に呼応する、太宰府諸施設の放射性炭素（14C）年代測定値の存在です。

①傑作『日本書紀』持統紀の〝太宰府記事〟

『日本書紀・下』の「大宰府・天智天皇造営説」を真っ向から否定するのは、同じ『日本書紀』の「持統紀」五年（六九一）「春正月」の以下の記事です。「……直廣肆《じきくわうし》筑紫史益《つくしのふびとまさる》、筑紫大宰府典《つくしのおほみこともちのつかさのふびと》に拝《め》されしより以来《このかた》、今に二九年、精白き《あけらけ》忠誠を以て、敢《あ》へて怠情《たゆ》まず。是の故に、食封《へひと》五十戸《いそへ》、絁《ふとぎぬ》一五匹《むら》、綿二十五屯《もじ》、布五十端、稲五千束賜ふ。」（同書、五〇八頁）です。

問題は「持統五年」、すなわち六九一年から二九年前、つまり六六三年の「白村江の戦い」の以前に、筑紫大宰府典が存在したという記事です。この記事にかんして通説の太宰府研究者も、「大宰府は六六三年に成立していたともいわれるが、とすれば、中央官さえも整備されていない段階で、すでに四等官制を備えた官司が成立していたことになるなど、これには検討を要する点が少なくなく、ただちに従うことはできない。」（田村園澄氏編集、『古代を考える、太宰府』、五八頁）と異例の態度表明をされています。

では『日本書紀』はこの記事をどこからもってきたのかです。これに答えるのが後述すえる『古事記』の編者・太安萬侶《おおのやすまろ》が、『古事記』の「序文」で語る『古事記・日本書紀』編纂の動機・指針という、「天武の詔」です。これは『古事記・日本書紀』の真相をあかすものですが、この「持統五年」の記事は、「倭国」の『帝紀』からの剽窃記事と考えられます。しかも岩波日本古典文学大系本の「日本書紀・下」には、この筑紫史益にかんして「上段の注三」（同書、五〇八頁）で「他に見えず」としています。この指摘をたしかなものにするのが、次に述べる太宰府の「政庁跡」と称され施設等の、放射性炭素（^{14}C）年代測定値です。

②真実を示す理化学的年代測定値

①大水城・「大宰府政庁」の放射性炭素年代測定値――「その木樋の年代測定値が「西暦四三〇年±

三〇年」。九州大学理学部の「放射性同位元素総合実験室」の坂田武彦氏が、一九七四年当時にまとめた九州地方の遺物への、放射性炭素による『年代測定結果集』（内倉武久氏著、『太宰府は日本の首都だった』、一九二頁）。

「太宰府政庁正殿における放射性炭素年代測定（『太宰府政庁跡』（九州歴史資料館、二〇〇二年、吉川弘文館、三五三頁）。「試料名№１―「暦年代（西暦）ＡＤ四三五〜六一〇」「分析試料の採集状況」「採取試料は、正殿跡基壇東北隅付近から焼土とともに検出された炭化物」。「試料№１」「焼け落ちたⅡ期の瓦を廃棄した土壙ＳＫ一〇八から採取した。

採取にあたっては、堆積層の上層部を除去し、確実に焼土層に含まれていることを確認した後、瓦の内側に貼り付いた炭化物を採取した。ただ、採取の際に注意されたのは、土壙の埋土下位までかなり水分が存在したことであった。」（同書、三五四頁）

とされています。

以上の二つの放射性炭素年代測定値が物語るものは、太宰府の「都督府」が五世紀、すなわち「倭の五王」時代に該当するものです。すなわち先述の『日本書紀』持統紀の、「筑紫大宰府典」記事とは矛盾しないものです。

以上が太宰府・都督府にかんする文献的事実――すなわち古代中国正史類の「倭国」交流記と、自然科学的年代測定結果の間には基本的に不一致は存在しないばかりではなく、これまで述べてきた太宰府の諸施設の造営労力を説明する点でも、まったく問題がないといえるでしょう。これが真実の日本古代史の八世紀以前の姿の一つと考えます。

二　放射性炭素（^{14}C）年代測定法にかんして

日本という国・社会には、理解できないようなことが公然と通用する、罷り通るという不思議さがあります。アメリカ人の知日派に「西洋の常識が通用しない国」といわれるのも、〝宜《むべ》なるかな〟と思います。歴史上の年代を計るのに、世界的には「放射性炭素（^{14}C）年代測定法」が公認されています。しかも日本においても、縄文時代を探究する考古学では、土器形式によって過去の年代を推測する、いわゆる〝土器編年〟は否定されました。それは今村啓爾氏著、『縄文の実像を求めて』（吉川弘文館、一九九九年、第一刷）にその経緯、すなわち縄文史学における「土器編年」固執派が、如何に否定されるに至るか、国際的広がりとともにその姿が劇的に述べられています。

ところが日本における国家形成時代、すなわち弥生時代の日本古代史学とその考古学になると、縄文史学で否定された土器編年が、「世界に冠たる土器編年」と称されて、世界で採用されている放射性炭素（^{14}C）年代測定等の自然科学的年代測定法は否認されるのです。これにかんして日本の水田稲作のところで述べますが、今ここで結論を先にいえば、放射性炭素年代測定法の観測値は、明治以来の近畿中心主義の日本史観を否定する測定値を導くのです。

しかし不思議なことに、古代中国等の文献の記載、たとえば『宋書』倭国伝の「倭の五王」の都督府記載と、大宰府の諸施設の造営年代が一致するのです。つまり自然科学的年代測定法は『古事記・日本書紀』の記載を否定し、古代中国文献の対日（倭）交流記とは合致するのです。

第四章

『旧唐書』の日本の二国併記と『古事記・日本書紀』

イ　『旧唐書』東夷伝　唐の正史・『旧唐書』東夷伝の日本との交流記載は、「倭国伝」と「日本国伝」という〝日本の二国併記〟です。通説は明治以来、この日本の王朝・国家の「二国併記」を国民に明らかにせず、これを意図的に隠蔽し、また歪めてきたのです。たとえばこの道の専門家の石原道博氏編訳の「中国正史日本伝（２）」の表題は、本来、『旧唐書、「倭国伝および日本国伝」』とすべきを、『旧唐書倭国日本伝……』とし、さらには「解説」で、『旧唐書』の後の正史である『新唐書』日本伝をあげて、「倭国と日本を併記する不体裁なこともなく……」と述べています。しかも『新唐書』もまた、「倭国」の滅亡を記しているのです。こうして日本古代史の真実にかかわる重大な史料を隠蔽し、その記録を意図的に歪曲してきたのです。もちろん「万世一系の天皇制」守護のためです。

「倭国伝」では、「倭国は古の倭奴国なり、京師を去ること一万四千里、新羅東南の大海の中にあり。

山島に依って居る。……中略……世々中国と通ず。……中略……その王、姓は阿毎《あめ》氏なり。一大率を置きて諸国を検察し、官を設ける一二等有り。……貞観五年（六三一）……また新州の刺使高表仁を遣わし、節を持して往いて、これを撫せしむ。表仁、綏遠（外交）の才なく、皇子と礼を争い、朝命を宣べずして還る。」と六三一年、「白村江の戦い」を目前にした時期、唐・倭国関係の緊張のなかで、唐の使者高表仁と、「倭国」の皇子が争い、ついに高表仁は任務を果たし得ずに帰国した。」と明記し、さらに「二二年（貞観二二・六四八年）に至り、また新羅に附し、表（国書）を奉じて、以て起居を通ず。」と書き、これが〝倭・倭国〟と古代中国各王朝の、『漢書』地理誌以来の交流記の、最後となっています。つまり「倭国」は、この六四八年～七〇〇年の間に、ついに滅亡したのです。

次が「日本国伝」です。この冒頭記事は、「日本は倭国の別種なり。その国、日辺にあるを以て、故に日本を以て名となす。あるいはいう。倭国自らその名の雅ならざるを悪《にく》み、改めて日本となすと。あるいはいう。日本は旧《もと》小国、倭国の地を併せたりと。その人、入朝する人、多く自ら矜大（尊大）、実を以て対《こた》得ず。故に中国焉《これ》を疑う。」です。

こうして「倭国伝」の方は、この国家を「古の倭奴国」と志賀の島出土の金印の国名を明記し、その首都の地理的位置を歴代「倭国伝・俀国伝」の位置同様に、「新羅東南の大海の中にあり。山島に依って居る」と記し、さらには「王の姓は阿毎氏」と述べ、「世々中国と通ず。」と述べ、この「倭国」が『漢書』地理誌以来、連綿として中国と交流してきた〝倭人の国家〟、つまり卑弥呼・倭の五王の国家であること明記しています。

これに対して「ヤマト朝廷」、すなわち『旧唐書』日本国伝では、まずその冒頭で「日本国は、倭国の別種なり」と、唐朝の見解が記されている点が重大です。これは「日本国（ヤマト朝廷）は倭人の国ではあるが、倭国とは別国家である。」ということです。しかもこの唐の見解を、ヤマト朝廷の遣唐使の相反する「日本史の説明」で、根拠づけるという精緻な方法がとられています。それが「日本国は倭国の別種なり。」にすぐ続いて記されている、「その国日辺にあるを以て、故に日本を以て名となす。あるはいう。倭国自らその名の雅ならざるを悪《にく》み、改めて日本となすと。あるいはいう。日本は旧《もと》小国、倭国の地を併せたりと。その人、入朝する者、多く自ら矜大、実を以て対ず、故に中国、焉を疑う。」（傍線は引用者）です。

すなわち「〝日本〟という国号は倭国が称していたものであるが、もともとは一介の小国に過ぎなかった日本国が、〝倭国〟を併合し、その際に僭称したものである」という説明です。この日本の国号は倭国がさきに称していたというのは、さきに述べた『隋書』俀国伝記載の例の「日出る処の天子」を見れば明らかであって、しかもそれが「倭国自らその名の雅ならざるを悪《にく》み、改めて日本となすと」という風に、ここでは中国側の立場で述べられています。

この意味は、先述のとおり「倭国」の首都名は本来、「邪馬一国」（一番の国の意もある）であったにもかかわらず、五世紀以降の中国側が一方的に「邪馬臺（台）国」、すなわち〝最低、ビリ国〟という蔑称に変えたことに怒り、俀国（倭国）王のタリシホコが、「日出る国」と国書に明記して、これが国号となったものが〝日本〟の真の由来ですから、これを唐はいわば他人事風に、「その名の雅ならざるを悪《にく》み……」などと述べているわけです。

さらには「日本（ここではヤマト朝廷）は旧《もと》小国、倭国の地を併せたりと。」として、遣唐使の中にも、中国側の歴代倭国との交流の認識と一致する日本史の説明をした者がいたことをも、明記しているのです。しかも〝ヤマト朝廷もと小国論〟は、そもそも『隋書』俀国伝に、次のように述べられているのです。「竹斯国（チクシ……これが本来の正しい筑紫の発音＝倭・俀国の首都の所在地名）より以東は、皆な俀に附庸す」です。

「附庸」とは、〝中心国の支配下にある小国を指す語〟と、『漢語新辞典』（大修館書店、二〇〇一年、初版）にあります。従来から通説はこれを、〝九州以西の小国はみなヤマト朝廷の支配下にある。〟と、強弁してきたわけです。これが意図的歪曲である決定的な根拠は、〝近畿ヤマト地方が首都だ〟という記載は『隋書』俀国伝はもちろん、歴代古代中国正史類の「倭国伝」に一切なく、反対に「倭国は、百済・新羅の東南にあり。水陸三千里、大海の中において、山島に依って居る。」と、首都・筑紫論が明記されているのです。しかも肝心の『日本書紀』自身が、藤原京を〝はじめての首都〟と述べ、現に七世紀以前、すなわち古墳時代には、首都はおろか「天皇の王宮が近畿地方に考古学的に発見できない」と、通説自身が述べているわけです。

つまり唐・中国側の「倭国はヤマト朝廷とは別の国家」という認識は、当然のものであって、したがってヤマト朝廷の遣唐使の中にも、「倭国」の存在を認めた人々がいたのです。これは当たり前のことであるわけです。しかも『旧唐書』のあとの唐の正史『新唐書』の「日本伝」には、遣唐使が唐朝に述べた日本史が詳しく記されていますが、そこには「日本乃小国、為倭所并、故冒其號」（日本〝ここではヤマト朝廷〟はすなわち小国、倭の所（国）を併せる。故にその号（倭国が称していた国号）を冒（僭称）す」とあるのです。これが国号・日本の正しい歴史です。

つまりは「ヤマト朝廷」は、日本の氏族社会以来の一貫した王家とか王朝などではなく、「旧小国」という表現さえかなり誇大という他はない勢力に過ぎなかった、というのが真の日本史と考えます。この点『改訂版・邪馬台国論争史学の終焉』に述べました。

『旧唐書』日本国伝では、引用のとおり、以上の記述にたって、「その人、入朝する者、多く自ら矜大、実を以て対ず、故に中国、焉を疑う。」として、「倭国」の存在について沈黙・否認した「多くの遣唐使」をさして、「尊大で、唐朝の質問に事実を以て答えない」とし、こうしたヤマト朝廷とその多くの遣唐使の態度に、「故に中国、焉を疑う。」と記して、通説的「日本史」を中国王朝の正史で公然と「疑う」と述べているのです。しかもその疑う主体は単に唐だけではなく「中国」と書いて、古来、正確な歴史の記録を蓄積してきた、そうした中国の古代以来の文化を背景にした疑念という点を、明確にしているわけです。

ご覧のとおり、唐朝のいう〝日本史〟は、通説の「一元史の日本史」とは似ても似つかない〝日本古代史〟です。しかも『後漢書』倭伝以降、『旧唐書』倭国伝まで、中国各王朝の正史が連綿として、〝倭都の地理的記載〟を朝鮮半島南部、東南の大海中の島〟、すなわち北九州としてきた事実を見れば、『旧唐書』日本国伝で、「倭国」を先行国家とし、大和朝廷を新規の王朝と記すのはきわめて当然、正当なものという他はありません。

しかもこの日本国伝では最初に登場する遣唐使は、「長安三年（七〇三）、その大臣朝臣真人（粟田真人、引用者）、来たりて方物を貢す。」であって、八世紀初頭、つまりは六九四年の藤原京成立後、十年目、すなわち大和朝廷成立後、さっそくの中国交流であったことが判明します。『日本書紀』にみるそれ以前の遣唐使は、「倭国」の遣唐使を改竄したものと思われます。

この唐朝の大和朝廷の成立史にかかわる知識・情報は、まず古代以来の中国各王朝の正史の記録とともに、当時の日本側のものとしては、第一に、最初の遣唐使・粟田真人だと考えられます。それは先述のとおり〝日本国の遣唐使〟、すなわち「その人、入朝する者」を、「多く自ら矜大」として非難しながらも、粟田真人は以下のように絶賛されている点からの推測です。

「朝臣真人とは、なお中国の戸部尚書の如し。進徳冠を冠り、其の頂に花を為《つく》り、分かれて四散せしむ。身は紫袍を服し、帛《はく》を以て腰帯となす。真人好んで経史（古代中国の書物）を読み、文を属するを解し（中国式文章の読み書きができる）。容止（容姿）温雅なり（容姿が穏やかで優れている）。則天（古代中国史に有名な女帝・いわゆる則天武后。絶世の美女ながらも、古代中国式「鉄の女」）、これを麟徳殿に宴し、司膳卿を授け、放ちて本国に還らしむ」。まさに絶賛といったところでしょう。古代日中間の交流で、これほど絶賛された日本人は空前絶後ではないでしょうか。

さらに特記されている遣唐使がいます。「その偏使朝臣仲満（阿倍仲麻呂）、中国の風を慕い、因って止まりて去らず。姓名を改めて朝衡となし、仕えて左補闕（従七品上）・儀王友（従五品上。最後は秘書監兼衛尉卿＝従三品にまで出世）を歴たり。衡、京師（首都）に留まること五十年。書籍を好み、放ちて郷に帰らしめしも、逗留して去らず。

上（唐の皇帝）元中（七六〇～六一）、衡を擢んで左散騎常侍・鎮南都護（都護は地方長官という）となす」。とあります。この仲麻呂は、唐に帰化した遣唐使として有名で、NHKなどで日唐関係の花形ででもあるように、学者先生をも登場させて華やかに報道していますが、「多くの」遣唐使は「矜大、実を以て対えず。故に中国、焉を疑う」と厳しく批判され、右の二人は手厚く遇され、高く評価されているわけです。

通説は古来、遣唐使派遣を古代日中交流の花形として、きらびやかに描き出してきましたが、それは古代ヤマト朝廷とその文化の礼賛に過ぎず、中国側は、その対日観としてその根底に、「その人、入朝する者、多く自ら矜大、実を以て対ず、故に中国、焉を疑う。」という、冷徹な目をもっていたのです。

ここにたてば右の阿倍仲麻呂の唐朝における出世は、この人物が唐側からみて「矜大、実を以て対えず」、と評される範疇には入らない人物ということと思います。おらくは「日本古代史」の真実を唐朝に語った一人であろうと思います。

すなわち唐はその内部に、真実の日本史に通じ、しかも唐・中国文化を慕う日本人の使者を擁しているわけです。さらにこの他に、ここには一々記しませんが、多くの留学生や留学僧の名も記されています。これらの日本人から日本にかんする多くの知識を得ていたということと思います。こうしてこの『旧唐書』倭国伝および日本国伝の二国併記が事実の日本史の記録であって、これを読めば歴代中国側の正史の対日交流記は事実の記録であり、大和朝廷の『古事記・日本書紀』が真実を歪めた、偽造の〝日本古代史〟であることは明らかです。

なによりも明治以来の官学的日本古代史学の学者諸氏が、この『旧唐書』の日本の二国併記を国民にあるがままに、なぜ説明・報告しないのか、近代国家・社会の歴史学としては、厳しく問われるところと思います。こうした学問とはよべないものが国家の名において、「日本史」と銘打たれ、今日ただいまといえども、国家と日本文化の中枢に屹立している日本社会を、安心して国民が生活できる民主的社会と、はたして真にいえるのでしょうか。

またこうした近代尊皇派の姿を日本史の事実にそくして明らかにすることなしに、否、尊皇日本史の虚偽を明らかにするうえで決定的意義をもつ、古代中国文明のすぐれた面を一切無視・冷笑して、「文明開化」と欧米文化、民主主義の礼賛だけでは、自由民権運動以来の日本の民主派・進歩派は、その志がいかに讃美すべきものであっても、日本国民の理解を真に得られないことは、世界の国の文化とその社会の進歩は、どこでもその国の歴史と文化を土台にしたものである点をみれば明らかです。その点で古代ヤマト朝廷が自民族の歴史の偽造を行ない、また近世尊皇思想がそれを継承し、これを賛美し国是とする以上、真の日本民族の歴史と文化の解明とその普及を、日本の民主化の一基盤とすべきものと思います。われわれは古来、東アジアの一角で社会と文化を発展させてきた民族です。ここを重視しなければせっかくの志も、手が届きそうで、いざとなれば遠ざかる結果になるのではありませんか。

ロ　日本人の文字使用と『古事記・日本書紀』

ここでは通説がその日本史観を絶対としている、『古事記・日本書紀』の真の姿を考えます。

①日本人の文字使用はいつからか

これについて「魏志倭人伝」には、……皆津に臨みて捜露し、文章・賜遺の物を伝送して女王に詣らしめ、差錯するを得ず。」（傍線、引用者）と記されています。これは「倭人」が、すでに卑弥呼の時代、三世紀には、国書という、高度の政治的な文章を読み書きできたことを、漢字を創設した中国人が公認しているところです。

これに関して上田正昭氏も、「弥生時代後期の外交が『文章』によって行われていたことは、「『三国志』の『魏志』の東夷伝倭人の条に、『文章・賜遺の物』』による交渉を記すのにも明らかである。」と、その著・『東アジアと海上の道』（一五頁、明石書店、一九九七年、初版第一刷）でいわれています。ただし氏の場合、倭国は「ヤマト朝廷」で、文章作成にかかわったものは帰化人とされています。

この「魏志倭人伝」の、「倭国」の文字使用記事が重要な意味をもつのは、まず第一に、『日本書紀』に頻出する「一書に曰く」という記述、第二は、『日本書紀』・雄略天皇」の「二一年、汶洲王は、蓋鹵王《かふろおう》の母の弟なり。日本舊記《にほんくき》に云はく、久麻那利《くまなり》（＝地名）以て、末多王に賜ふという。」（『日本書紀・上』、四九六頁）という領土の割譲分与記事、また「斉明紀」には、「高麗の沙門道顕の日本世記に曰く……」（『日本書紀・下』、三四四頁）などとある、『日本舊記』『日本世記』などという文献はなにかという問題です。

まずは『日本書紀』の「一書」群にかんしてです。坂本太郎氏はその著、『六国史』（日本歴史学会編集、吉川弘文館、一九九四年）で「第三に、一書の選択がきわめて多い。神代記では、『一書曰』として、本文のほかに異伝を採録するが、その数は大八洲の国生みの条で十種、四神出生の章で十一種もある。」（同書、八一頁）とされて、その先で通説風にヤマト朝廷の〝伝承の異伝説〟を云々されています。

しかし、これが正しくないことは『日本書紀』の編者等が、本文の他に「一書に曰く」として、「異説」を書いているところに示されているのです。古田武彦氏が『盗まれた神話』（角川文庫）、第五章「盗作の史書」、「『一書』の真相」で指摘されているとおり、問題はこの「一書」とは何で、だれがいつ著述・編集したものか、という一点です。そもそも『日本書紀』の編者等は、なぜ「一書」と記して、その書物の表題等を明記しないのか、なのです。繰り返して「一書に曰く」と書いて、自分らが引用している書物の表題も、それら「一書」の性格の説明もないのです。これは「一書」群にあったはずの表題などは隠したい、明らかにしたくないということと思います。すなわち『古事記・日本書紀』編纂時、つまりは八世紀の時点で、その書物の表題等を明らかにすることは、ヤマト朝廷にとってはばかられる、そういう性格の「一書」群が、存在していたということです。

次が『日本舊記』、『日本世紀』という不思議な書籍についてです。たとえば『日本舊記』にかんして、『日本書紀・上』の「上段注二〇」（同書、四九七頁）では、「此の書、他に見えず」という素っ気ない注があるばかりです。『日本世紀』にかんしても、『日本書紀・下』の上段の「注三」には、「書紀編纂資料の一。著作の全容・巻数・成立年代など不明」（三四四頁）とあり、さらに巻末の「補注二六―六」では、「逸文で日本のこのころの対外関係を詳述。……中略……（この本の引用は）斉明七年四月、一一月・天智八年一〇月の各条がある。」（同書、五七八頁）とあります。この「日本世紀」には、「白村江の戦い」など、当時の百済滅亡にかかわるくわしい記述とともに、注目されるのが、さかんに〝伊吉連博徳書に云はく〟が出てくることです。

この〝伊吉連博徳書〟は、『日本書紀』にかなり出てくるのですが興味深い点は、「倭国」の「白村江の戦い」の敗北以後、唐の使者・郭務悰が近畿大和と筑紫・太宰府を往来、すなわち日本を「二国併記」した『海外国記』にも、太宰府関連の要人として出てくる、「大乙中伊岐史博徳」（『日本書紀・下』、五七八頁）と同一人物ではないか、と考えられるのです。しかもこれは当然であって唐・新羅と対決したのは、当然「倭国」だからです。

すなわちこの『日本世記』の〝日本〟とは、「倭国」が称した〝日本〟と思われるのです。となれば『日本舊記』も同様でしょう。さきの『旧唐書』のあとの唐の正史『唐書』日本伝には、遣唐使が唐朝に述べた〝日本史〟が詳細に記され、先述のとおり遣唐使がヤマト朝廷は「倭国」を併合した、と記されている点も指摘しました。ここにたって考えれば「倭国」時代に、多くの文献があったことを否定できません。以上からは、『古事記・日本書紀』編纂時に多くの「一書」群や、「倭国」の『正史』類等が当然存在し、「諸家の帝紀」（「天武の詔」・『古事記』、一五頁、参照）として利用された、というのが真の日本史と思います。

②通説の文字使用起源論

戦後の日本古代史学の開祖、所謂「古事記・日本書紀批判」史学＝〝日本神話・「神武の東征」等造作論〟で有名な津田左右吉氏は、古代ヤマト朝廷の文字使用を六世紀ごろ（『日本古典の研究・上』、岩波書店）とされています。これを受けて井上光貞氏は次のいうに述べておられます。

「たしかに古事記と日本書紀は、六世紀の大和朝廷の宮廷人が自分たちの支配を合理化するために、つくりだした政治的所産であって、これ以外に歴史らしい歴史を残してくれなかったのは、日本人にとって不幸なことであった。」（井上光貞氏著、『日本の歴史・I』、九頁、中公文庫、一九八八年。傍線は引用者）。すなわち『古事記・日本書紀』とは、古代中国・朝鮮諸国等の古代の歴史の事実を記録した「史書・正史」のようなものなのではなく、八世紀に成立したヤマト朝廷の〝自己正当化文書〟、すなわち単なる〝政治的文章に過ぎない〟のです。つまりは〝日本史偽造の書〟です。

現に、先述のとおりに最新の岩波講座『日本歴史』第一巻（二〇一三年）でも、「……『古事記』『日本書紀』の記述の史料的信憑性が低い……」と、当代日本を代表する古代史学者が断言する始末です。にもかかわらずそれが記す、「ヤマト朝廷一元史観」は絶対とされる日本社会、これはまことに奇妙なものではないかと思います。

自己の真実の歴史、国家形成と日本文明のそもそもの姿を真の意味では知らず、そうした者たちが日本民族の真実の歴史の姿をとどめる、古代中国等の正史類の諸記録を嘲笑する姿はなんとも奇妙・奇怪なものです。スペインの著名な画家・ゴヤ（一七四六〜一八二八年）の、当時の世の暗黒と暗愚を風刺した『黒い絵』」を思い浮かべさせます。

こうした状況を作りだしたそもその根元は、実に八世紀成立の大和朝廷です。現に、『古事記・日本書紀』はともに八世紀の成立です。「古事記・日本書紀・六世紀成立論」は、戦後の「皇国史観批判」をいう万世一系論・一元史観に立つ人々の学説であって、その背景には、「天皇制護持・存続」を、戦後の対日政策の要として選択した、アメリカ政府の意向をも反映したものです。この点、拙著『改訂版・「邪馬台国論争史学」の終焉』に述べました。この後でも略記します。すなわち通説が事実上、絶対視する『古事記・日本書紀』は〝政治まみれ〟、単なる政治的文章に過ぎず、日本史の事実の記録とは、まったく異質なものです。以上、『古事記・日本書紀』とは、日本民族の歴史の事実を偽り、あるいは隠蔽し、歪曲したものです。

八 〝国家反逆罪〟の「禁書」とは

これを端的に物語るもの、その一つがここに述べる、『続日本紀』の「禁書狩り」の記事であり、二つは『古事記』の太安麻呂の先述の上表文にある、「天武の詔」に記される「諸家の帝紀・旧辞」問題です。この「禁書」や「諸家の帝紀・旧辞」とは、『古事記・日本書紀』編纂がどんな意図にたって、またどのような史料を利用したのか、その真実を語るものと考えられるからです。まずは『続日本紀』記載の「禁書狩り」の一節です。元明天皇紀の慶雲四年（七〇七）と、和銅元年（七〇八）正月条に記されています。

○慶雲四年は、「山沢に亡命し、軍器を挟蔵し、百日首さぬは、また罪なうこと初めの如くせよ。」（『続日本紀』（一）、一二三頁、「新日本古典文学大系」、岩波書店、二〇〇五年、第九刷）です。

○和銅元年は、「山沢に亡命し禁書を挟蔵し、百日首さぬは、複《また》罪なうこと初めの如くせよ。」（前掲書、一二九頁）。

「亡命」とは、『律令』では国家反逆罪で、刑は死罪です。問題は『古事記』の成立は七一二年、日本書紀は七二〇年だということです。したがって『古事記』成立の四~五年前、『日本書紀』成立の一二~三年前に、〝禁書狩り〟がヤマト朝廷によって行われていたという点です。しかもその「禁書」は〝挟蔵〟、すなわち持っているだけで死罪になるという性格の書物です。その意味は、この〝禁書〟が残存することは、大和朝廷にとって、都合が悪い、同時にその反面、利用価値がある、そうした性格をそなえた書籍群であったということと思います。この〝禁書狩り〟の目的をあけすけに示しているのが、次の「天武の詔」です。

二 『古事記・日本書紀』編纂と「天武の詔」

『古事記・日本書紀』編纂にかかわる「詔」を発したのは、天武天皇（在位六七三~六八六）です。これを受けて『古事記』編纂を太安万呂（七二三年没）に命じたのは、元明天皇（在位七〇七~七一五）であることは、太安万呂自身が、『古事記』の上表に記しているところです。

重大な点は、天智~天武天皇の在位年代の意味です。それは六六三年の唐・新羅連合軍と、「倭国」の「白村江の決戦」での大敗に続く、唐・新羅連合軍の筑紫占領、および「倭国」滅亡によって、「ヤマト朝廷」が台頭・成立し、天智天皇は唐・新羅連合軍の筑紫占領に反対せず、取引をおこなった「ヤマト朝廷」最初の天皇と思われます。「壬申の乱」は、これをヤマト朝廷内の抗争にかえて描いたものと思います。この点、拙著『改訂版・「邪馬台国論争史学」の終焉』に述べました。天智天皇の諱は「天命開分天皇」（あめみことひらかすわけの天皇）です。

古代中国では「天命が下る」とは、新王朝の誕生を意味します。すなわち「天智天皇」とは、〝新王朝設立の天皇〟と解しうるばかりではなく、これが真実だと考えます。したがって天武天皇は、できたての王朝の二代目です。この新王朝は、なぜか先行王朝の「倭国」の滅亡、それを引き起こした倭国の悪政への告発、さらにはこのなかで大和朝廷が国民の支持を得て、あたらしい王朝をひらいたというような、日本以外の国の多くの王朝史等が書く、興亡記事を拒否して、先行する日本文明を形成・発展させた国家、倭国の存在を無視・否定・消去して、自分が神代の時代から日本の唯一の王家という、「歴史」を描いているわけです。そのためには先行・併存した国家・王朝の存在の否定・消去は、不可避の課題となります。世界に例がない姿ではないかと思います。ここに大和朝廷が主張する〝正当王家論とその歴史〟が、中国・唐朝から疑われている由縁があるのです。

さていよいよ「天武の詔」です。これは『古事記』の序文とされている、太安万呂の上表・「序を并せたり」にあります。ここには大和朝廷の正史作成のそもそもは、以下のような〝天武の詔〟によってはじまったと記されています。

「朕聞きたまへらく、『諸家の齎《もた》る（「齎す＝もたらす＝突きつける」が正しい）帝紀および本辞、既に正実に違《たが》ひ、多く虚偽を加ふ』といへり。今の時に當たりて、其の失《あやまり》を改めずば、未だ幾年をも経ずして、その旨滅びなむとす。これすなはち邦家の経緯、王化の鴻基なり。故《かれ》これ、帝紀を撰録（選び出し）し、舊辞を討覈《とうかく》（＝調べる）して、偽りを削り実《まこと》を定めて、後葉（後世）に流《つた》へむと欲《おも》ふ。」

この詔によって、稗田阿禮に勅語して「皇帝の日嗣および先代旧辭《さきつよのふることば》を誦《よ》み習はしめたまひき。然れども、運《とき》移りて世《よ》異《かわ》りて、未だその事を行なひたまはざりき。……中略……和銅四年（七一一、元明天皇）九月一四日をもちて、臣安萬呂に詔して、稗田阿禮の誦《よ》む所の勅語の舊辭を撰録して献上せしむといへれば、謹みて詔旨《おほみこと》の随《まま》に、子細に採り摭《ひろ》ひぬ……」（傍線は引用者）。この太安万呂の「序を并せたり」の示すところは、『古事記』・『日本書紀』編纂の動機は、まずは「天武天皇の詔」であり、これを具体化した稗田の阿禮の「勅語の舊辭」（？）から、適切に選び出せという元明天皇の命にしたがって、太安萬呂が「勅語の旧辞」から子細に採り摭《ひろ》った」ものが『古事記』だ、ということです。

ここからみてまずは天武天皇が「諸家の帝紀」のいくつかを選び、それを稗田の阿禮阿が書きとめ、また、「禁書狩り」を行い、それをもとに安萬呂が『古事記』にまとめたということでしょうか。これが『日本書紀』の一源流ということでしょう。そもそも「勅語の舊辭」とはなにか、大問題でしょう。

①「天武の詔」と「古事記・日本書紀」の日本史造作

さて以上にたって「天武の詔」を吟味しましょう。まずは『古事記・日本書紀』によれば、神武天皇以来天武天皇に至る間、少なくとも千数百年は経過している理屈でしょう。これが事実であればその長い歴史のあいだに、王家として、なぜ正史の一本もないのか、それ自身がまず不審でしょう。しかも『古事記・日本書紀』編纂の動機が、「朕聞きたまへらく、『諸家の賫る帝紀および本辞、既に正実に違ひ、多く虚偽を加ふ』云々などということ自身、まったくおかしなことでしょう。

同時に、それは、きわめて興味深い「詔」ともいえましょう。

まず「帝紀」とは、〝王朝の正史〟です。すなわち王朝の公的な史書です。したがって「諸家の賫す帝紀」という表現は重大極まるものです。それは『帝紀』と呼ばれる「正史」をもつ「諸家」、すなわち「諸王家」という意味、そう理解するのが本来の姿です。これは「万世一系の天皇制」なる日本史の、ヤマト朝廷の始祖自身による否定につながる性格のものです。その意味できわめて重大な「詔」です。

この「諸家の賫す帝紀」とは、先述（一一七頁）の「一書に曰く」群や、『日本旧記』『日本世記』などの、『日本書紀』に書名はあっても、その真の姿も性格も不明の書籍、また通説が「逸文」という『海外国記』等に記される文章類などをもふくむものと思います。そうしてそれの民間での保持が、律令の「亡命罪」、すなわち死罪とされるものです。

その理由は、まさに「天武の詔」がいうとおり、〝これを放置すれば幾年もたたずに、大和朝廷の王家としての歴史的正当性、その根拠が失われる〟という性格の文献だ〟と、「天武の詔」自身が指摘するとおりのものと考えられるのです。より正確には、これを放置すれば、「大和朝廷」の日本史的正当性、すなわち「ヤマト朝廷一元史」が否定される、そういう文献であろうということです。しかもこれは大和朝廷の始祖によって、〝おもわず漏らされた日本古代史の真実〟であって、この「天武の詔」は、『古事記・日本書紀』の真の姿と性格を、あけすけに示したものと考えます。

その意味は簡単で、〝大和朝廷に先行した王家（倭国）や「東国」の勢力（稲荷山古墳出土の鉄剣の黄金銘文が記す「関東の大王」、拙著、『改訂版、「邪馬台国論争史学」の終焉』参照）、ならびに蘇我氏（前掲書参照）などの先行勢力の『帝紀』や諸記録を放置すれば、大和朝廷の王家としての日本史的根拠、その歴史的な正当性が否定される。したがってそれらの『帝紀』等を探し出し、「削偽・定実」、すなわち利用できるところは利用し、あとは〝虚偽として破棄し、新たに「ヤマト朝廷一元史」を綴り後世に残すべきだ〟というものと考えます。

だからこそいよいよ「ヤマト朝廷一元史」を綴るにあたって、「諸家の帝紀」を権力的に探査・収集し、利用した後は破棄した、これが先の『続日本紀』の「禁書」や、「天武の詔」の真の意味と考えます。こうした「ヤマト朝廷」の暗部の承認を否認するのが、戦前・戦後の文部省・大学等の、近世尊皇主義的日本古代史および日本史です。

②津田左右吉氏の〝万世一系論的諸家論〟

津田左右吉氏はその著、『日本古典の研究』（岩波書店、一九五八年、第一刷）で、「天武の詔」を長々と論じています。氏は先述のとおりに、まず「ヤマト朝廷」の「帝紀・旧辞」の記録の最初はいつかを論じて、「六世紀ごろ」と氏の推測をあげておられます。しかし、その客観的根拠は示されていません。

そもそも事実上、八世紀の藤原京以前に首都がなく、通説でさえもが「古墳時代のヤマト朝廷の王宮の確認が、考古学上からはできない」という〝ヤマト朝廷〟が、七世紀末以前に「王朝であった」という根拠は、『古事記・日本書紀』の記載以外に、それを実証するものはなにもありません。したがって『古事記・日本書紀』以前に、ヤマト朝廷の〝正史類があった〟、という歴史的根拠はどこにもありません。

しかし近世尊皇日本史論の戦後的継承者の津田氏は、この「諸家の帝紀・旧辞」の「諸家」を以下のように「ヤマト朝廷の臣下」というのです。それは「さて、帝紀の原本が朝廷で撰定せられたものであることは、その性質上自ずから推測される。皇室の系譜が朝廷でないところで知られるはずも、出来るはずもないからである。のみならず、旧辞(歴史記事)とても、諸家でめいめいに、また自由に、言伝へや見聞を書き記したというようなものでは決してなく、或る時期に於いて、或る権威を有するものの手によって、述作せられたものに違いない(この実証が学問なのですが……)。

勿論、次にいうように、後になってそれが種々に、また幾度も、改変せられ、したがって幾様かの異本ができて来て、それが諸家(臣下)に伝えられていたのであるが、そのもとは一つであったろう」(同書、四六頁。傍線は引用者)。しかし、これはすべて津田氏の推測・解釈であって、この「異本」とされるものは、「一書」群を念頭においたものと思われますが、『日本書紀』はなぜ、「一書」とのみ記して、その書物の表題等を具体的に記さなかったのか、という重要な問題に氏の視線は向いておりません。

氏の『日本古典の研究』では、ヤマト朝廷の「古事記・日本書紀」以前の〝帝紀の存在〟にかんする考察は、「それは当然、存在した」という〝氏の観念的な主張〟のみで、その客観的実証という科学的探究は皆無です。つきつめていえば、「まずはじめにヤマト朝廷ありき」です。その点では『聖書』の、「まずはじめに神ありき」という考え方と、本質的に差異がないのです。したがって氏の「万世一系論」は、事実上、単なる信仰です。この点が鮮明に浮かび上がるのが、氏のつぎの「諸家＝臣下論」です。

津田氏は、そして通説も、〝帝紀を保持した諸家＝諸王家〟を、「ヤマト朝廷の帝紀」を所持する「臣下」というのです。津田氏によれば、「諸家の帝紀・旧辞」とは、イ「諸家に〝ヤマト朝廷の〟帝紀および本辞（旧辞）が伝えられていた。」、ロ「此の諸家の伝へ持ってゐるものは、それに検覈《けんかく》（＝検証）を加えて正説を一定しなければならないほどに、其の内容が区々《まちまち》になってゐ、誤謬・虚偽とすべきことが混入してゐた。」、そうして八世紀の大和朝廷は、「官符の権威を以て定説を作る計画であった……」（同書、一二八頁）とされています。

たしかに、「ヤマト朝廷に先行・併存した諸王家の『帝紀・旧辞』を放置すれば、「ヤマト朝廷・唯一王家という主張」は、たちまち破綻するでしょう。しかし、いったいヤマト朝廷の臣下の家に、「ヤマト朝廷の帝紀」が伝わり、それに「誤謬・虚偽とすべきことが混入」していたとしても、それが「今の時に當たりて、其の失（あやまり）を改めずば、未だ幾年をも経ずして、その旨滅びなんとす。これすなはち邦家の経緯、王化の鴻基なり。」という、根本的な危機的状況をうみだすなどは、ありえないと思います。この点の検証のため、あらためて津田氏の主張をみましょう。

津田氏は、『日本書紀』記載の「一書」群を、「ヤマト朝廷の伝承の異説」と解釈し、その異説誕生の根拠と過程を、「……朝廷または諸家に於いて故意に改作した場合も多かったろう。」（同書、四九頁。傍線、引用者）とされ、改作の張本人を先ずは「ヤマト朝廷」とされています。ならばこれが「ヤマト朝廷の正当王家としての、由来・根拠を根本的に否定する性格のものなどではありえないことは、自明のことでしょう。にもかかわらず氏は、その臣下達が〝さらに自由に改変した〟かの推測にたって、以下のような考察を列挙されています。

「改作は、かういふ事情（ヤマト朝廷が自身で改作）からのみではなく、家々（臣下）に於いて家柄を尊くしようとか、祖先を立派にしようとかいふ動機から出た場合も、少なくなかったろう。……或は領地等の物質的利益から、或は一種の名誉心から、種々の造作が家々の系図に加へられたのであろう。特に身分の卑しい、系図のわからぬものが、身を立て地位を得たような場合に、かういふことが行なわれたであろうことは、後世の状態からも類推せられる。

系図が重んぜられる世に於いては、系図を製作し、紙上の祖先を設けることは、昔も後世と変わらなかったに違いないからである。さうしてこれは、諸家の祖先が神代の諸神及び歴代の皇族とせられている以上、諸家の家系の造作は、おのづから皇室の系図もしくはその事跡または神代の物語に於いて、種々の混乱を生じることになるのである。」（同書、五一頁。引用文の傍線、カッコ内は引用者。なお引用文の旧仮名づかいはそのまま）とされ、しかもこの種の考察は、同書において延々とつづくのです。

しかし、ここにみられる「邦家の経緯、王化の鴻基」論は、正しい家系、つきつめていえば「血の純粋性・一貫性および身分の序列論」に、「王家の証」を求める考え方で、これ自身古代的封建的な考え方です。しかし「ヤマト朝廷の場合」、厳しく問われるのは、〝いつどのように王家になったのか〟、なのです。

『古事記・日本書紀』では、「神代の昔から」ということになっており、かの「教育勅語」は、ここを錦の御旗として国民に臨んでいるわけです。津田氏のいわゆる「古事記・日本書紀批判」史学の問題点は、一方で『古事記・日本書紀神話』造作論を掲げ、他方では「万世一系の天皇制」を恭しく掲げるところです。その根本的問題点、すなわち「万世一系の天皇制」を「血の一貫性、血の純粋性・身分の正当な序列論」で論じる論法の問題点は、いったい、ヤマト朝廷は、いつ、どのようにして日本の王家になったのか、この点を明確にせず〝日本におっける国家の形成史〟を曖昧にして、「王家としての血の純粋性・一貫性・序列論」のみから、「諸家の齎す帝紀・旧辞」を長々と論じても、正論には至らないといえます。

ここには肝心の日本における国家の形成史の中心部に、ヤマト朝廷はどこで生まれ、どのように王家となったのか、戦前・戦後の大学等の「日本古代史」では、事実上これは不明で、『古事記・日本書紀』への解釈論が、「学問的体裁」で羅列されているだけなのです。ところが「天武の詔」の「諸家の帝紀・旧辞」の存在の指摘、およびそれの「天武の詔」によるその〝抹殺論〟は、まさに日本古代史の急所に鮮烈な光を当てていると考えます。

こうして津田氏の先の回答は、回答になっていないことが判明するのです。そもそも「家系の改作・造作」などは家系が重んじられる身分社会では、津田氏自身がいわれるように「昔も後世と変わらない」、「後世の状態からも類推せられる」ものであって、これで「邦家の経緯、王化の鴻基」、すなわち「王家としての正当性とその歴史的根拠」が、脅かされ乱されるのであれば、正史の編纂は何度でも行われなければならないはずです。

津田氏は戦後、「皇国史観」批判の雄とみなされていますが、氏の日本史観は純粋の皇国史観、すなわち「万世一系の天皇制」史観であることは、敗戦の翌年の雑誌『世界』（一九四六年四月号）掲載の、「建国の事情と萬世一系の思想」で明らかです。

③「倭国」の領域と首都の位置

「倭国」は日本本土全域を領有した勢力ではなく、今日の愛知県西部ぐらいまでが、その東限と思われます。その根拠は、まずは『旧唐書』日本国伝に、ヤマト朝廷の領域にかんして、八世紀の時点で「西界南界は咸な大海に至り、東界北界は大山ありて限りをなし、山外は即ち毛人の国なり。」とあるからです。すなわち当時のヤマト朝廷自身が、日本本土全域の支配勢力ではなく、右のような領域説明を中国・唐にしているわけです。

その時代、関東には稲荷山古墳出土の〝鉄剣の黄金銘文〟にある「大王」（拙著、『改訂版・「邪馬台国論争」史学の終焉』参照）が存在し、その東には「蝦夷」と『日本書紀』等がいう、部族的勢力が存在していたということです。

八世紀のヤマト朝廷は倭国が白村江の大敗で滅亡した時点で、その領域を「棚ボタ」式に頂戴しただけですから、そこから考えて「倭国」は、その存在の全期間を通じて日本本土全体の領有には、関心をもたない勢力と思われるのです。彼らの全政治的関心は「倭の五王」の対中国外交にみるように、朝鮮半島南部への野心であって、これが遂に倭国自身の滅亡の根元をなしたということと思います。したがって太宰府は首都として、「あまりに西の辺境にかたよっている」のではなく、「倭国」の政治的領域の中央にあたるのです。これを戦前・戦後の通説は、『古事記・日本書紀』に追従し近畿中心主義が日本史の姿と、真の日本史をゆがめ偽ってきたのです。これが本書の立場です。

④蘇我氏の真実

なお先に蘇我氏にかんしてふれましたので、ここでほんの概略を述べます。蘇我氏は、「石川年足朝臣の墓誌」（国宝）が発見され、その出自が武内宿禰の子、石川宿禰とされていたことが明らかになりました。」（西川寿勝氏、相原嘉之氏、西光慎治氏著、『蘇我氏三代と二つの飛鳥』、六九頁、新泉社、二〇〇九年、第一刷）。これは『古事記』孝元記の詳細な、武内宿禰～蘇我一族の系譜の正当性を物語るものです。この武内宿禰は北九州（筑紫）の出身者であることは、『八幡宇佐宮御託宣集』（重松明久氏、校註・訓訳、現代思潮社、一九八六年）や、正木善三郎氏著、『古代・中世宗像の歴史と伝承』（岩田書院、二〇〇四年、第一刷）等に詳しく記されています。通説は蘇我氏を「渡来集団」とのかかわりで云々していますが、これはすり替えで「倭国」からの東進の巨大勢力の一つというのが、その真の姿です。

蘇我氏の業績で注目すべきは、「仏教を近畿地方に普及した」（実際は「倭国」仏教を近畿に持ち込んだ＝草野）他に、井上光貞氏は「（蘇我氏建立の）飛鳥寺（法興寺）は、日本における『京』の出現にも、……基準的な意味をもつ……」（『日本の歴史3』「飛鳥の朝廷」二〇二頁、小学館、一九八七年、第八刷。引用部のカッコ内は引用者）と、〝近畿地方における最初の都城、藤原京形成の基礎を築いたとされています。

こうした「仏教」という国際的な思想・文化の国家的輸入や、都城・首都形成の基盤の確立などという問題は、本来、王朝がなすべきことです。これが『古事記・日本書紀』が簒奪の野心家という蘇我氏の業績であることの意味は、本来、重大なもので蘇我氏を単に、「野心家の臣下」という通説の理解は、『古事記・日本書紀』への盲信の見地と思います。

私は、七世紀に、隋に使者を派遣したのも実は蘇我氏であって、蘇我氏は唐・新羅と軍事対決の道を突き進む、「倭国」王朝の路線に危機感をもち、近畿地方の「倭国」からの独立を策し、中国（隋）に通じたと思われ、これを知った「倭国」によって討たれたと考えるものです。この他に近畿地方の巨大古墳等から出土する、例の三角縁神獣鏡と近畿地方をつなぐ要素の可能性も濃厚と思います。この点でも『古事記・日本書紀』の記載はまったく信頼できません。

ホ　戦後、アメリカ政府の天皇制利用政策と「日本古代史」論

「そんな説は素人の妄言だ」という罵声が聞こえてきそうです。しかしそういう人々にとって困ったことに、戦後日本の象徴天皇制策定にかかわった主要な人物、戦前のアメリカの駐日大使・ジョセフ・クラーク・グルーは、一方では戦時中アメリカ国内で支配的であった、昭和天皇の戦争責任追及と、天皇制廃止論に断固反対しつつも、同時に通説の「日本古代史」にかんしては、「軍国主義者をひとたび追放してしまえば、国家神道（「万世一系の天皇制論」）の害悪も大部分消え失せるであろう。君もよく知っているように、それ（国家神道）は、すべて純粋に人工的につくりだされたものなのだ。」（中村正則氏著、『象徴天皇制への道』一五七頁、岩波新書、一九八九年、第一刷。傍線は引用者）と、その私信で述べているのです。

「国家神道」とは、明治憲法第一条に規定された「万世一系の天皇制は日本の歴史と文化」と称する日本史論・日本文化論です。これは後述するように日本民族の本来の宗教的観念である民族的神道とは、本質的に異なるものです。

その決定的違いは、真の神道は「倭国」を形成した「倭人」、すなわち今日の日本人の直接の源流が創設した、自然観や宗教的観念であって、その意味で後述するように真に民族的・歴史的な自然観、社会観等であって、きわめて重要な真の民族文化であり、文化遺産として尊重され研究されるべきものです。例えば出雲大社、〝天照大神信仰〟、志賀海神神社、沖ノ島と宗像神社、住吉神社、稲荷神、春日大社、鹿島神宮、大分県の宇佐八幡神社等々です。その意味で「日本神話造作論」などは、〝日本民族の偉大な文化とその遺産を頭から否定した、根本的に誤ったものだ〟と考えます。

しかし『古事記・日本書紀』および近世「尊皇思想とその神道」は、この民族的・国民的神道を歪めて、これで「万世一系の天皇制」を飾りたてたものです。これが「国家神道」です。なお日本神話の真の姿と意味にかんしては、水田稲作の日本における開始問題や、「三角縁神獣鏡と天照大神」の項で述べます。国家神道をのぞいて真の日本の神社は、日本民族の大切な文化遺産として、国家的社会的に保護され、その文化は正しく研究されるべきものです。そこには日本民族が、原始時代から継承した、日本の文化（そのなかには民主主義に通じる面もある）の広大な大地が横たわるのです。

国家神道は、これを変形・偽造・改竄して、ありもしない「万世一系の天皇制」を飾りたてたものに過ぎません。したがってグルーがいうように「万世一系の天皇制」と、その合理化論としての日本史は、すべて「純粋に人工的につくられたもの」、すなわち「天武の詔」によって、「諸家の帝紀・旧辞」に改竄等の手を加えてつくりだされたものです。

これをグルーが終戦前に主張した「天皇制・護持・存続論」と対比しますと、その主張が露骨なアメリカの国益論にたった、しかも日本人に欧米的民主主義は、そもそも無理という、おおよそわが国政府やマスコミ、またいわゆる文化人等の一部が述べてきた、〝文明開化論的民主主義論や戦後の西側の一員論〟とはまったく共通性のないものです。

「かれらは昔から統制になれ、日本人が天皇を崇拝するのは、天皇制は日本社会の安定要素です。ここで比喩を用いるならば、天皇は大勢の働き蜂が仕え、敬愛する女王蜂のような存在です。もしも蜂の群れから女王蜂を取り除くならば、その巣は崩壊するでしょう。」（『象徴天皇制への道』、一二二頁）とか、「日本の占領・支配を安定したものにするには、日本側の文民の協力を取りつけることが必要であろう。そのような協力を得るに際しては、天皇の権威を利用した方が、百倍・千倍もの効果が保障されよう。」

（前掲書一一五頁）、さらには、「日本に民主主義を接ぎ木しようとしても、混乱に終わるだけでしょう。天皇制が日本人の生活の礎石であり、最後の頼みである限り、……健全な政治構造を打ち樹てる時の土台として利用できるものです。」（同書、四六頁）などと述べています。

また「天皇制廃止」など、「天皇制と民主主義とはもともと相容れない」と考えるアメリカ人の常識に挑戦するときに、『既成の欧米的改革（共和主義的・民主主義体制をさす）を日本に押しつけるのではなく……』」（同書、三五頁）」などと、その欧米民主主義思想と体制と、〝天皇制絶対主義的「万世一系論思考」〟の異質性が鋭く対比され、「万世一系論」の前では、「日本人は羊のようにおとなしく、新しい環境、指令のもとでどのようにでも誘導され、つくり変えることのできる国民である。」（前掲書四一頁）とも評してもいます。こうしたグルーの指摘を知れば、マッカサーが「天皇は、百万の軍隊に匹敵する。」という趣旨の、当時の米参謀総長アイゼンハワー宛の「極秘電報」の文面の意味も理解できるでしょう。

これが明治以降の「文明開化」をさけび、戦後は「民主主義」を強調してきた日本と日本人の、「万世一系の天皇制」への拝跪を眺める欧米人の真の眼差しと思います。つまりは「本来、偽造の歴史としか考えられない、〝万世一系の天皇制〟なる「一元史観」に拝跪する日本人、とりわけその国民を「羊」に例えているわけです。

重視すべきはグルーの天皇制論と、明治以降の政府等の「万世一系論」の共通点は、形は違っても「天皇制は民主主義とは両立しない」という点で、両者、一致している点です。ここに明治以降の近代日本の進歩的意識が、民主主義を主張してきた背景があるのですが、しかし、すでに述べたようにこの近代日本の民主主義論には、「万世一系の天皇制」論、すなわち尊皇日本史論こそが近代天皇制の心臓部、という認識はまったくないということです。

こうして近代日本人の圧倒的多数が、それに疑問をもたない「万世一系の天皇制」なるものは、しかし世界の王朝・国家・社会の発展史と比較すれば、日本の姿は他に例がない極端に異端的で特殊なもの、戦前までこの「万世一系の天皇制」なる日本史を、政府と学者および学校教育で一致して「万邦無比の国体」、すなわち世界に例のない〝日本だけの王朝・国家の姿〟と称していたほどに、それは極端に例外的なものです。

しかも、戦後アメリカの対日政策の要の「天皇制の護持・存続」策は、戦前の軍国主義、戦争政策にかかわったもののうち、最大の責任者である昭和天皇を無罪放免にした結果、戦争責任はほんの一握りの軍幹部等のみに負わされ、「特高警察も、軍部を助けて戦争経済を推進した経済官僚も、天皇と一体になって戦争への大号令をかけた宮内庁の官僚も、戦争とファッシズムに責任を負うべき多くの人々が、戦後も何の罪にもとわれることなく、大手を振って歩いている。

それだけでなく、彼らは企業・官庁・警察・自衛隊等に居残り入りこみ、後継者を育てながら国民を監視し、勤労者の運動を敵視して抑え込む活動を、戦後も精力的に進めている……」（大木一訓氏著、「『内部留保』の膨張と、二一世紀日本資本主義」、雑誌『経済』、№二〇四、二〇一二年、二三頁、「注一二」、新日本出版社）のです。

ここに侵略戦争を引き起こし、日本国民とアジアならびに世界の人々に、言い知れぬ犠牲を強要した日本の天皇主義的軍国主義勢力と、その反国民的・反民主主義的な「万世一系論」という天皇制独特のイデオロギーが、基本的に無傷で温存されたばかりではなく、彼らに対米従属下での復権を着々とすすめる自由が保障されてきた、戦後の日本の政治の実体が示されているわけです。本来、天皇制は日本民族の歴史と文化という、「ヤマト朝廷一元史観とその日本社会論・文化論」の真偽こそは、日本の民主主義を考えるうえで基本問題でありながら、それが戦前同様に、まったく正当に認識・評価されなかったところに、今日の日本の姿を必然とした思想的・文化的な問題点があると考えるものです。

これは戦後のドイツ国民が、ナチスとその一統を最後の一人まで徹底的に追及し処罰した姿とは正反対です。日本の戦犯勢力は、天皇制を戦後も保持し、これによって自分たちを赦したばかりか、戦後、その復権の策動をもゆるしたアメリカ政府に、心からの親愛の情を抱き「安保条約は日本外交の基軸」などと、戦前の「満蒙は日本の生命線」をいいかえたのは、りっぱな理由と根拠があるわけです。しかしこれは、日本国民の真の利益を守ることではないことは、戦前の「万世一系の天皇制」憲法とその政府が、国民を守らなかったようなものです。

以下の章で、この尊皇日本史論とその日本社会論の歴史的・社会的背景、およびその思想・理念の性格を検討します。

第五章

「国体」観念を形成したもの

〝「万世一系の天皇制」は日本民族の歴史と文化〟なる考え方を形成したものは、もちろん『古事記・日本書紀』が根柢ですが、これを神聖化し近代日本の「日本史観・日本思想・文化の特質」という思想を形成したものは、江戸時代に起った〝新潮流〟です。その点をたとえば先の『国體（体）の本義』は、以下のように指摘しています。

「徳川幕府は朱子学を採用し、この学統より大日本史の編纂を中心として水戸史学が誕生し、又それが神道思想、愛国の赤心と結んでは、山崎闇斎の所謂崎門学派を生じたのである。……中略……儒学に於ける大義名分論と竝んで重視すべきものは、国学の成立とその発展とである。国学は文献による古史古学（『万葉集』、『古事記・日本書紀』、『源氏物語』など）の研究に出発し、復古主義にたって古道・唯神の大道（天皇の神格化）を力説して、国民精神の作興に寄与するところ大であった。

本居宣長（一七三〇～一八〇一）の古事記伝の如きは、その第一におくべきものである。……徳川末期に於いては、神道家、儒学者、国学の学統は志士の間に交錯し、尊皇思想は攘夷の説と結んで勤皇の志士を奮起せしめ、実に国学は、我が国體を明徴（明らかに）し、これを宣揚することに努め、明治維新の原動力になったのである。」（同書、七七頁。傍線は引用者）。

すなわちこの「水戸史学」や、とくに「国学」の日本史論・日本文化論は、〝古史・古学による復古主義〟、つまりは『古事記・日本書紀』の日本史を、日本社会の絶対的特質と称する考え方を新たに形成したものです。この思想と主張は、徳川武家政権とその支配体制を否定するに、好都合な理論となったのです。すなわち日本の正当な政治体制は天皇親政、天皇中心であって、これを疎外する武家政権は本来の日本の政体に反するもの、という考え方・主張、すなわち幕末の「王政復古論」です。しかもとりわけ国学は、「古史・古学」への熱狂的かつ幻想的理解が特徴であって、日本古代史の真実を歪曲し、古代天皇制を美化・絶対化・神聖化する点に特徴があるのです。

「天皇制は日本の伝統」という日本史観は、たしかに一見、根深いものであるかに見えます。あの自由民権運動、またはマルクス主義にたつという日本古代史学者諸氏によってさえも、「ヤマト朝廷一元史と史観」に疑念がもたれた形跡はないようです。これはおそらく「万世一系の天皇制」の観念が、一見、民族的国民的なものにみえる結果でしょう。しかし実態は引用したように、戦前の文部省自身が、「水戸史学」とともに国学こそは、これを形成するうえで大きな力であったと認めている、そういう性格のものです。

この点、戦前の著名なマルクス主義の理論家で政治家の野呂栄太郎氏（一九三四年、獄死）の、『日本資本主義発達史』（岩波文庫、一九五四年）にも次のように書かれています。「尊王論を以て、或は国学研究の勃興に帰し、或は徳川氏が自己の覇業を――自らは王道と信じて――維持せんが為に奨励せる漢学就中朱子の註による尊王賤覇の説に帰し、或は又朱子学にたいする陽明学の輸入に帰する等、論拠とする所必ずしも一つではないが、尊王論の勃興を以て学問の研究に帰する点に於いて一致して居り、而も何れも一応の論拠を有することは、これを認めうる。」（五七頁、傍線は引用者）。

イ　国学勃興・発展の背景と意味　さて国学、そもそもは『万葉集』等の和歌学を出発点にしたこの学派の日本史論が、なぜ〝国民的な広がり〟を見せるに至るのかという点にこそ、近世国学がはたした役割があるのです。それは古代ヤマト朝廷下の文学をはじめて系統的に重視し、とりあげたという面はあります。しかし一八世紀末から一九世紀にかけて、幕藩体制の矛盾として農民・ならびに都市貧困層による一揆が、全国を覆ったことは日本近世史に指摘されているところです。

これは農民が申し合わせて在所の国をすて、他国に逃げる「逃散」とともに、幕藩体制をゆるがしたものといわれています。この一揆の直接的な打撃目標にあげられたものが、実に当時の「和歌」愛好の担い手であった農村の地主、ならびに江戸、大阪をはじめ都市の豪商等であったということが指摘されています。これがここの考察の出発点です。

元禄時代、商品生産の発展は大阪や江戸など、都市の商業の発展をもたらし、それにたずさわる町人の台頭を意味します。この商業・商品生産とその流通は、単に商人の問題ではなく各大名・藩の財政政策にも大きな影響を及ぼし、〝国産奨励策〟を生み出し、たとえば蚕糸の藩での奨励策等々など知られています。これにかかわる藩の役人、商品の販売・仲介・運送等にたずさわる町人、さらには村ではこの社会の動きに連動して豪農が台頭します。こうした当時の日本社会の特徴を、青木美智男氏著の「近代の予兆」（『大系・日本の歴史』⑪、小学館、二〇〇〇年、第二版）によって、見ていきます。

「白壁のそしられつつもかすみけり。（一茶の句）
……貧しい百姓家のなかにきわだつ、白壁に囲まれた村役人や豪農の家屋に違和感をもった。それこそ一九世紀前後から、はっきりとあらわれだした貧富の差を象徴的にあらわす景観であった。そしてこの白壁によって隔絶された屋敷に住む人びとと、粗末なあばら家に住む人びとのあいだには、『田畑を持余したるものあれば、耕作すべき地所もなきもの出来、また年貢わずかばかり納めて有余米沢山成るものあれば、年貢米出来ず、領主・地頭の咎めに逢ふもの出来、また米五十俵百俵ないし二百俵とも、売リ払ふものあれば、節句に米の飯を給《た》べ兼ね、正月餅も舂《つき》兼ねるものも出来、あるいは子を寵愛に余るものあれば、子を売る親も出来、あるいは前にいふ如く、家蔵結構、座敷をも襖唐紙を立て、畳を敷き、絹布を著《き》たるものあれば、屋根漏り、壁破れ、竹の簀子《すのこ》落ち、古き莚《むしろ》切れ、身に覆《おお》ふ衣敝《やぶ》れて、肌寒に耐え兼ねるもの出来るなり。』……といわれるような生活上のはげしい格差が生じたのであった。」
（同書、一七八頁）。

こうした当時の日本社会で、天候不順の結果としての農作物の不作にあえば、いったいなにがおきるか、よういに推測できることと思います。しかも、一八世紀後半から一九世紀の初頭にかけて、世界的な小氷期のピークにあたり、これの深刻な影響下に日本はおかれたという指摘があります。こうした気候下で農業は度々不作となり、ついには「天保四年（一八三三）の大飢饉」が発生し、「『八戸、津軽、秋田、仙台すべて大飢饉、おいおい飢え人出づること際限なし』と直胤（横川直胤著、『飢饉考』）が書き加えているように、東北全域から北関東にかけて、冷害による類似の現象が起った。」（『近代の予兆』、三二二頁。傍線は引用者）というばかりではなく、やがて全国的に「世直し」と称される、農民や都市の日雇い等の人々を中心とした一揆が発展しています。こうした状況を背景に一八三七年には大阪で、

「遊楽にふける『遊民』（特権的商人）を優遇する役人らの誅跋をかかげた、『大塩平八郎の乱』が勃発」（『近代の予兆』、三五八頁）しています。

さてこうした状況の日本で、当時、「和歌愛好」の主たる担い手は、実にこの農村の豪農層と大阪・江戸をはじめとした都市の、「奸商」層を形成した豪商層等であったということです。まず本居宣長の「門人」は全国的に四九一名（うち武士一四パーセント）、宣長の後をついで明治以降の「国体論」に大きな影響を与えた平田篤胤の門人が、五三五名（うち武士は三一パーセント）で、大半は町人・農民（地主層）及び注意すべきは神官層であったといわれています（日本思想史大系・『国学運動の思想』、六三四頁、「解説―『幕末国学の思想史的意義』」、松本三之介氏著、岩波書店、一九七一年、第一刷）。

ところがこれらの人々は、神官をのぞいて一揆にあたって、「打ち壊し」の対象にされる層や人物であって、現に「天保七・八年の凶作を機会に、多くの地方国学者たちが一揆・うちこわしの対象になった……」（前掲書、六六八頁。「解説」「幕末変革期における国学者の運動と理論」、芳賀登氏著）と指摘されています。

注目すべきは、これへの地方の国学者等の対応です。一部には大塩平八郎の影響をうけて、打ち壊しに参加するものもあり、その場合にも、「米買占めによる一般貧農の窮乏への同情と、それへの仁政の要求はしても、易姓革命は否定し、孟軻（孟子）の革命思想（天命論、後述）はまったく認めていない。」（傍線、カッコ内は引用者）といわれるような、特質があったことが指摘されています。この『国学運動の思想』の「解説」でも、国学が国民の要求運動等、すなわち〝下からの運動〟には、非常に否定的であったことが、次のように指摘されています。

「本居宣長は、『易姓革命』（天命論）を認めていませんが、平田篤胤は宣長よりも強烈に中国古聖人崇拝の蘐園学派（儒学者の荻生徂徠をいう）の革命思想を批判したとあります。篤胤は「『呵妄書』以来、『易姓革命』思想（尊皇論では、古代中国の王権交代をいい、それを理屈づけたものとされる。また「天命論」ともいう）に反対し、『西籍概論』で詳細に論評し、内外の弁をあきらかにし、日本古来の道を説いて日本における思想の自主自立（万世一系の天皇制）を求めた」（同書、六六七頁）と指摘されています（引用文のカッコ内は引用者）。

この他には「入野村の庄屋の武村広蔭は、小前（小農）・貧農から藩政の代弁者とみなされ、一揆の対象とされた結果、庄屋を退いて隠居をし、『農家心の鞭』や『変化抄』を書いて、『古』の心の純朴な時代への復帰を主張している。ここでは全く神代の事実（?）――「古」が共同幻想の対象となり美化されている。」とあり、「この時期の国学者はすべてすでに一揆の敵対者で、『古』（古事記・日本書紀が記す古代天皇制社会への幻想的解釈）を守るものである。」（前掲書、六六九頁。引用文中のカッコ内は引用者）とあります。

この「古」、すなわち「万世一系の天皇を戴く日本古代の姿」への幻想的美化の傾向は、その後、国学的思想の底流となり日本の「太古」すなわち、古代ヤマト朝廷の観念的空想的な美化・礼賛の度をつよめ、同時に儒教の「天命論」、悪政の打破・政治の革新は国民の正当な姿である、という思想への反発とともに、逆に尊皇思想形成志向を強めていくのです。この傾向は時代とともに、「いかほど避けがたい人乞需むとも、公の訴訟、徒党集る誓書などは、禁みてかくまじきわざなり。」（同書、六六九頁）――どんなに事情がある人の要望でも、公への訴訟、集団的な決起の連判書などは、拒否すべきものだ――などと、一揆の敵視に傾く傾向は強くなると指摘されています。こうして国学的思考は、「一揆に敵対しつつ古《いにしえ》を美化・正当化」して、一揆勢＝国民の正当な要求に敵対的に対応しようという傾向をつよめたと指摘されています。

その一例は、「越後新津の桂誉正・誉重を生んだ桂家は、寛政二年（一七九〇）の万願寺庄屋リコール運動や、文政一一年（一八二八）の一揆の禁圧につとめた大庄屋であった。そのためか誉重は体験にもとづいて、「当世ノ人機タルヤ、下トシテ上ノ政事ヲ批判シ、有司ノ可否ヲ論ジ、下司ハ上司ヨリ強ク、臣トシテ用ラレザル時ハ心中ニ君ヲ怨ミ……」（世継草摘分）と述べ、こうした人気（世相・気風、引用者）を改める方法として、さしあたり幕藩体制成立の当初の「慶元ノ質朴ニ復サン」と述べ、近き「古」に帰ることを求めている。そのために「先以朝廷ニ於テ人民ノ神習ノ事ヲ深ク厚ク大御心ニ掛サセ玉ヘバ、此大御心ヲ心トシテ、諸有司ヨリ国守、郡司、保長、村主ヘ伝ヘ伝ヘテ、大御宝（農民・国民）ニ教戒シ、……神習ハセシモノト見ユ」（同上）ともいっている。これをみても一揆を認めない牢固たる村指導者的立場は、朝廷中心の大政委任論そのものである。」（前景書、六六九頁）とあります。

また「大皇国（日本）は、天上无（無）窮の神勅を道の大本とし、下が下まで、その古徹によりて、上を尊崇し奉りて、朝廷の御制度に従ひ奉るを、今日に道とするが故に」として、「一揆を起こすことは、恐る可きかぎりならずや。」（前掲書、六七四頁。傍線は引用者）としています。

さらには、「銚子方面の大地主である平山忠兵衛は、自村に一一町歩余の土地をもち、なお質地、流地や潰れ百姓の土地をあつめ、村方の年貢未進に際しては資金を融通し、近隣万力村その他の土地を集積した。そのため小作人が自村の七〇パーセントに達している。しかもさらには商業活動として酒米を中心に繰糸にまで手を広げている」人物ですが、「彼は宮負貞雄に『国益本論』を書かせたが、貞雄は、「小前の年貢納入立会権要求以来の闘争の強化をみて、『つらつら近き世の人の所業を覗ひ見るに、上として下を掠るは稀なれども、下として上を偽り、公の御掟に差ひ、他の脚本をねらひて、財を奪はむ事を旨とする者が多くなっている』といって、……中略……村内で愚昧の百姓を導く者は村長の務めとし、

『かかる撫育教導の任を負う村長の任務は重大であるとして、それを正当づける根拠を、天皇――征夷大将軍――領主――地頭――村長への御よさし（大政委任）に求めている。』」（前掲書、六七六頁）とあります。

ここには封建的経済関係のなかで貧窮する農民や、天候不順等で不作の時でも、藩の財政第一に米を買占め、隠匿する江戸、大阪などの奸商と結託して、庶民の暮らしと命を無視・軽視するものの立場にある者たちを、正当化しようという考え方が明白でしょう。

すなわちこの近世尊皇思想とは、江戸時代の豪農・地主と都市の豪商などの階級的立場を正当化し、弁護する思想と理論であって、しかも江戸幕府の支配下にありながらも、自分たちの社会的地位や社会関係の弁護論として、「それはヤマト朝廷の大昔から、日本社会のあり方にそったもの」という理屈、自分たちの社会的立場と行為の正当化を、「古代以来の日本の社会的伝統、その社会のあり方にのっとったもの」というのです。ここに近世尊皇思想の特質があるのでしょう。

ロ　国学の認識論の特質　ではこの国学の日本社会論はどんな考えた方・どんな理論にたったものかです。まずはこの「国学」の〝ものの見方・考え方〟の性格が、どんなものかという点です。国学を代表する本居宣長の主張をみますと、「すべての物の理は、次第に本《もと》をおしきわめるときは、いかなるゆゑ（故）、いかなる理と知るべきにあらねば、陰陽大極（中国の陰陽五行思想）も不生不滅（仏教の教義）の弁も、畢竟《ひっきょう》（＝結局）は無益の弁にして、其のことわり（道理）あることとなし。ただ天地世間は、人の智にていかなる故にしかるともはかり知るべきに非ず。ただ古の伝（古事記・日本書紀）にしたがうべきこと也。」（『講後談』、引用文のカッコ内は引用者）というのです。

ここでいう「ただ古の伝（古事記・日本書紀）に従うべきものなり」といっても、これの記載を検証し、その真偽を事実にたって問うという考え方は、以下のように否定の対象にされるのです。「そもそも天地のことわりはしも、すべて神の御所為《おんしわざ》にして、いともいとも妙《たえ》に奇《くす》しき、霊《あや》しき物にしあれば、さらに人の限りある智《さとり》もては、測りがたきわざなるを、いかでか（どうして）よくわきまえつくして知ることあらむ。」（『古事記伝』（乾）、五五頁、「古記典等総論」、吉川弘文館、昭和一〇年）。すなわち今日の言葉でいえば、『古事記』（日本書紀の記すに日本史）を盲信せよ、ということです。

この本居宣長の「ものの見方・考え方」は、古代ギリシャ・ローマの多神教および民主的・科学的思想と文化を、「悪魔の思想」としてこれを破壊し、それに反対する人々を殺した中世キリスト教の坊主とその哲学（エドワード・ギボン著、中野好夫・朱牟田夏夫氏訳、『ローマ帝国衰亡史・4』、筑摩書房、一九九六年）、を彷彿とさせるものと考えます。つまりは骨の髄からの「反民主主義・反実証主義」、哲学者の言葉を借りれば「主観主義的観念論」の哲学・思想であって、それは「ヒットラーや日本軍国主義の思想・哲学」です。その意味するところは次の点にあります。

八　**「天命論」、敵視の意味**　宣長のここの文は、また同時に、古代中国文明と歴史へのむき出しの敵意と対抗心からです。宣長は「万世一系の天皇制」なる日本史を、次のように正当化するのです。

○「異国（中国・朝鮮諸国）は、天照大御神の御国に在らざるが故に、定まれる主（万世一系の皇統）なくして、狭蠅《さばえ》（＝群がるハエ）なす神（中国等の易姓革命への蔑視の表現）ところを得て、あらぶるによりて、人心悪しく、ならわしみだりがわしくして、国をしとりつれば、賤しき奴（やっこ、その出身階層の低いものをいう）も、たちまち君ともなれば、上とある人は、下なる人に奪はれじとかまへ、下なるは、上のひま（隙）をうかがいて、うばはむとはかりて、かたみに仇みつつ、古より国治まりがたきくににはありける。」（『古事記伝』（乾）、五三頁）。

○「漢国《からくに》（＝中国）の天命論の説は、かしこき人もみな惑ひて、未だひがごと（僻事＝正しくないこと）なるをさとれる人なければ、今これを論《あげつら》ひさとさむ。抑《よく》天命といふことは、彼ノ国（中国）にて古に、君を滅ぼし国を奪ひし聖人の、己が罪をのがれむために、かまえ出でたる託言（口実・言い訳）なり。」（前掲書、五七頁）。

これを読みますと、この人物のいうところにしたがえば、フランスもアメリカも「賤しい奴が盗んだ国家・社会」、ということになります。この主張の本質、その根底にあるものは政治・権力の評価の根底に、「国民の要求とその権利をおくことはだんじて認めず、社会の変革における下からの、勤労国民の運動は断じて認めない。」という、国民的要望への徹底的な否定の精神です。これこそが国学・近代尊皇思想の正体、その核心です。次にそれを見ましょう。

①国学の国民論

現に宣長の、国民の〝あるべき姿〟論は、次のようなものです。

「すべて下なるもの（国民）は、よくても悪しくても、その時々のお上（政府、支配者）の掟のママに、従い行うぞ、すなわち古の道（万世一系の天皇制社会）の意には有ける。」（うひまぶみ）。

または「今のおこなひ（政治）道にかなはざらむに（人の道にそむくものでも）、下なる者の、改め行はむは、わたくし事にして、なかなか道のこころ（「万世一系の天皇制」なる社会のあり方、つまり日本社会のあり方）にあらず。下なるものは、ただよくもあしくも、上（お上、政府、支配者、上の地位の者）のおもむけに、したがいおる者にこそあれ。」（『玉勝間』）。ここに「天命論反対」、すなわち人間を「上なる者」と「下なる者」に区分し、「下なる」・国民の願い、要望、それを社会的に実現しようという当然の、自主的変革の意志と行動を、ことごとく「道＝〝万世一系の天皇制〟なる、日本社会の古来からのあり方に反するもの」と称して、否定する思想と立場を正義とする考え方です。

これは国民に「天皇」を掲げてみせる者、すなわち「上なるもの」、明治以降は支配者・政府の意向を絶対的と称するもので、この「上なる者」を、一揆に苦しめられた大地主や都市の富豪・奸商とすれば、この主張の気分・意味はたやすく理解できるでしょう。しかも重要な点は、明治維新はこれらの大地主・富農、豪商・富豪が、幕府を倒したがわにつらなり、支配者・支配階級にのし上がったのであって、ここに目を注げば、「万世一系の天皇制」とか、「天皇は神聖にして侵すべからず」という、憲法規定の社会的意味も明瞭に理解できるでしょう。「お上である我々は、〝下なる〟お前らにたいして、〝絶対的な命令者なのだ〟」と……。最近「日本のこころ」なる政党が改憲を主張していました。

日本における資本主義社会・近代社会をひらいた者たちの姿・その思想と、欧米の資本主義を開いた人々との違いは明白です。欧米では国々によって差異はありますが、フランスやアメリカでは「下なるもの」もの達が、圧政反対、〝下なるもの〟の「自由と民主主義の旗」を掲げて、アメリカ国民は当時のイギリス、すなわち「大英帝国」に、フランスでは「ブルジョアジー」が自国の王朝と、それを支えた封建的貴族階級の支配にたいして闘い、資本主義的民主主義の道を開いたわけです。これに対して日本の資本主義社会はこの「下なるもの」に、「上なるもの」への絶対的服従を強要する見地、すなわち国学の言葉でいえば「日本の道の心」、つまりは「万世一系の天皇制」なる日本史論、日本社会論を掲げて、これを日本社会の歴史と文化と称して、正当化、絶対化するわけです。

欧米と日本の資本主義は、資本主義としての共通性はありますが、にもかかわらずその成立の過程とその特質は、「白と黒」ほどに違っているのだということです。

それぞれの国の資本主義・近代化は、当然とはいえ、その国の歴史を背景にその特質を帯びて生まれてきたものです。ヨーロッパでは、イタリア・ルネッサンスに至る、北欧等の商業の発展と商人の成長、こうした趨勢をうけて町人たちの「自由都市」が誕生し、共和制的政治的形態をとるとともに、古代ギリシャ・ローマの民主主義思想や文化が復権され、やがてこうした風潮がスペインに対する、前後約八〇年間にわたる血で血を洗う民族独立戦争を勝ち抜いたオランダで、史上はじめて町人的な共和制的地域的国家を誕生させ、また封建的絶対主義体制のもとで資本主義的生産体制を確立しつつあった、イギリスやフランスではじめて近代ブルジョワジーを先頭に、絶対主義的・封建的な王権体制にたちむかい、とくにフランスにおいて「革命的」にこれを一掃し、ブルジャワ的「自由と民主主義」体制を確立したと云われています。

これにたいして日本では、先述のように中国、朝鮮半島の「鎖国」、さらには徳川幕府の鎖国政策によって、商品流通、商品生産の発展は、ヨーロッパに比較して大きな制約のもとにおかれ、この結果、商品生産と流通の規模は十分な成長をとげる条件にかけ、商業資本や産業資本の成長は、ヨーロッパにくらべてはるかに立ち遅れ、イタリア・ルネッサンス等にみられる、町人資本を中心とする〝自由都市〟の形成・発展も、日本において「堺」が云々されていますが、町人を中心とした自治体制（共和制・自由都市）の確立、自前の強大な軍事力を保持し、さらには周辺の封建王朝等（日本でいえば幕府・大名）と渡りあう力、しかも文化的にもイタリ・ルネッサンスをリードしたフィレンツェ等の水準とくらべれば、およばないない段階であったわけです。

こうした資本主義的生産関係の発展の遅れの結果、日本の町人・ブルジョアジーは、徳川封建体制のブルジョア民主主義的、欧米的変革を担いうる、能力・力量を獲得するには至らなかったということと思います。こうした状況のもとで欧米資本主義諸国との接触で、日本の町人・ブルジョアジーは幕末に、これと対等には太刀打ちする段階になく、政治的にはそもそもそれ自身が封建勢力の一部に過ぎない下級武士が、指導権を握るという欧米諸国にはない特質を持ったと思います。

こうして一方では武家政権を下級武士が打倒する大義名分として、「王制復古・古代ヤマト朝廷の復権」論しかありえず、また日本の町人・ブルジョアジーは、その誕生の時以来、その対立物として下層の農民や、都市の日銭稼ぎ層などとの矛盾を抱え、この層を押さえつけ従順なものにするうえで、日本の歴史と文化と称して「古代天皇制」を幻想的に美化し、これを「日本社会と日本人のあるべき姿」と称して、無条件に勤労国民が地主・豪商等に平伏する「和」を、「道の心」、日本社会の歴史と伝統と称したのです。現に、「……権力を何によって正当化するかというその準則、権力を評価する原理の問題になると（国学は）、いかなる形であれ、これを民の要求に求めることを断固として拒否した。」（「国学運動の思想」、六五二頁）と指摘されています。

こうして権力の正当性の基準は、「『万世一系』の『皇位・皇統』を嗣ぐ天皇にあり、それは『威勢』によっても、『徳』（国民にとって好ましい政治）によっても、『撫』（下なるものへのサービス）によっても動かすべからざるものだとする観念に集約される。」（前掲書、六五二頁）と指摘されているほどです。これは結局、欧米型の民主主義・主権在民論であれ、古代中国および北条鎌倉幕府時代の、「天命論」、すなわち政治は国民の意志と要望にそうべきだという思想を、すべて否定する立場です。

この姿は、ほんの少々はイギリス・ブルジョアジーが、自己に対立する貧民や労働者階級を押さえつけるために、イギリス王家への崇拝とキリスト教への信仰を熱心にかかげてみせたという、エンゲルスの指摘（『空想から科学へ』、「英語版への特別の序文〝一八九二年〟」、新日本出版社、一九九四年、第一九刷）を思い出させるものと思えます。

以上、「万世一系の天皇制」という〝日本史〟は、真実の日本民族の歴史などではなく、真実の「日本民族の古代史」を換骨奪胎した古代ヤマト朝廷の偽造の日本史を、さらに絶対化した近世国学および水戸史学、すなわち下級武士と日本のブルジョワジーの階級的・政治的都合を第一とした、〝日本史論・日本社会論〟に過ぎないのです。

これを真に批判しうるものは、真の日本古代史の確立と日本史の探究です。これをさけていわゆる「文明開化」的民主主義論や人権論だけに止まるのは、近世以降の日本のもっとも重大な反民主主義論の砦である、近世尊皇日本史論を無傷に安置する「批判」に止まるのです。元凶の批判を避けてその周辺を批判しても、その根は温存されるのです。

②近世尊皇思想の特質

日本の支配層にとって「万世一系の天皇制」、およびそれによる〝日本の歴史と伝統的社会論・文化論〟こそは、絶対に手放したくない民族的伝統的国民支配・抑圧の、ためされ済みの手段に見えるのでしょう。

宣長は彼の代表作といわれる『古事記伝』（吉川弘文館、一九三五年）で、中国・朝鮮の文化を念頭に、「外国には、萬《よろず》の事をみな天というは、神代の正しき伝説《つたえ》なくして、世の中の事はみな、神の御所為《みしょい》なることをえしらざるが故なり。」（『古事記伝』〈乾〉、一〇頁）と称して、激しく古代以来の中国等の文化を攻撃しています。ここには古代以来の中国文化の特質として、宗教的傾向が著しいく弱いという側面への反発もみられます。

これは古代以来の中国文化・思想の特質で、古代ギリシャ・ローマ、古代オリエントや古代インドなどにみられる巨大寺院・神殿を、中国文明はその王宮や首都にもたないという点に示されています。さらには古代中国儒教を代表する『論語』にも、「子、乱力怪神を語らず」があります。聖人は、日常的な「常」を語って、怪・怪異を語らず、徳を語って力、暴力を語らない。治を語って乱を語らない。人・人事（社会）を語っても、神を語らない」という、自然や人間社会の理解にあたって、〝怪異や神をもちださない〟という、唯物論的反宗教的姿勢と思想です。この点で古代中国文明・文化と近世尊皇思想とは、古代ギリシャ等の唯物論的・〝科学的思考〟の傾向と、ヨーロッパ古代末期以来のキリスト教的唯心論との対立にも似た構図が見てとれるわけです。

「万世一系の天皇制」こそは、日本史と日本文化の神髄であり特色であるという、「近世尊皇思想」の最大の特質は主観主義、排外主義、支配者絶対主義、それは同時に徹底した人民無権利論です。この国民無権利論では、多分、アジア的専制体制のいかなる国家・社会にも類例のないほど徹底したものに思えます。これは先述の『国体の本義』にかんして述べたように、近代尊皇日本論の本質は「反天命論」、したがって国民自身による要求実現、その民主主義論的側面、その要素の徹底的否定が特質です。すなわち「一元史観」の堅持の意味は、人類の「自由と民主主義・科学的思考」および個人の人格、その権利の承認という、民主主義の普遍的価値観への対抗的防衛手段としてあるわけです。

この点をさらに『国体の本義』で見ていきましょう。「我が国は、天照大神の御子孫であらせられる天皇を中心として成り立ってをり、我等の祖先及び我等は、その生命と活動の源を常に天皇に仰ぎ奉るのである。それ故に天皇に奉仕し、天皇の大御心を奉體することは、我等の歴史的生命を今に生かす所以である。ここに国民のすべての道徳の根源がある。忠は、天皇を中心とし奉り、天皇に絶対随順する道である。……中略……去れば、天皇の御為に身命を捧げることは、所謂自己犠牲ではなく、小我を捨てて大いなる御陵威に生き、国民としての眞生命を発揚する所以である。天皇と国民との関係は、固より権力服従の人為的関係ではなく、また封建道徳に於ける主従の関係の如きものでもない。……天皇と国民との関係を、単に支配服従・権利義務の如き相対的関係と解する思想は、個人主義的思考に立脚して、すべてのものを対等な人格関係と見る合理主義的考え方である。」（『国体の本義』、三四頁）というのです。こうした「思想・道徳」によって、戦前、無数の若者が特攻隊のみならず、死に追い込まれたのです。

ここでは民主主義と人権思想は「反日本的」として否定され、国民は天皇（政府・支配者）のために無条件絶対の服従が義務づけられるのです。それを正当化するものが、「万世一系の天皇制」なる日本史論と日本社会論、およびその文化論です。ここに近世尊皇日本史論の特質があり、今日、靖国神社に政権政党の国会議員らが参拝する、その心底にあるものは、まさにこの天皇絶対主義礼讃、すなわち国民は政府や支配者の命を絶対として、身を犠牲にすべしという国学的国民論の復権への衝動です。

ここに目を注ぐならば先述の自由民主党の改憲草案の、「天皇元首化」、「国旗・国家礼讃」を憲法草案で規定する意図、さらには先述のとおりにその第一二条（国民の責務）、第一三条（人としての尊重等）で、「公共の福祉」という正当な現憲法の立場を否定して、「公益」「公の秩序」にかえ「公」、すなわち「お上の秩序」を持ち出している意味も、お分かりいただけるでしょう。これは「立憲主義」、すなわち主権者の国民が定めた憲法によって、政府・為政者を縛る、という近代民主主義とは正反対のものです。

従来、これらの「人権論・国民の権利論」は、もっぱら民主主義的憲法論や法律論から論じられてきたし、論じられていると思いますが、重要な点は、この国民の正当な権利、いわば「天賦人権論」を徹底的に否認・排撃して、国民は、天皇を掲げてみせる政府・お上、支配階級に絶対服従すべきものとしているのが、「万世一系の天皇制＝ヤマト朝廷一元史観」と、その日本社会論であって、自民党の改憲草案の真骨頂は、まさに「天皇絶対主義的」国體論への回帰だ、ということです。すなわち「戦後民主主義」の否定、戦前の日本帝国憲法への回帰であります。この背景に近世尊皇思想に固執する近代以来の日本の支配階級の執念があります。すなわち「天賦人権論」に対置されているものが、「万世一系ノ天皇制」論であるわけです。

したがって日本における民主主義論においては、第一に、「万世一系の天皇制」という日本史論への批判は根底的なもの、すなわち日本の民主主義論にとって固有の課題と思います。この問題では、東北アジアの古代以来の文明と、日本が欧米文化に接するはるか以前からの、真実の日本史論およびその文化論を踏まえるという、いわば国体論者の本拠に、明確な批判の旗をうち立てることですが、それはいわゆる「文明開化」的な、欧米文化礼賛一色的傾向ではなく、日本の民主主義を切り開くうえでの日本人の、独自的な課題であると思います。

だがしかしこうした当然なことが、必ずしも認識されにくかった背景もあるといえます。それは「文明開化」時代、日本社会の課題には「反封建制」という深刻・重要な問題があって、当時、東北アジア世界とその文明は、まるで封建制の停滞的で暗澹たる世界に見えたという面もありました。さらにはこれに加えて戦前の天皇制美化論には、水戸史学的・江戸幕府的な儒教礼賛という、うんざりする津田左右吉氏的表現を借りれば、〝カビの生えたような漢文文化〟礼賛という面もあったと思います。

それは東北アジアの古来からの文化などは、当時の中国に見られた纏足《てんそく》、今日では、日本の若い人は見たことはないと思われる、また今日の中国にも存在しない女性の足の、醜怪な人為的な矮小化的変形ですが、東洋の思想や学問はあたかもこの纏足のように、当時の「文明開化」的な日本人からは、拒否反応しかありえないような代物に見えた、という面もあったかとは思います。

こうして当時の日本の進歩的な人士には、いろいろと言い分はあるとしても、しかし近代尊皇日本論が、「万世一系の天皇制」を絶対とし、『古事記・日本書紀』を神聖化し、これを中核概念として「国體論」を、日本社会の本来的なあるべき姿と主張する以上は、そうしてそれが自民党の改憲草案として露骨に復権を目指している以上は、あらためて古代中国・朝鮮文明と、それが生み出した歴史の記録を検証し、近世尊皇日本史論とその文化論の真偽を、根本的に検討・探究することは、欧米の近代的民主主義的・科学的思想や思考の受容と、なんの矛盾もない、しかも自覚的な日本人の独自的な課題であり、またこれはとくに戦前の日本社会を知り、同時に今日に生きる心ある日本人の、歴史的な責務ではないかと思います。

第六章　「承久の乱」と日本の「天命論」

明治以降の日本の進歩的・民主的傾向は、一言でいえばヨーロッパ社会の歴史的発展の姿を、〝絶対的なモデル〟に歴史や社会の発展を考えてきた、と私は思います。しかし人類史や社会の発展史には、たしかに人類共通の普遍性はありますが、その表れ方は世界の西と東では必ずしも、いつも同じ形であるとは限らないのではないでしょうか。

わが日本史では、近代尊皇論者が讃美・絶対化する古代天皇制とその社会にたちむかい、これを打破して日本封建制社会を形成した人々がいます。近代日本社会の開明的民主的な人々からはもっとも嫌われた、日本封建制社会を切り開いた鎌倉初期の武家階級、すなわち近世以降の国学等の尊皇派が罵倒した、「天命論」をかかげて古代天皇制を打破・変革した人々です。

現に『国体の本義』は、「承久の乱」（本書では「承久の変革」という）で、古代天皇制に「天皇よりも国民が上位」という明確な主張をかかげて決起し、日本中世の幕を切って落とした北条義時等を、「……

北条氏の悪逆は、まことに倶に天を戴くべからざるものであった。」（同書、七三頁）と述べています。

　この主張の誤りは第一に、古代天皇制という日本の古代社会を打破・変革し、武家政権が切り開いた日本の中世社会の歴史的意味を無視する点にあります。第二に、古代天皇制社会を変革するにあたってかかげられた、「天命論」＝「天皇よりも国民が上位」という思想を、国賊の思想とみなすこと、またそれは日本社会の歴史的進歩をおしすすめた、そうした日本国民・民族が生み出した偉大な闘いと、その進歩の思想を敵視・否定する点です。

　この日本的「天命論」思想否定の誤りについて指摘すれば、まず第一に、幕末の西洋列強のアジア侵略の危機のもと、アジアでただ一つ植民地になることなく、きわめて不十分ながらも欧米資本主義体制に準じる近代社会を創設しえた原動力は、日本古代天皇制社会を打破して武家政権が樹立した封建体制、日本中世社会の確立、そのもとでの日本国民の奮闘のたまものでる、とう点を正当に評価しないところです。

　この点、ヨーロッパ史と比較すれば一目瞭然です。この地が資本主義体制、すなわち「文明開化」の日本が左右、その意味内容は同じではないにしても、両手をあげて礼賛した近代社会をうみだした要因を問えば、帝政ローマを滅ぼしたゲルマン民族の、西ヨーロッパ侵入後のヨーロッパ中世社会、すなわちヨーロッパでの封建社会の確立でしょう。

　これこそがヨーロッパでの資本主義社会をうみだす母体であることは、今日では云々の余地などないことでしょう。

　しかも日本の封建体制をヨーロッパの中世・封建社会と同質のものという指摘は、当のヨーロッパ人自身によっておこなわれています。それはイギリスの最初の駐日公使として、「一八五九年六月（安政六年五月）～一八六二年三月（文久二年二月）まで日本に滞在」し、その間の幕府との交渉を中心に当時の日本社会を詳細に記録・描写した『大君の都』（全三冊、山口光朔氏訳、岩波文庫、一九六二年、第一刷）を著わしたオールコックです。この「大君」とは徳川幕府の将軍を意味し、「大君＝おおきみ」つまりは天皇を意味していません。オールコックはこの江戸時代の日本の現実を見事に記録しつつ、同時に当時の日本社会をイギリス中世社会に酷似していると指摘しています。

次はマルクスです。それはかの有名な『資本論』の真只中に、武家政権時代の日本の姿が、ヨーロッパ中世の姿を理解する生きた例としてとり上げられている点です。いわく「日本は、その土地所有の純封建的な組織とその発展した小農民経営とをもって、たいていはブルジョア的偏見にとらわれている、われわれのすべての歴史書よりはるかに忠実なヨーロッパ中世の姿を示している。」（『資本論』、大内兵衛・細川嘉六氏監修、マルクス・エンゲルス全集・第二三巻・第二分刷、「第七編・注一九二」、九三八頁、大月書店、一九六七年）。

これはマルクスが『大君の都』を読んでいたことを示すものと思います．直視すべきは封建時代の日本社会が、「忠実なヨーロッパ中世の姿を示している」と評されているところです。この社会がなければ近代的資本主義体制をうみだすことはできないのです。すなわち日本古代社会を打破して、武士階級が日本封建社会を形成したのは、その後の日本社会のためによかったのか、悪かったのか、これを問えば、答えは明白でしょう。しかも古代国家を形成した民族・国家で、資本主義体制を形成しえたのは、世界で日本民族だけなのです。これこそ「真の万邦無比」の姿です。

こうした日本的、ヨーロッパ的中世社会を形成しえなかった、お隣の中国・朝鮮およびアジア、アフリカ、オリエントの諸国は、結局、欧米資本主義諸国の植民地に転落したのではありませんか。こうなった方がよかったのか、それとも近代社会をヨーロッパにくらべて不十分さはあれ、生み出したのは良かったのか、悪かったのか、これを問えば答えは明白でしょう。ならばこの時代を切り開いたものを、天皇に刃向かった国賊跋扈の時代などという、尊皇日本史論には日本史を語る資格はないでしょう。これも近世尊皇日本史論がいかに非常識なものであるかを示す一例と思います。

イ 「承久の乱」と「天命論」 さて、まずは武家政権が公然と古代天皇制政府と対決した最初は、「承久の乱」と呼ばれる戦いです。これは後鳥羽上皇が自分の愛人（舞女・亀菊）のために、武家の土地をとりあげようとし、これをめぐって時の幕府の執権・北条義時と対立し、その結果だされた「義時追討の宣旨」をめぐる、古代天皇制と新興勢力・武家階級の正面対決です。これが一二三世紀（承久三年、一二二一年）の有名な「承久の乱」です。この「乱」呼ばわりは、臣下が天皇に刃向かったという解釈からの命名です。これが正常なものでないことは、自分の愛人のために人の土地を奪おうとした人物を、それが上皇ということで「正義」とし、その不当性に抗議した者を「朝敵」という、倫理にはあわないものですが改めようとしないのは、「天皇」を絶対視する近世〜現代尊皇主義的日本史観にあると思います。この古代天皇制と新興・武家階級の抗争は、日本史論的には「承久の変革」というべきものと思います。

この時の、北条政子の鎌倉幕府成立が、いかに東国武士の社会的地位を向上させ、その階級的利益を守ったか、という演説も有名です。このなかで義時追討の宣旨を、「非義の綸旨」と切って捨てています。『東鑑』（吾妻鏡ともいう）、『梅松論』、『太平記』、『承久記』、『増鏡』等々からみれば、当時の武士階級の姿は日本史のなかでも、もっとも虹彩あるものの一つと思えます。とはいえ鎌倉方はヤマト朝廷の義時追討の宣旨、すなわち「朝敵」呼ばわりを前に、動揺を深めて幕府内でその対応をめぐって意見が割れて、〝京都、そくじ進撃派〟の北条政子、大江広元等と、箱根戦線防衛派に分かれます。

しかし政子、また大江広元の、「君臣の運命、皆天地の掌るどるところなり……朝廷を傾けること、全く畏怖《いふ》の限りに非ず。」（『東鑑』）などの主張が、最終的には支持されたのですが、「日本史」上、はじめてヤマト朝廷を正面から撃破する戦は、容易には決まらなかったし、鎌倉出陣の最初は、泰時以下わずか一八騎で開始されています。これで「泰時殿—御出陣、方々直ちに鞭をあげられよ（出陣してクダサイ）。」という急使が全関東に飛び、これに応じて鎌倉道を家の子郎党一団となって馬蹄をとどろかせつつ、東国武家階級の怒涛の進撃が生みだされるのです。〝いざ鎌倉〟です。なお、『増鏡』で、「承久の変革」の決定的な場面の描写をみれば、東国武士階級の怒涛の進撃が刻々と京都に近づくと、「『いかがあらん』と君も御心乱れ、思しまどふ。かねては猛く見えし人々も、まことの際になりぬれば、いと心あわただしく、色を失ひたるさまなども頼もしげなし。」（『増鏡・上」、井上夢宗雄氏訳注、一三四頁、講談社、一九九一年、第七版。傍線は引用者）という姿です。ここに当時の歴史的に発展する階級と、衰退する階級の姿が対照的に示されていると思います。これもいまの若い人には、あまりピンとこないのではないかと思います。戦後の〝安保文化の成果〟でしょうか。

問題は、この時、ヤマト朝廷との対決をめぐって、「君臣の運命、皆天地の掌《つかさど》るところ……」とか、「天道にまかせて合戦し……」とかいう言葉が『東鑑』等に見えますが、これは単なる言葉ではなく「天地の掌るところ」も、「天道にまさせて」も、ともに「道理ににたって」の意味であるばかりではなく、当時の時代をリードした武家階級の、ものの見方・考え方を典型的にしめすもの、という点が重要なのです。

その道理とはどんなものか、これを大変わかりやすく述べたものが、中世の著名な尊皇思想家の北畠親房の『神皇正統記』（「岩波・日本古典文学大系」、一九六五年、第一刷）です。この著書は「天皇は神、日本は神国」などという、近世以降の尊皇論・国體論者が絶賛する側面のある書物ですが、近世尊皇思想家とは根本的に異なるところは、当時の天皇・上皇の悪政への批判を明確に掲げ、その批判では情け容赦がないところです。

『神皇正統記』のこの側面が重要なのは、この天皇方の「悪政への批判」が、単に親房の個人的思想というにとどまらず、上昇期の武家階級が掲げた世界観・思想であった「天命論」に、この親房という尊皇家が〝心ならずも〟影響されたところです。その意味できわめて興味深く、また意義あるものと思います。すなわち当時の「天命論」は時代を主体的に動かしつつあった、武家階級の能動的思想・世界観であったと考えられる点です。同時に指摘しておくべきは周知のように、この親房は後醍醐天皇方・南朝方として、足利尊氏と剣をとって対決した一方の武将であるという点です。歴史とは平板なものではないようです。この親房の「承久の変革」への評価は、次のようなものです。

「上（後鳥羽上皇）の御トガ（罪）トヤ申スベキ。」と断言し、その国民無視の悪政を、「天モユルサヌコトハウタガイナシ。」（同書、一六〇頁）と断罪しています。さらには「凡《おおよそ》保元・平治ヨリコノカタノミダリガワシサ（世の乱れた姿）ニ、頼朝ト云人モナク、泰時ト云者ナカラマシカバ（いなければ）日本国ノ人民イカガナリナマシ（どうなっていただろうか）。此イワレヲヨクシラヌ人ハ、ユエモナク、皇威ノオトロヘ、武備ノカチニケルトオモヘルハアヤマリナリ（この世の乱れは皇威が故もなく衰え、武家が武力にまかせて跋扈するためだと考えるのは誤りだ）。……中略……神ハ人ヲヤスクスルヲ本誓トス。君（天皇・上皇）ハ尊クマシマセド、一人ヲタノシマシメ万民ヲクルシムル事ハ、天モユルサズ神モサイハイセヌイハレナレバ、政《まつりごと》（＝政治）ノ可否（良し悪し）ニシタガイテ御運ノ通塞アルベシトゾオボエ侍ル。」（傍線は引用者）と述べています。

しかもこの部分は国政にたずさわる者の心得を述べたところで、その落ち着く先は、「大方泰時心タダシク、政（まつりごと）スナヲニシテ、人ヲハグクミ、物ニオゴラズ、公家ノ御コトヲオモクシ、本所ノワヅライヲトドメシカバ、風ノ前ニ塵ナクシテ、天ノ下スナハチシヅマリキ。……中略……泰時ガ昔ヲ思ニハ、ヨクマコトアル所有ケムカシ。子孫ハサ程ノ心アラジナレド、カタクシケル法ノマヽ、ニヲコナヒケレバ、オヨバズナガラ世ヲバカサネシニコソ。」、というものです。『国体の本義』が「極悪非道」と排撃した、北条氏の政治が絶賛されているのです。

ここが重要なところです。この親房は本来、古代天皇制擁護派の人物です。ところがこの人物が、「万民」を助けたと名ざししている人物は、みな武家、それは頼朝や「国体の本義」が、「極悪非道」と非難した北条氏です。

これは初期北条幕府の政治が〝善政主義〟といわれることとかかわるのでしょう。現に明治四二年（一九〇九）に世にだされた山路愛山氏著の『足利尊氏』（岩波文庫、一九九一年、第五刷）には、「北条氏は人民の味方なり」の一項をもうけて、泰時の見識とその遺制としての「善政主義」が指摘されています。しかも注目すべきは、この北条鎌倉幕府の世に「蒙古の来襲」という、日本民族の存亡にかかわる国難と、それに毅然と抗した北条鎌倉幕府、そのもとで元を討つ先頭にたった九州武士階級等の英雄的な姿について、一言もない『国体の本義』の姿は、この『尊皇』が、実は日本国民の生活の安心・安全・その発展を目指したものではなく、その政府を擁立する支配者の都合を、第一におくものでしかないことを如実にしめすものと考えます。

当時、元（蒙古）の支配下におかれた各民族の悲惨さを見れば、これを撃退した当時の幕府と武士階級の奮闘は正当に評価されるべきで、しかも、古代の天皇とその公家たちには加持祈祷以外、いかなる能もなかった事実も正視されるべきでしょう。もし武家政権たる幕府がなければ、日本国民は塗炭の苦しみをなめさせられる結果になっていたのは明らかです。この点でも武家政権と幕府の成立は、大きな意味のあるものでした。同時にこれが北条鎌倉幕府の衰退の遠因になったという指摘もあります。

ロ　北畠親房の政治論と「天命論」　以上駆け足で見てきましたが、この南朝方の武将・北畠親房の政治論こそは、武家・『東鑑』がいう「天道」、「天地の掌るところ」でしょう。先に「承久の変革」を引き起こした後鳥羽上皇への断罪として、親房が挙げた「神ハ人ヲヤスクスルヲ本誓トス。君ハ尊クマシマセド、一人ヲタノシマシメ万民ヲクルシムル事ハ、天モユルサズ神モサイハイセヌイハレ……」の天や神も「天命論」の〝天〟をさすものと考えます。

この「天」という概念は、古代中国儒教のとくに『孟子』の「天命論」の、いわば東国武士階級による自主的受容ではないかと思います。日本史やその文化論では古代の公家を〝教養豊か〟とし、東国武士階級を〝関東の荒えびす〟などという人もいます。これは古代ヤマト朝廷と、その貴族文化礼賛からの見地のものでしょう。

「天命論」とは、「大誓《たいせい》（＝古代中国古典の一つ、書経の編の名称）に天の看るは、わが民の看るに自《したが》い、天の聴くは我が民の聴くに自うと曰《い》えるは、此れをこれ謂うなり。」（『孟子・下』、巻第九、万章章句上、一四二頁、小林勝人氏訳注、岩波文庫、一九八五年）という社会観・政治観であって、「政治は国民の声に従うべき」という意味で、政治の要諦は平和を確保し、勤労人民の生活の安心、安全をはかることであるという考え方です。

『孟子』には君主・支配者の、搾取と重税、侵略戦争政策への厳しい批判が、全編に展開されています。つまり社会の真の主体は皇帝・天皇などではなく、「国民であり、その生活の安心・安全の確保が政治だ」という思想、政治のあり方論です。簡単にいえば「国民の利益は、天皇や皇帝、大臣の利益より上だ」という思想です。そのほんの一例をあげれば、「孟子曰く、民《たみ》を貴《たっと》しとなし、社稷（国土）これに次ぎ、君（君主）を軽しとなす。是の故に岳民に得られて天子となり、天子に得られて諸侯となり、諸侯に得られて大夫となる。諸侯社稷を危くすれば、即ち（その君を）変《あらため》てたつ。」（『孟子・下』、三九七頁、〝巻第一四、尽心章句下〟）という考え方です。

意味は、国家においてもっとも重要なものは人民・国民であり、これに次ぐものは国土である。一番軽いものは君主（天子・政府）である。なぜならば君主は、国民に撰ばれて（氏族社会の選挙？）なったものであり、諸侯やその大臣はその君主に撰ばれたものに過ぎない。したがって諸侯がまともな政治ができず、これを君主に質してもなお改善しないのであれば、その君主を国民は替える以外にない。」というものです。

これを投票で行えば選挙に通じます。武器で行えば「革命」です。日本では「平和革命」などという言葉がりますが、そもそも「革命」という言葉は、古代中国人とその文化が創設した言葉であって、それは武器をとって横暴な君主を打倒し、天下の「命」（命令・法律・政治）を革めることをいうのが、いわば原義です。これはフランス革命をみてもアメリカの独立戦争をみても、人類の社会と文化の偉大な進歩が、武器を手にした「革命」によっている場合が多く、この「革命」という言葉は、そうした人類の進歩の普遍性を反映した言葉でもありましょう。明治維新もまた、すべて平和な話し合いであったとは言えないでしょう。

先の親房の「天下ノ万民ハ、皆神物ナリ。」という、その「神」は、所謂〝神〟を意味せず、「天命論」の「天」を神としたものと考えます。いわゆる「天賦人権論」と似ていますが、「天命論」には人権という明白な概念はないとされています。しかし、「天はすべての人間に、安心・安全に生きるべきものという資格を、生まれながらに与えている。」という思想であることは明白です。この資格を保証しえない政治は、人間の生まれながらの本性に反したもので、すべての国民は、これを変革する権利をもつ、ということです。これを読みますと今日、大企業や一部の大株主を大儲けさせ、にもかかわらず法人税等は負けてやり、国民には消費税増税、低賃金、正社員の縮小、非正規の拡大、社会保障の削減と国民への負担増等々の「万人を苦しめる政治」は、親房でさえもが批判・糾弾したような本来、人の道にそむく政治と思えます。

この「天命論」は、例えば「承久の変革」に際して、京都進撃を「国賊の汚名を受ける」と、あくまで反対した泰時を説得した父義時の言葉では、以下のようです。「よし時、良暫《ややしばら》くありていはく、此議、尤も神妙なり（お前の言い分に道理はある）。但それは君主の御政道正しき時の事也。近年天下（天皇・朝廷・政府）のをこなひをみるに、公家の御政、古にかへて実をうしなへり。其仔細は朝に勅裁有て、夕に改まるに、一處（一つの土地）に数輩の主を付けらる（一つの土地に賄賂をとって、数人に所有権をあたえること）間、国土穏やかなるところなし。

わざはひ未及處（いまだ及ばざるところ）、おそらくは関東ばかり也。治乱は水火の陣、に同じきなり（おさまると乱れるとの間に中間の道はない）。如此《かくのごとき》の儀に及間《およぶあいだ》、所詮、天下静謐の為たるうえは、合戦を可致《いたすべし》。」（『梅松論』、四一頁、矢代和夫・加美宏氏校註、現代思潮社、一九七五年。傍線は引用者）というものです。

この父の説得をうけ入れて泰時は京都進撃を決意したわけです。その決起の肝心な点は、「天下の正義・安寧のため支配者の悪政をただす。」です。

八　『孟子』の「天命論」と民主主義

さてこの東国武士階級の政治観、社会観を形成した「天命論」を『孟子』でみますと、それはヨーロッパで民主主義思想・文化・制度を形成・発展させた、人類史に普遍的な氏族社会の仕組みに根ざす思想や文化と、いわば地下水脈で結ばれたものではないかと思います。その根拠は『孟子』の次の「仁政論」です。

「其れ仁政は必ず経界より始まる。経界正しからざれば、井地均《ひとし》からず。穀録平らかならず、是の故に暴君汙（汚）吏は、必ず其の経界を慢《あな》どる。……中略……君子（正しい考え方の役人）なくんば野人（農夫＝国民）治めるなく、野人なくんば君子を養うなし……請う野（田舎）は九（分）が一にして助せしめ、国仲（都市）は什（十分）が一にして自ら賦せしめん。」（『孟子・上』、二〇一頁、〝巻第五、滕文公章句上〟）です。ただし『孟子』自身が、この「井地」の一辺の尺数（長さ）にかんして、夏・殷・周でそれぞれ異なっていることを述べていますが、日本の学界ではこの「井地制」（井田制）そのものの存在に、否定的という指摘があります。

　ここで重要なところは、「経界正しからざれば、井地均《ひとし》からず。穀録平らかならず」という点なのです。この「井地」とは土地を井の字形に区分けして、たとえば八軒で一ヶ所の公有地を平等に分担耕作して、公の費用をうみだす、すなわち「税金」を平等に分担する仕組みの土地制度（「ナイン・スクエアー」ともいう）をさします。

　氏族社会時代には公の費用を捻出するための公共の土地と、そこでの公平な労働を分担する仕組み・

制度があったことが、先述のモーガンの『アメリカ先住民のすまい』に詳しく述べられています。「ブエプロや部族には、行政上必要とする作物だけを生産する土地があった。二種類の土地に分けることができる。

第一のものは、テクパントラリ、すなわち共同体の家の土地で、そこでとれる作物は、公館の建設、装飾、修理に従事する者の食糧にあてられた。この土地は、部族の領域内に数か所あった。公館に住む特定の家族が共同で耕作し、とれた作物は、公館で行う仕事の報酬に当てられた。

第二の種類はトラトカトラリと呼ばれ、議長職の土地であった。これは各部族に一ヶ所しかなく、『四辺は、それぞれ彼らの尺度で四〇〇単位の長さであった。その一単位は二・五メートルである』。そこで栽培された作物は、もっぱら首長と、その家族の他に、アシスタントからなるテクパンの所帯が必要とするものをまかなった。その土地は、部族の他の構成員が順番に耕し、常に公共の土地として、同じ目的のためにとっておかれた。」（『すまい』、一六四頁）。

なおモーガンは、テクパントラリにかんして、「……族長やその子孫が、（この土地を）自分のものだと主張することも、占有することもなかった。」と指摘し、その土地は「あくまで公の土地であった」としています。

したがってこの『孟子』の「井地制（井田制）」への言及は、その制度を有する古代中国の氏族社会が、モーガンが記録するアメリカ先住民の社会体制、すなわちマルクス・エンゲルスが古代ギリシャ・ローマ、またゲルマン諸種族の民主主義をそこから説明したところの、氏族社会的民主主義と類似の体制を保持していたことを示すものと思います。

この「井地（井田）制」の存在を先ず否定する日本人学者の見識は、あたかも首都なしの、古代大和朝廷の存在を信奉する立場に通じると考えます。日本ではこの氏族社会にかんしては、戦後、国家の起源問題とかかわって、少々云々された程度であって、この定住原始都市・氏族社会とその体制は、人類の共通の姿であり、民主主義体制とその思想の故郷であるというような問題は、とり上げられていないと思います。

この氏族社会的民主主義にかんして、モーガンは、人類の未来社会において復権し、より高度に発展する基本的要素と『古代社会』で述べ、エンゲルスはかの『家族・私有財産・国家の起源』で、それを肯定的に評価しています。

モーガンは、「社会の分解は、財産を究極の目的とする境遇……（生産における唯一・最高の動機・目的が、最大限利潤の追求という、今日の自由主義世界の姿をいう）……を終息させるであろう。なぜなら、かかる境遇は自滅の要素をふくんでいるからである。政府にあっては民主主義、社会にあっては友愛、権利と特権とにあっては平等、そうして普通教育。これぞ経験と、理知と、知識とが、着々としておもむきつつある、次代のさらに高い段階の社会を予示するものである。これは古代氏族の自由、平等、および友愛を、もっと高い形態で復活させるものである。」（『古代社会・下』、三三九頁）と述べています。

これが一八七七年に出版された書物での指摘です。これは「自由主義体制」という資本主義とその社会が、今日、一国の〝人口の一パーセントの部分が、その国の社会的富の多くを手中に収める〟などの深刻な矛盾が指摘される、アメリカをはじめ今日の「自由主義諸国」におけいる深刻な貧富の差、それらから生まれる社会的諸矛盾の拡大、その深刻な姿が、いまほど顕著となるはるか以前の時代の見識です。

今日、この深刻な状況を反映して、トランプ米大統領が選出された先のアメリカの大統領選挙で、

「民主的社会主義」を掲げた民主党のサンダース氏が、注目すべき得票をあつめ、クリントン候補に肉薄するかの観がありました。わが国の保守派がまるで〝自由主義〟の「永遠に沈まない世界」でもあるかに持ち上げるその国で、「ソ連の崩壊」等で〝古臭い〟はずの「社会主義」をかかげてのこの状況です。しかもサンダースの支持者の中心は青年層といわれます。これはマルクス等とは独立に、人類の未来社会として〝社会主義・共産主義社会〟を考えるという学説を生んだ、アメリカ民主主義文化の伝統なのでしょうか。この点、日本とは異なるようです。

こうして「ソ連の崩壊」で古臭くなったはずの「社会主義」、すなわち資本主義社会の生産の動機の第一として、大資本の最大限利益の追求とその体制を終わらせ、生産と消費および弱者の救済において、国民・市民の「共同・協力」を基調する社会をめざす動きは、今後も複雑な紆余曲折をともないつつも世界的に進展すると思われます。

その意味でモーガン、マルクス・エンゲルスの思想・理論は、いささかも古臭くもなければ、〝反民主〟などではなく、まさに人類社会の明日をきりひらく確かな羅針盤・導きの糸といえましょう。ただし核戦争での人類的被害や、または人類は滅びなくても、米軍基地の集中する日本の現状は、火薬庫のうえで生活している観なきにしもあらずという、のっぴきならない深刻さと思えます。その割には日本人はこの上もないほどノンキです。

最後にモーガンの原始共産社会・未來社会の鏡論とでもいう主張は、モーガン一人のものでもなく、またもちろんモーガンがマルクスの『資本論』を読んだためでもなく、アメリカ大陸に白人が侵攻し、はじめてインディアンの生活の実際を目の当たりにした人々の中に、次のようなおどろきがあって、これが起点となって人類の未来社会論形成の底流をなしたのではないか、と思います。以下モーガンの

『アメリカ先住民のすまい』（九六頁）から引用します。

それは「高名なモラビア派の宣教師のジョン・ヘッケヴェルダーシ氏の著作『インディアン諸部族……、』（一八七六年、一〇一頁）」からのモーガンによる引用分部の一部です。

インディアンの世界観によると、「大いなる精霊が人類全体の幸せのために、地球とそこにあるすべてのものを創った。……大いなる精霊が彼らにたくさんの獲物をもたらす山野をこしらえたのは、少数のもののためではなく、皆のためである。あらゆるものがことごとく、人の子のすべてに等しくあたえられた。……中略……獲物が分け与えられるのは、猟師が捕まえる前は、それは全員の共有物であったからだ。トウモロコシや野菜があっても、客人に出されたものは、共有の土地から、それも人力によってではなく大霊の力（自然の力。引用者）によって育ったものであるから、一人のものではありえない。」という考え方だとあります。一言にしていえば生産手段への個人的所有権なしの社会です。この「生産手段への私的所有権なし」の社会の姿を、一九世紀のアメリカの外交官・ジョン・L・スティーヴンズが、「一段すすんだ社会」と評している、とモーガンは次の引用をしています。

「……それでもそれは、ときどき耳にする一段進歩した社会に似ているように思われる。この社会は、うかがい知れないほど長期にわたって存在しており、決して一時的に生じたものでありえない。オーエンやフーリエなら、おそらく、この社会からおおいに学びえたであろう。」（「ユカタン半島の旅の出来事」、前掲書、一四一頁）。

こうしてここにはマルクス・エンゲルスに先立つ『空想的社会主義者』と称されるオーエンやフーリエの名をあげて、しかも「一段と進んだ社会」を示唆するものとして、「うかがい知れないほど長期にわたって存在した社会」が語られているわけです。これらは前掲『すまい』にある欧米人の、インデアン社会への観察と感慨の一部です。

さて日本の「氏族社会論」には、たとえばモーガンの、『アメリカ先住民のすまい』に明らかにされている、定住氏族社会の仕組み、その社会運営の姿、その民主主義的特質と女性の地位の高さ、また文字をもたないにもかかわらず、代々、社会の姿・事件を正確に後世に伝承する技術的、社会的仕組みと体制の存在や、個々の成員に平等に土地を分配する制度、またそれを訂正・変更・再分配する精緻な技術とそれの記録の存在や、また「歓待のしきたり」、それを必然とする古代人類の生活と生産の特質、それは平和時には非血縁者の他部族の者（今日でいう他人）にも、自分の食糧を分け合う体制的習性と、そこに示される氏族社会の時代に、普遍的に存在したと考えられる人間性の問題など、寡聞にして論じられているのを知りません。しかも、日本ではこの氏族社会の実際の姿も、その今日的意義も突っ込んではあまり語られないし、その民主主義の姿にかんしても、ほとんど沈黙のなかに放置されているように見受けます。これは〝日本のマルクス主義〟の弱点で、「共産主義は一党独裁」式悪宣伝により乗じられる隙があるのではないかと思われます。

さてここに着目すれば『孟子』のこの一節は、非常に注目すべきものとなるのです。中国は、文字の発明・使用がはやく、氏族社会の段階の社会の姿が断片的ながら記録され、『孟子』の「井地」記載もそうした側面をも反映したものと思われます。なお『孟子』には、「〝公田を〟助せしめて、私田に税せずんば、則ち天下の農、皆悦びて其の野に耕さん事を願わん。」（前掲書、一三六頁）という記述もありますす。これによれば孟子の時代、公田は支配的勢力の私有物に転化し、一般国民の私田に課税していたということでしょうか。

こうした氏族社会の姿に無関心な日本的・通説的光景のもとで、『孟子』の〝天命論や井地制を否定〟

しても、それはむしろ世界の進歩的見識への無知と無関心の表明に思えます。その端的な表れが〝神武から天武天皇に至る四〇代の天皇〟に「首都」がない問題を、なんら問題にしない日本の「社会科学」の姿です。「氏族社会から国家へ」を云々しても、定住氏族社会の集落（都市）の血縁構造と、それと都市国家との関連と区別、さらにそれの地域国家への発展とその都城論を語らない「社会科学」は、そもそも「社会科学」の名に価するだろうか、という問題です。

『孟子』の「仁の政治」とは、なんらかの仕方でいまから約二四〇〇年前の中国に伝えられていた、中国の定住氏族社会時代の公的経費産出のための、氏族員間の公平な労働分担制の仕組み、およびその段階の社会の特質を踏まえたものと思われます。しかもそれは、まさに「君子（役人＝酋長等）なくんば野人（農夫＝氏族員）治めるなく、野人なくんば君子を養うなし。」という姿です。この「君子」は、「君主」ではありません。役人をさします。この「君子」は農民、当時の勤労国民によって養われる存在とも記されています。

　これは氏族社会の一定の発展段階で、その氏族社会の人びとの選挙によって選出された世襲酋長と、各種の一世代酋長ですが、これはまた、氏族員の意志で自由に罷免もされるものであったわけです。すなわち「岳民に撰ばれる」存在なのであります。その酋長等は、国家形成期に接近している時代には、他の人と同様にその酋長と家族に平等に割り当てられた土地を、自ら耕作する時間がないほど（戦争の頻発等で）忙しく、一方ではその土地を〝小作〟（単なる有料契約）にだし、他方では、公の仕事をする者たちの諸経費を保障するためなど、その氏族社会の成員たちが平等に分担して作り出した、労働生産物を取得できる制度が生まれると指摘されています。一言でいえば、収入の道が一般氏族員よりは多くなるのです。しかもこれは全員の平等を原則とした社会制度がうみだした、不公平制なのです。国家誕生への道でしょうか。

こうした時代の酋長等は、とくに社会的弱者の救済・保護をはじめ、氏族員のために献身的に働いたと指摘されています。まさに「酋長（君子）なくんば、野人（氏族・部族員）治めるない。」状況になるわけです。

『孟子』には、この社会的弱者への救済体制（社会保障）の重視が据えられています。ここには『孟子』が社会のあり方として、定住氏族社会のこの一定の発展段階の姿を、「仁」（国民の人権の重視・尊重）が実現している社会と考えていたと思われます。すなわち「マルクス主義的」日本史では〝片言交じり〟で云われる、「原始共産主義社会」の姿です。そうして国家・社会の正常な姿を、かつて世襲酋長をはじめ、すべての酋長が選挙される、すなわち国民の意志によってとりかえ自由なものと考える、つまりは〝君主〟の政治如何では、これを国民は改廃できる制度・体制を「社会の正常な姿」と考えていたと思われます。すなわち〝その政治とその体制のいかんは、国民多数の声による〟という主張は、定住氏族社会の姿、そこからヨーロッパの民主主義思想と制度が生まれた、それと同じ性質の社会体制を、その主張の立脚点としたものと思われます。

戦後の孟子の研究者・金谷治氏は、その著『孟子』（岩波新書、一九六六年）で、「かれの思想にはやはり古代中国の民主主義としての光栄をになうだけのものが、はっきり存在する。」（八四頁）と指摘されています。同時に「唯物史観にたつ学者の中では、……要するに（孟子の主張と態度は）統治階級に服務するもの（孟子が当時の諸国の王に自説を説いたことを指したもの）である以上、民衆の生活への同情といっても問題にならない、とする人がおおむねである。」（同書、一〇三頁）と指摘されています。ここの「史的唯物論にたつ学者」は、マルクス・エンゲルスが高く評価したモーガンの、『古代社会』とならぶ、『アメリカ先住民のすまい』は知らないか、無視するらしい「社会科学」の世界に住む人々と思えます。すなわち真の氏族社会の普遍的特質を知らないし、関心ももたないということです。

なおここで先述の古代中国の数学・自然科学の研究者である、京都大学名誉教授の藪内清氏がその著、『中国の数学』で指摘されている、古代中国の「民主主義」に関する興味深い指摘を簡単に述べておきます。それは古代中国の数学書として有名な『九章算術』に、水路建設にかかわる労働ノルマの均一化の問題や、租税の粟を運送する場合のノルマの公平化にかかわる計算式など、藪内氏の指摘によれば、「古代の数学書の問題としてはきわめて珍しいもので、古代中国の役人といえば、人民をやたらに苦しめたものと考えられやすいが、この二例でみる限り、決してそうではない。二千年の専制国家が続いた背景には、それなりの理由があったと思える。」(三二頁)といわれています。中国はその長い歴史のなかで度々、異民族の支配をうけているという現実があり、この問題を度外視しては、その歴史・社会・思想を語れませんが、にもかかわらず異民族に支配される以前の古代中国文化を見れば、藪内氏の指摘はあながちに的外れ、とはいえない面があるかと思います。

がさて、わが国の自由民権運動以来のいわゆる進歩的・民主的傾向は、『孟子』など眼中におきません。この『孟子』の断固たる否定という点で、徳川幕府や近世尊皇思想とまったく同じです。戦国時代の武家階級は、その内容如何は別にしても「天命論者」的側面があったことは、『信長公記』からも窺えます。しかし、徳川氏が天下統一を達成するや、あたかもイギリス・フランスでブルジョアジーが政権を獲得するや、その熱心な「自由と民主主義論」は色褪せるのと同様に、『孟子』は否定の対象とされたことは、江戸時代の『好古日録』(藤原貞幹・一七三二〜一七九七)や、『桂林漫録』(桂川中良、一七四四〜一八〇八)等々にみられます。例えば『桂林漫録』には、「孟子はいみじき書なれども、日本の神の御意に合はず。唐土より載来る船有れば、必覆るという事、古きより云伝えたる所なり……」（『本邦中世までにおける孟子受容史の研究』、井上順理氏著、一〇頁、風間書房、一九七二年）などの指摘があるほどです。

近世尊皇思想創設の勇・本居宣長にいたれば、「孟可（孟子）の大悪悟るべし。……この書、臣たる人に不忠不義を教える者なり。……おそるべし、おそるべし。」（『たまかつま』）と述べています。「万世一系論的尊皇派」には、氏族社会から民主主義思想・文化は生まれるという、人類社会の発展史とその人類史的普遍性は鬼門でしょう。

二　古代儒教の源流、氏族社会的民主主義

知られるとおり古代中国文化は、人類文明創設の一角という点で、日本のそれとは異なっております。したがってこれを正しく理解することは、われわれ日本人にとってきわめて大きな意味があると考えます。とくに歴史の偽造に立脚している「ヤマト朝廷とその文化」を、日本史と日本文化の源流・伝統という、近世尊皇日本論・日本文化論、および徳川幕府の官学的色彩の強い、江戸「儒教」しかない日本で、日本史とその文化の真の姿を解明・探求するものにとって、われわれ日本人が欧米文化に接する以前に、その影響を深くうけている古代中国文化を正しく知ることは、決定的に重要なことと考えます。

古代中国文化や思想を正しく知る前提は、当然ながらモーガン・マルクス・エンゲルスの氏族社会論とその民主主義論を踏まえるという点です。この視点は当然ながら、わが国の江戸時代や戦前の儒教論にはなく、またまことに残念ながら、「文明開化」的自由民権論等にも全くありません。その点は、さきの金谷治氏の、『孟子』の民主主義的特質への評価にかんして、日本の「史的唯物論」にたつ学者諸氏の冷笑的な態度に鮮明と思います。

さて儒教の古典といわれる「四書五経」の教義に、部族的原始的な都市を背景に生まれたと思われるものに、古代儒教に有名な『大学』の、「詩に曰く、楽しき天子は、民の父母、民の好むところはこれを好み、民の憎むところは、これを憎む。これをこれ民の父母という。」があります。この「天子」の姿は、氏族社会の原始都市の選挙で選ばれた酋長たちの姿をまざまざと示すものでしょう。最初から「人民とともにある姿」です。

また『詩経』の「大雅蒸民篇」には、「天、蒸民を生ず、物あれば則《のり》あり。民の彝《つね》を秉《と》る。斯《こ》の懿徳を好む」＝「天が人間を創造した。この世界では物があれば特質が与えられる。人間は作物をつくって、これを祖先の霊廟に備える（食する）。天はこの特質が立派に行われることを望んでいる」。または「民にたいして忠、神霊（祖先の霊）に対して信なること、……民は神（祖先の）の霊の祀り手なので、聖王（優れた指導者）は先ず民を安定させてから、神をまつることに勤められた。そこで犠牲を備える際には、『博碩肥腯《はくせきひとつ》』と申すのは、民が広く力を蓄えられ、家畜が碩《おおい》に繁殖し、病気もなくよく肥え、腯《とつ》（＝五体完備）であることを申すのです。穀物を供える際に『潔粢《けっし》は豊盛』と申すのは、三時（春夏秋）も無事に打ち過ぎて、民は和らぎ稔りも豊かなことをさすのです。酒醴《しゅれい》を供える際に、『嘉栗《かりつ》の旨酒《ししゅ》』と申すのは、上も下も嘉き徳備わり邪心なく、香り芳しく、邪意なきことを指すのです。』と、『春秋左氏伝・上』（七八頁。「魯の恒公の六年〝前七〇六年〟」、小倉芳彦氏訳、岩波文庫、二〇〇八年、第一六刷）にあります。これは美辞麗句を並べたようなものではなく、都市国家時代を過ぎて、中小の地域国家群がせめぎ合う時代にも、なお部分的にはこうした政治は国を保つとされています。つまりは〝勤労国民の支持と理解が国家をたもつ基本だ〟ということです。

これらはほんの一例ですが、ヨーロッパの民主主義体制が選挙制度に立脚しているという点に、中国は劣りますが、社会のあり方として「民を重視する」という考え方が古来より、根幹にある社会だということです。近世尊皇論の「国民土下座論」と対比すべきです。なかでも『孟子』は、これが体系的に展開されており、初期武家階級が独自にこれを古代天皇制体制への対決で、かかげた意味は重視されるべきでした。

ただし憲法で「万世一系の天皇制」を掲げている近代日本では、大学の日本古代末期史研究のあり方も、たとえば石母田正氏のように〝『東鑑』は、北条氏のために歴史を曲筆した〟などと強調し、戦後的な「北条・国賊論」追従論的言辞を弄し、ましてやその「天命論」への評価などは、どこにもない始末です。この他に良心的研究もないではありませんが、初期武家階級の思想の進歩的側面の探究でも、学者の研究は全体的に「万世一系の天皇制」的憲法の鉄鎖に縛められた痕跡濃厚と考えます。ここに近代日本の学問の真の問題点があるのではないかと思います。

ホ　東国武士階級の「天命論」の意義　「承久の変革」にさいして、北条鎌倉幕府と東国武士階級が古代天皇制の悪政とその「天皇」絶対主義に、決然として掲げた「天命論」こそは、まさに欧米の民主主義思想を生みだしたものと共通の、人類社会のいわば原点的社会、その時代の人類が自然に身に着けていた原始共産主義社会と、そこでの人間の姿から誕生した、民主主義の原点的思想に通じるものと思います。しかもこれが重要な点は、この思想、すなわち「国民は天皇より上の存在、政治の基本は国民の安心・安全」というに通じる思想を、日本の空たかくかかげて初期の武家階級が、日本古代社会を打破・変革して、日本中世社会の扉を自らの力で切り開いたこと、これが日本資本主義を生み出す土台となったところです。

これに対したあの有名なローマ帝国は自分の中世を開きえずに滅亡し、お隣りの中国は「天命論」を作り出しましたが、どこまでが古代か、中世か、その発展が分かりにくく、これに反してわれわれ日本人は、自らの古代社会を打破・変革してみずからの力で、しかも日本史上、民主主義に通じる思想・理念をかかげて切り開いたものと思います。まさにこの点で、世界に誇れる日本の姿であり、その思想・理念もまた評価しえ、継承・発展させるに足るものと思います。それはその基本において民主主義、その特質は「天皇絶対主義的尊皇思想」にたいして、〝それよりも上位のものがある。それは国民だ〟という堂々たる主張です。ここから逆に、だからこそ「天皇・支配者絶対主義」を掲げる『国体の本義』が、欧米民主主義思想とならべて渾身の憎悪をもって、「天命論」を罵倒したのだと思います。

またヨーロッパ社会の民主主義発展史の姿を絶対不動のモデルとし、東アジアの古代以来の文化の意義を否定する、「文明開化」的な近代日本の民主主義論は、古代天皇制に豁然として「天命論」、すなわち「人民・国民上位論」をひっさげて決起した、わが日本の初期武家階級の闘いに、価値をみいだし得なかったのだと思います。こうして戦後においても、初期武家階級がかかげた日本的「天命論」は、政治的に厳しく対立する「保守・革新」の両派から、ともに有害、無価値なものとされたのだと思います。

これにたいして、「しかし武家階級は、反人間的な封建制度の推進者・確立者だ」というとすれば、「ヨーロッパの古代民主主義を開花させたものは、古代奴隷制に立脚していた」ともいえ、その時代に固有の人類社会の発展段階の制約を持ち出して、日本社会の発展的変革を推し進めた思想・文化をも、すべて否定するとすれば、進歩の思想とか、社会進歩の伝統などはありえないことになるのではありませんか。人間、過去から学ぶにあたって、「発展的に継承する」という視点が重要ではないかと思います。

日本のマルクス主義的・進歩的傾向には日本古代末期の研究で、古代貴族と新興の武家階級の土地の所有権をめぐる問題では、すぐれた研究もあるようですが、古代天皇制とそれを支えた古代貴族階級と、新興武家階級のイデオロギー闘争にかんしては見るべきものはないようです。あたかも公的な日本古代史において、「多元的複数的王朝論、国家形成・発展複数説」がないようにです。しかもこの初期武家階級がかかげた天命論は、明治以降の近代天皇制を掲げるもの達が、神聖化・絶対化した「尊皇思想」を、真正面から打破・変革した時代の日本人がかかげた、日本人の歴史的・民族的な進歩の思想・理念であるにもかかわらずです。

へ 「井地（田）制」と「天下」＝〝九州〟

布施修司氏はその大著、『大元都市』（京都大学学術出版会、二〇一五年、初版）で、「井地（田）制」にかんしする日中の考え方の相違を、次のように述べておられます。「中国では井田制の実在はア・プリオリに前提とされているが、日本の研究者でその実在を認めるものは少ない。」（同書、五一頁）。この日本側の態度が生まれる背景は指摘しました。この「井地（田）制」こそは、古代以来の中国の「天下」の基本概念（「九州・五服・八紘」、同書三四頁）と強調され、次の例を挙げておられます。なお布施氏の『大元都市』とは、古代中国都城形成の歴史的発展を踏まえつつ、その理念を探究されたもので、氏はこの「井地（田）制」（以後、「井田制」という）を「ナイン・スクエアー」と呼ばれて、古代中国都城形成の基本的空間概念とされています。これが日本の古代都城（京）形成のモデルにされているのであれば、軽視すべきものではないことは明らかでしょう。

1 『礼記』の「王制」では、「天下」＝「方三千里」の「九州」

2 『尚書』「禹貢」の「五服」の「天下」＝「方五千里」の「九州」

3『周礼』の「九服」・「九機」＝「方万里」＝「九州」＋蕃国（四海）

布施氏はこれに続けて、「天下が『方三千里』、『方五千里』、『方一万里』という、三つの天下概念の成立は、それぞれ、戦国中期、戦国後期から漢代、漢初から前漢末までである。」（同書、三四頁）と指摘されながらも、「天下は九州からなる」という思想は、『史記』夏本紀以来とされています。

この「九州」とは、『孟子』（梁恵王上）に、「海内之地、方千里者九」（海内《かいだい》の地、方千里なる者、九《ここのつ》）（『孟子・上』、六〇頁）とあります。布施氏は『大元都市』で、「孟子は、王が方千里に王道を敷き、方伯が治める残りの八州に徳が及ぶことによって、『天下』が治まると考えた。夏、殷、周の各王朝も方千里に王道を敷いたと……」（前掲書、三五頁）とされ、「『九州』という理念が『天下』、すなわち中央に『中州（中国）』があり、方伯の治める八州がそれを取り囲む、九州からなる天下」といわれています。氏がこれを重視されているのは、古代以来の中国の都城の空間構成の原理・理念が、ここに由来するとされるからです。

なお『孟子』（滕文公章句）には、先の夏・殷・周で井田制の面積に差があって、夏が五〇畝、殷が七〇、周が一〇〇畝とある所から、同じ「井田制」でもそもそも部族によって、長さや面積に違いがあったことが記されています。これが自然であって、歴史も土地の諸状況も異なる諸部族が、同じ「平等な」土地の分配といっても、それぞれのその歴史・地形・文化的条件を背景に、長さ、面積等に相互に独自の単位があるのが自然です。

日本では先述のように、自国の歴史である〝氏族社会から国家へ〟という過程の諸記録が、大和朝廷によって抹殺されて、その間の真の歴史の記録が失われているわけです。ここに正当に留意することなく、明治以来の「万世一系の天皇制」規定を国是とする憲法下での、大学の〝日本史～日本古代史〟を学問とあがめても、そこにはおそるべき空洞があるわけです。

こう見てきますと古代の中国は、最初の夏王朝を創設した部族も、殷・周もそれぞれ「井田制」、ないしは類似の制度を共有していたということと思います。したがってこの「井田制」が、国家のそもそも、その基本として理解され、自分達の国・天下・世界を構成する骨格という考え方が誕生し、継承されても不思議ではありません。

現に古代中国での最初の国家・王朝は夏ですが、この後の殷・周はそれぞれ部族、ないしはその言語、民族の差異さえ指摘され、しかもこれらの国家が存在した時代、今日の中国の範囲内には、きわめて多くの異なる民族の都市国家的勢力が存在し、夏の後、殷の文字（漢字）文化の形成と、それの周による受容とその文字使用、その政治的文化的影響力の拡大によって、漢字文化が拡大し、これを通じて〝中華民族〟の形成が促進されたという説もあるようです。

なお古代以来、中国王朝が自国を中国（井田制のなかの公有地＝中国王朝の政治的理念）と称し、その都城をこの「ナイン・スクエアー」理念で形成したと言っても、古代中国王朝とその政治体制が、「民主主義」的とはいえないことは断っておきます。しかし、日本と違ってその王朝の政治論に、この「井田制」が遺制として、いくばくかは残存した時代があったことは間違いないとともに、中国史ではその「古代民主的理念」が、その後、階級社会の発展・成長にしたがって如何に変質されるかという点も、日本と違ってリアルにその記録とその軌道が残されています。

ト　日本の「九州」について　さて、ここでの問題は、この古代中国社会と文明にとって根源的な意味をもつ言葉が、日本本土の「九州」の古代以来の名である意味です。日本では九州の名の由来を、内部に九つの国があったからなどとしていますが、これは誤魔化しと思われます。この「九州」とは、古来の「中国」において、その国家名とその由来・その王朝政治の観念的な理念をあらわすものであって、中国人にとって〝限りなく由来深い〟ものと思われます。

これと同じ言葉が、そのまま日本本土の九州、すなわち「朝鮮半島の東南、大海中の島に国邑をおく」と、少なくとも一世紀から七世紀までの古代中国歴代王朝の史書に記載された、「倭国」の首都が存在した島の名称である所以は、『古事記・日本書紀』的日本史の虚妄を黙々と告発する、日本民族の真実の歴史からの「声なき声」と思われます。

古代倭国の中国交流は非常に古く、倭国は中国が自己を「九州」と呼ぶ、理由についても熟知していたと思えわれ、これに習って自国をも「九州」と称し、その中心の北九州の都城・大宰府を、「ナイン・スクエアー」概念で形成していた、すなわち古代中国式の碁盤目状の都市形成をしていたと考えられます。なお念のために言えば、「九州」とは倭国支配の全域をいうのであって、今日、九州島だけを「九州」というのは、その「ヤマト朝廷一元史観」によってゆがめられた結果だ、という可能性がきわめて強いという点です。

チ　日本儒教と中国儒教の違い　この項の最後に、近世以降の日本人がいう「儒教」とは、主に徳川時代の官学的儒教であって、その中心は孔子（『論語』）です。中国では、孔子と『孟子』の評価の歴史的な時差は指摘されていますが、孟子もまた重視されました。ここに儒教の本場と日本との大きな違いがあります。

第七章　水田稲作と倭人（日本人）

イ　水田稲作こそ日本文明・国家の土台

世界の各民族の国家・文明形成の土台は、それぞれの農耕・牧畜の誕生と発展と指摘されています。日本民族の農耕文化はいうまでもなく、水田稲作農耕です。すなわち日本本土のどこで、いつ水田稲作農耕が、どんな条件のもとに、どんな特質をもって開始されたのか、それはどのように日本本土全体に普及したのか、その条件・特徴はなにか、これが日本古代史・日本の社会・国家と文化発展の基礎だ、ということです。

①水田稲作発祥の地と日本

人類の主食栽培農耕のなかで水田稲作という、すなわち耕地に種籾を直播きせず〝苗代〟をつくって、そこで稲を発芽させ、その後に水をはった耕地に〝田植をする〟という非常に特徴のある農耕は、麦、稗・粟やトウモロコシ、またはソバといった主食栽培農耕とは著しく異なった、きわめて特色のある主食の栽培農耕様式といわれます。われわれ日本人には水田は見慣れた風景です。このきわめて特徴的な水田稲作農耕は地球上のどこで、どんな条件のもとで生まれたものか、この農耕文化の特質はなにかという問題は、われわれ日本人は地球上のどこで生まれ、どのように日本列島に展開したのかという、日本史の根元にもむすびつくものと思います。

本書は、右の問題を考えるにあたって、池橋宏氏著、『稲作の起源』（「講談社選書メチエ」、二〇〇五年、第一版）の見地に依拠します。池橋宏氏はこの水田稲作農耕が、「株分け」（田植）農法というきわだつ特色をもつ農耕様式で、この農法をうみだした人々は、そもそも湿地で株分け農業（里芋栽培等）を行なっていた人々とされ、最古の原始的稲作農耕遺跡をはじめ水田稲作遺跡が集中している揚子江中下流域を、この農耕の発祥の地とされ、また、この農耕の普及は、古代においては、この農耕文化を保持する人々の移動による、とされている点を私は重視する立場です。

日本にかんしていえば、「水田稲作・渡来人」説です。この「倭人」を、池橋氏は、揚子江中下流域の越人《えつ》、すなわち「百越」と呼ばれる越人（ベトナム人など）の一派とされています。そうして池橋氏の〝日本人＝倭人・タイ語系、揚子江中・下流域起源説〟をうらづけるものとして、私は、第一に「魏志倭人伝」などの、古代中国正史類等の「倭人の来歴」記載があり、この記載を実証するものとして、先述の王仲殊著の「三角縁神獣鏡・呉鏡説」がある、と考えるものです。

まず第一に「魏志倭人伝」に、「古来より以来、その使、中国に詣るや、皆大夫と称す。」とあります。これをいっそう補足的に説明するものとして、以下の文献があります。たとえば『晋書』倭国伝には、「男子は大小となくみな黥面文身す。」につづいて、「自ら太伯の後という。」またいう。上古より使、中国に詣《いた》るや、皆、大夫と称す。」。また『翰苑』に引用されている『魏略』の逸文にも、「その旧語（来歴・歴史）を聞くに、自ら太伯の後と謂う。」とあると指摘（佐伯有清氏著、『魏志倭人伝を読む・上』、一〇五頁、吉川弘文館、二〇〇〇年。傍線は引用者）されています。

この「太伯」とは、司馬遷の『史記』に有名な周の祖（古公亶父）の物語で、彼には三人の息子がいたが、その末っ子（季歴）の子供に昌という、後の周の初代の王・文王（前一〇五八～一〇四三）がおり、生まれた時に瑞兆があり、また幼少より利口であって、古公亶父は内心、周が中原の主になるとすれば、この子の時と夢を托していたのですが、昌の伯父にあたる太伯と虞仲は、老父の願いをかなえるべく、自分たちは身を引いて末子の季歴に家督を継がせ、昌の代がくるように、自分たちはある日、突然、江南地方に逃げ、その風俗にしたがって文身を体にして、二度とは故郷には帰らない決意を示した。」というエピソードです。通説の日本古代史では『史記』の記事が、日本史の根元にかかわるなどは、思いも及ばないことと思います。

なお今日の中国の現政治体制がどうなるにせよ、中国は、今後、ふたたび植民地・従属国にもどることはないと思われますが、注目すべきことは、ロータール・フォン・ファルケンハウゼン著の、『周代中国の社会考古学』（吉本道雅氏解説・訳、京都大学学術出版会、二〇〇六年、初版）の引用文献をみますと、先秦時代の中国古代史の研究に、実に多くの欧米の研究者が参加しているという点で、日本古代史とはその光景をまったく異にしていることです。

これは古代中国文明が人類文明発祥の一角を占めているからでしょう。その上、中国での古代中国史研究では戦前と異なって、日本語論文は読まれず、中国語か英文でなければダメ、というように変化していると指摘されています。

これは日本語が特殊だというだけではなく、戦前のみならず戦後の日本古代史学もまた、「シナ語シナ文は、人の思索を導きえない」とか、「シナ人は糞、小便」などという津田左右吉氏を開祖とあおぎ、さきに指摘したような近世尊皇史学以来の、古代中国文献の絶対的否定をこそ生命線とする〝学問〟を、自分の国の歴史と文化探究の中核としている、近代日本の姿とも深くかかわるものと思われます。

自国の歴史探究では、古代中国文明が創設した歴史の記録をことごとく無視・否定して、中国史研究では、それを尊重するなどという使い分けは、根本的には一国の学問・文化のあり方としては不可能でしょう。こうした近代日本人の学問的姿は、中国・韓国等のみならず欧米人も認識している、ないしはするでしょう。現に、明治時代にはイギリスの言語学のチエンバレーが、『古事記。日本書紀』を、「架空の想像談に過ぎない。」（勝田勝年氏著、『新井白石の学問と思想』、雄山閣出版、一九七三年、初版）としています。これは先述のグルーの「日本史評」に通じるものでしょう。しかも今日、世界は歴史学でさえもが、国際化の傾向にあるらしいからです。

さてこの『史記』にかかわる、「自ら太伯の後」という「倭人」の「旧語」、すなわち「その歴史認識」は、通説の従来の「邪馬台国論争」では、取り上げられなかったものです。この「自ら太伯の後」という、「倭人の歴史認識」はきわめて重要です。これによれば「倭人」は、自分の民族的由来を司馬遷の『史記』の、呉の国とかかわる歴史をもつものと言っているわけです。古代においてはいわゆる中国人・漢民族、すなわち黄河に由来する人間集団と、揚子江流域のそれは言語をふくめて異なる民族であって、中国では戦前まで、〝「北支」と「南支」では言葉が通じない〟と云われるほどに違いがあったようですが、数千年前ではなおさらでしょう。

この「倭人の旧語」の意義は、単にそうした記録が中国の古代正史類にある、というにとどまらず、それは近畿地方の「巨大前方後円墳」等から出土する多数の三角縁神獣鏡が、「呉の青銅鏡職人が近畿地方に招かれて、現地人の要望に応えて製造されたもの。」という、王仲殊氏の「三角縁神獣鏡・呉鏡文化」説と、ピッタリと重なる点にあります。すなわち文献記載と考古学的出土物との一致です。

この事実は従来の「ヤマト民族論」に、まったく根拠がないことを物語るものです。われわれの直接的祖先の本流（水田稲作民、ただし縄文人は別）は、揚子江中下流域のタイ語系の民族で、東南アジアの人々と深くかかわるものだからです。敗戦後、この方面に進軍して復員した日本兵から聞いた話では、揚子江流域や東南アジアにはいると「北支」（黄河流域）とは風物が一変し、水田、編み笠、藁屋根等の風景があらわれ、自分の田舎を思い出させる、という話をよく聞きました。戦地の兵士は明日、自分の命があるか知りえない人々です。こうした兵士がおもわず自分の故郷、なつかし山々や水田、さらには父母兄弟等をおもいうかべた心中、察するにあまりあります。

後年ベトナムを旅行した時、若いベトナム人の通訳（男性）が、日本人の旅行者は水田風景をみると、自分の故郷をおもいだすとか、一昔前の日本の田舎を思い出すなどという。しかし新しい社会の発展をめざす我々には、こんな田舎の風景には興味はないと情熱的に語っていました。私は内心、「おやおや、なにか文明開化時の日本人に似ているな」と思いましたが、これらの水田風景と編み笠、天秤棒を肩に歩く農夫・農婦の姿は、たしかに戦前の日本の農村風景と酷似した趣がありました。

②高床式建物と日本の雑草

日本の古代の建物に「高床式」があります。これは七〇〇〇～五〇〇〇年前の、揚子江流域の「河姆渡遺跡」をはじめ、東南アジアにみられる住宅の形式です。これといわば照応した関係にあるのが、水田の雑草の〝国籍〟です。池橋宏氏の『稲作の起源』によれば、「日本、朝鮮および中国を含む東アジアでの共通種は、水田が約九〇種、畑地が一二〇種である。……その他の地域のものはきわめて少ない。水田雑草の原産地として、東アジアや東南アジアが多いことは、水稲と水田雑草の渡来の背景を物語っている。」（前掲書、一八五頁）とされています。

③中国名をもつ〝日本人〟（孝徳紀）

〝「倭人」の民族的故郷は呉国など南中国である〟、こんな主張は民俗学（東南アジア説）ではあっても、戦前・戦後の日本古代史では、だれによっても指摘されたことのないもので、「少々、頭がおかしいのでないか」といわれる方がおられても、従来の〝日本古代史的教養〟からは、あるいは当然かと思います。しかしきわめて興味深い記事が、『日本書紀』孝徳紀にあるのです。しかも、ここに登場する記事は、『旧唐書』倭国伝および日本国伝の、「倭国はヤマト朝廷とは別国家」という記載を、自ら肯定・証明する面のある記事でもあります。それは「孝徳紀」の次の記事です。

「伊吉博得が言はく……中略……妙位《めうい》・法勝《ほうしょう》・学生氷連老人《ひのむらじおきな》。高黄金《こうわうこむ》、併せて一二人、別に倭種・漢智興《かんちこう》・趙元寶《ちょうげんほう》、今年、送使と共に帰れりといふ。」（傍線は引用者。前掲書、三三二頁）。

がさて『孝徳紀』、すなわち白村江の決戦以前に「ヤマト朝廷の遣唐使」などはありえず、この記事は、「倭国」の『帝紀』からの、『日本書紀』の編者による二重の盗作記事と思われます。この「倭種の漢智興・趙元寶とは何者か」、という問題です。わざわざ「倭種」と断っている点からみて、「倭人」すなわち日本人です。だから「帰るところは、当然、「倭国・日本」です。この「倭種」の日本人は、本来は「倭国」の遣唐使の構成員というのが真実の姿と思います。

ではなぜ日本人・倭種が、中国風の名をもっているのか、これへの回答が、さきの『晋書』倭国伝にある、「その旧語を聞くに、自ら太白の後という……」を読めば「倭人」が、自分たちを「揚子江中下流域に由来する者」として、その古来の中国風の氏名を保持していても、不思議も不可解もないでしょう。沖縄にはかつて中国・福建省等から、多くの人びとが〝帰化〟しています。沖縄史ではこの故か沖縄の支配階級や知識人のなかに、沖縄名とともに、中国名をもあわせもつ人々がいたことが指摘されています。この「別に倭種」にたいして、当該『日本書紀』の校註者はその本文の上段注「三一」で、なんと「倭種とは日本人との混血児」（同書、三二三頁）としています。なお本書の日本史観は、六六三年の「白村江の決戦」での「倭国」大敗以前に、〝「ヤマト朝廷」は存在しえない〟という立場です。

ロ　渡来人と渡海問題　通説の〝水田稲作民・渡来説〟の最大の弱点の一つは、「渡海」問題がほとんど検討されていないという点です。通説は水田稲作民が「渡来」したことは強調していますが、それが朝鮮半島であれ、山東半島であれ、この大陸のあれこれの地点から、日本本土に「渡来」するには、海を越えねばなりませんが、問題は、この「渡海」を倭人たちはどのようにして行ったのかという、一見単純に見える問題です。「そんなこと、船に決まっているじゃないか」といっても、〝海を知らない大陸の人間が、いきなり朝鮮半島から九州までの大海を渡れるのか、その技術・能力をどこから得たのか、それとも朝鮮半島にいまから約三千数百年以上前に、日本に人を運ぶ渡船業者でもいたのか〟、こう問えば、どうでしょうか。これを〝簡単な問題〟とは断じていえないのではないでしょうか。私にはそう思えます。

こうして〝渡来人、渡来人〟と通説が簡単に連発する渡来、すなわち少なくとも朝鮮半島〜九州・日本本土の間の〝大海〟を渡るという大仕事を、われわれの直系の祖先である「倭人」はその能力をどこで、どのように身につけたのか、これまでの〝日本古代史〟からは抜け落ちている問題に、正面から取り組まなければ、古代史はおろか、そもそも日本史の第一歩が始まらないでしょう。ここにも戦前・戦後の憲法第一条にしか責任を負わない、『古事記・日本書紀』絶対主義の近世尊皇論的「ヤマト朝廷一元史と史観」の、学問の問題点が示されていると思います。

こうして「渡海」問題を正面におけば、「渡来人の倭人たち」は、本来、〝渡海技術を保持したタイ語系のエツ人の一派であった〟という姿が浮かんでくると思います。この「倭人」は瀬戸内海や日本の河川を丸木舟に毛の生えたような舟で航行する水準ではなく、東シナ海や朝鮮半島と日本のあいだの大海を、自由に漕ぎわたる能力のある人々、すなわち「海人」たちと考えられる、そうした習性を身につけた人々と思われます。

①船名に「丸」がつくのは？

「倭人」と海との特別のかかわりは、『後漢書』倭伝、『三国志』「魏志倭人伝」や、『隋書』倭国伝に記されていますが、さらには『古事記』『日本書紀』にも「海彦・山彦」の説話があり、また「神武の東征」にも「鹽津老翁」（しおつのおじ。『古事記』では「鹽椎神」）と記されて登場しています。これとかかわると考えられるのが、例の金印「漢の委奴国王」印が出土した志賀島の海神神社です。

志賀島の海神神社の祭神の名は「安曇磯良丸」です。この「安曇磯良丸」とは『古事記・日本書紀』に記される「鹽津老翁」と考えられます。その根拠はこの「鹽津老翁」は『古事記・日本書紀』の「天下り神話」のあとの「海彦・山彦」にも、「神武の東征」説話にも登場するものです。すなわち「日本古代史」の決定的場面に登場するのです。いったいこの「鹽津老翁」とは何者か、です。これにかんして岩波日本古典文学大系本の『日本書紀・上』、一五七頁の上段の注「一二」によれれば「鹽」は潮、「つ」は「ツツ」、すなわち古い言葉の「星」を意味し、「老翁」は尊称の一種で、つまりは「星を仰いで海を渡り、人々を目的地に導き届ける人」、今日風にいえば遠洋航海の船長でしょうか。

海をこえて、はるかかなたに人々を導き届ける責任者であってみれば、今日の船長ですが未知の土地に人を運ぶ点では、今日の船長以上の存在と思われます。そうしてその全国的代表的な存在として、志賀島の海神神社の祭神「安曇磯良丸」が考えられます。志賀島の海神社の名物は鹿です。この神社には鹿の角数十頭分が保管されている建物があるといわれます。なぜ鹿なのか、よくわかりませんが一説によれば、鹿の内臓を抜き取って浮袋にした、という説明もあるようです。しかもこの福岡県の志賀島は昔、鹿狩りをしていたらしいことは、この神社の神楽歌にあります。同時に、この神楽歌にある「君が代」（歌詞）こそは、今日の国歌にされている歌詞の「君が代」の、そもそもと考えられます。この点、拙著『改訂版、邪馬台国論争の終焉』に詳しく述べました。

さてこの志賀島の海神神社は「神武の東征」ならぬ、東進を遂げて奈良の春日大社、茨木県の「鹿島神宮」ならびに「香取神社」（カトリとは、〝舵トリ〟が転じたものという）があります。また、これとは別に平清盛によって招聘された、「安芸の宮島」の厳島神社があります。これらの神社には鹿がはなたれています。安芸の宮島をのぞいてこれらの神社は、〝安曇族の東進〟にともなうという学説があります。この〝海神神社の東進〟に、水田稲作民の東進の姿が実は示されていると考えられるのです。

この点で優れた研究をされているのは、『古代文学の周辺』（南雲桜楓社、一九六四年）を著わされた西田長男氏です。氏はもとより強固な一元史観にたたれる学者ですが、その研究には真実の日本古代史像が反映されている面があって、傾聴に価する研究があると思います。その一つが志賀海神神社とそれを祭る安曇族への考察です。

「この志賀の海人・海部は、夙くよりその本郷を離れて、我が国土の津々浦々に蕃衍《はんえん》（＝拡大・移動し子孫が繁栄）した。……中略……今、試みに、平安中期以前の資料に従って志賀の海部の蕃衍した主なところを挙ぐるに、筑前並びに対馬・壱岐はもとより、豊後・隠岐・伯耆・播磨・讃岐・阿波・淡路・摂津・河内・山城・近江・美濃・三河・信濃などの国々を指摘し得られ、彼等はただ海岸沿いのみならず、更に内陸深くまで移住して、其の所々に確固たる地盤を築くに至った有様を察することができる。また諸国の地名に散見するアツミ（渥美・厚見・温海・熱見）、アタミ（熱海・阿潭）・アクミ（飽海）なども、安曇族の開拓の地であったろうと云われる。……中略……海人たる安曇部も亦こうした黥面（入れ墨、後述）を行なっていたのではなかろうか。……中略……。往古以来、玄海の要衝を管下に収め、大陸往来の航路を扼する筑前の一角にあって、居然として西海の地方に勇飛していたのである。いうなれば、我が国の制海権は安曇連《あずみのむらじ》の手中にあったと称してよいのである。」（同書、「第二節、「神楽歌の源流」、三〇六頁。傍線は引用者）、この部分、きわめて正確な研究と思います。

この志賀島の海神神社・すなわちその祭神である〝舵取り「安曇の磯良丸」〟は、古代日本において実に有名な存在であったことが、『古事記・日本書紀』の先の記載に示されているのです。同時に、この志賀島から『金印』・「漢之委奴国王」が出土しているわけです。これは古代安曇族が打ち立てた国家・王権たる「倭国」と、この金印が深く結びついていることを示すものと思います。同時に、この志賀島の海神神社の祭神・「安曇の磯良丸」は、はるかな古代日本において、優れた遠洋航海の名舵取りとみなされていたと考えられます。だからこそ以後の日本の船には、航海安全を祈願してこの名舵取りの名にちなんで、「丸」が付けられたと考えられます。しかもこの舵取りとその部族である安曇族こそは古代において、おおむね長野県ぐらいまで進出したらしいことは、先の西田長男氏の研究で明らかにされています。これが正しい倭人＝日本人論であるのは、後述する通説の水田稲作の本土への展開の考察と、西田氏の安曇族の東進の考察が、結果的に一致する点に示されています。もちろん長野以東にも進出していることもいうまでもありません。

したがって真の日本古代文化・古代日本語の形成者は、北九州を発祥の地とする倭人が基本となります。しかも指摘したとおり通説の水田稲作の展開にかんする考古学も、これを追認する結果となっています。後述します。

②古代中国文献にみる倭人の海人的性格

さて倭人の海人的性格ですが、これは志賀島の海神神社の研究のみならず、その他に倭人の海人的特徴を系統的に記録しているのが、「邪馬台国論争」に登場する『後漢書』倭伝、『三国史』魏志倭人伝、また『隋書』俀国伝です。

まずは『後漢書』倭伝です。この「倭伝」には「夷洲および澶洲あり」とあり、壇洲にかんして次の記事があります。「『秦の始皇、方士徐福を遣わし、童男女数千人を将《ひき》いて海に入り、蓬莱の神仙を求めしむれども得ず。徐福、誅を畏《おそ》れて敢て還らず。遂にこの洲に止まる』と。世々相承《あいう》け、数万戸あり。人民、時に会稽に至りて市す。会稽東冶の県人、海に入りて行き風に遭いて流移し澶洲に至る者あり。所在絶遠にして往来すべからず。」（傍線は引用者）。

この記事は従来、通説の「邪馬台国論争」史学では、まったく考慮された形跡はありません。それは戦前・戦後の「憲法第一条絶対主義」の学者等には、この記事の意味が理解できず、又「徐福伝説」なども中国史に登場する〝お話し〟程度のこととされた結果と思います。しかし、「三角縁神獣鏡・呉鏡説」こそが、真実の三角縁神獣鏡の性格という科学的な見解が明らかになって、古墳時代の近畿地方の勢力が揚子江流域と、交流していた事実を否定しえないとすれば、この『後漢書』倭伝の記事もまた、否定しえないものとなるのです。その意味と意義は、古代中国人が「所在絶遠にして往来すべからず。」という所から、「人民（倭人）が、時に会稽に至りて市す。」とあるところです。

八　朝鮮半島から三角縁神獣鏡、一面の出土例ナシ……の意味

とくに注目されるのが、三角縁神獣鏡が朝鮮半島から、一面も出土していないという王仲殊氏の指摘です。通説的日本古代史学とその考古学は、水田稲作や大陸文化の日本への伝搬問題では、朝鮮半島経由を主なルートとし、そこでの土器等と、北九州等の遺物との比較論が重視されています。しかし、「三角縁神獣鏡は……朝鮮半島では一つも見出せない。」(『三角縁神獣鏡』、八八頁。傍線は引用者)という指摘は、通説の弥生以降をあつかう考古学に重大な瑕疵や、歪みがあることを示しています。

それは朝鮮半島の人々が海運上の力量で、「倭人」に劣るという、問題です。しかもこれは古代朝鮮半島の人々自身が、認識していたことです。たとえば『三国史記』新羅本紀、「第二、儒礼尼師今《ゆれにさこむ》一二年(二九五)」に次の記事があります。「王、臣下に謂って曰く。倭人、屡々得わが城邑(首都と国土)を犯す。百姓、安居するを得ず。吾、百済と謀りて、一時に海に泛びて、入りてその国を討たんと欲す。如何にと。」。これに対する臣下の答えは、「吾人、水戦に習れず、険を冒して遠征せば、恐らくは不測の危なきことあらん……」(佐伯有清氏編訳、『三国史記倭人伝』、三八頁、岩波文庫、一九八八年、第三刷。傍線は引用者)です。問題は、海戦や渡海を「水戦に習れず」と明確に指摘している点です。海では倭人が上ということを認めているわけです。ここには海人的性格の「倭人」と、三角縁神獣鏡が一面も出土しない朝鮮半島の人々との、民族の歴史的背景の相違が示されているのでしょう。

①『三国史記』と日本古代史学

ここで『三国史記』に触れましたので、この史料にたいする通説の、江戸時代以来の態度についても述べておきます。この『三国史記』新羅本紀には、紀元一七三年時点での新羅と、卑弥呼との交流記事

があるのです。それは、「第二、阿達羅尼師今《あたらにさこむ》の二〇年（西暦一七三年）、倭の女王卑弥乎、使を遣わし来聘す。」（前掲書、三五頁。傍線は引用者）です。この一七三年は、卑弥呼の生存年齢内にあたると思われるのです。

したがってこの年代に卑弥呼の実在を認めれば、ただちに「邪馬台国・近畿説・卑弥呼ヤマト朝廷の始祖」説は、崩壊するのです。なぜならば二世紀に「ヤマト朝廷」が北九州をも支配していたとは、さすがに戦後の通説も主張しえないからです。こうして『三国史記』は通説の鬼門となり、後述するとおりに通説は、この史料にたいして世界の歴史学の姿に照らせば、傍若無人というべき反学問的態度、ないしは戦前、日本帝国主義が朝鮮半島の人々にとった、言語道断の反人間的態度に酷似した態度に終始するのです。

卑弥呼の死亡の年は、中国史料の『北史』によれば、「正始中、卑弥呼死す」とあります。この「正始中」とは、西暦二四〇～二四八年に当たり、かつ「魏志倭人伝」には、「正始八年（二四七）に卑弥呼が狗奴国王と争い、魏の帯方郡治に使者を派遣した。」と書かれ、これにつづいて「卑弥呼もって死す」とあることから、卑弥呼は二四七～二四八年に死亡したと考えられます。ここにたって西暦一七三年とは七五～六年前です。問題は卑弥呼が何歳で女王になったかです。この点、「魏志倭人伝」に、「乃《すなは》ちともに一女子を立てて王となす」とありますから、仮に一〇歳としても八六才、もし六～七歳ならば八〇才前後であって、ここからみて卑弥呼と新羅の交流記事を、年齢論からは、無条件に否認する根拠はないことになります。

なお、ここで一語つけたせば、『三国志』「魏志倭人伝」の記す「倭人の年齢考」の特質は、「一年が二年」と数えられる「二倍年暦だ」という点です。これは古田武彦氏がはじめて指摘（『失われた九州王朝』、一三五頁、角川文庫、一九七九年、初版）されたことですが、その根拠は「魏志倭人伝」の、「その人寿考、あるいは百年、あるいは八、九十年」という記述とともに、裴松之の『三国志』「魏志倭人伝之注所収・魏略」の註に、「倭人は正歳四節を知らず。但春耕秋収を計って、年紀と為す。」とあるところからです。これは『古事記・日本書紀』の天皇の年齢に百才をこえる場合がしばしばあることと合致しています。すなわちわれわれ日本人は、古くは今の一年を春耕と秋収に分けて、二年と数えていたということです。つまりは「魏志倭人伝」に、卑弥呼の後継者の壹与にかんして、「卑弥呼の宗女壹与一三なるを立てて王となし……」とありますが、この「一三才」は今日流では六〜七歳に当たるというわけです。

さてもとにもどって、にもかかわらず例の「邪馬台国論争」で通説は、この『三国史記』の「一七三年の卑弥呼」記事を無視してきました。またさらにこの史料の記事の無視の理由は、卑弥呼問題にとどまらず次の問題ともかかわると考えられます。その若干例を挙げれば以下のとおりです。

・前五〇年――「倭人、兵を行《つら》ねて、辺（新羅の）を犯さんと欲《ほっ》す。」
・後一四年――「倭人、兵船百余艘を遣わし、海辺の民戸を掠《かす》む。」
・後五九年――「倭国と好《よしみ》を結び、交聘す。」（傍線は引用者）
・後七三年――「倭人、木出島を侵す。王、角干羽烏《かくかんうう》を遣わして、之を禦《ふせ》がしむ。克《か》たずして、羽烏死す。」
・後二三二年――「倭人、猝《にわ》かに金城（新羅の首都、王城）を囲む。王、自ら出《い》でて、戦う。賊、潰走す。」

といった類の記事が、延々と続くのです。しかもその記事では、いつも新羅が勝っているわけではないのです。

さて通説の〝日本古代史〟論、または例の「邪馬台国論争」では、「倭人」すなわち通説ではヤマト朝廷が、三世紀以前に新羅の首都・王城を包囲攻撃したなどは認めていません。通説の『三国史記』新羅本紀のこれらの記事にたいする評価を、佐伯有清氏編訳の『三国史記・倭人伝』の「解説」で見れば、以下のようです。

その一は、「『三国史記』新羅本紀の倭関係記事の大半は、造作されたもので信憑性にかけるとするもの、あるいは史料的に利用できるものは、四世紀後半の奈勿《なもつ》麻立干（三五六〜四〇一）のころからの記事とするもの、そこに記されている倭は、のちの日本（ヤマト朝廷）のこととみなすのが大勢であった。」（同書「解説」一六頁）。

その二、「文武王五年（六六五年）以降にみえる「倭」はのちの日本（ヤマト朝廷）のことであるが、それ以前の始祖赫居世（前五〇年）から炤知《しょうち》麻立干条二二年（五〇〇）年四月」までの記事にみえる倭人・倭兵や倭国・倭王などは、いずれも大和政権とは無関係であって、新羅と陸つづきの加羅をさしているという新説（同書、一七頁）。

その三、「「その二」への批判として、「倭人、倭兵が陸路をとって新羅へ侵入した記事よりも、海路をとったと考えられる記事の方が多く、また新羅の王城ないし慶州盆地内の交戦は、これが王都の周辺であったことからこそ注目され記録にとどめられたと考えるべきであって、これがただちに倭人を加羅地方の住民とみなす根拠とすることはできない。」（一八頁）等といったものです。

佐伯氏は正当にも先述の、「第二、儒礼尼師今一二年（二九五）」の「吾れ百済と謀りて、一時に、海に、浮かび、入りて其の国を撃たんと欲す。如何に。」を例証されて、「倭人、加羅と陸続きの勢力説」を否定（二〇頁）されてはいます。しかし、その先でこの「倭がのちの日本であるとしても、それが日本列島内の大和政権のことなのか、それとも九州北部にあった勢力のことなのかという問題である。」とされ、縷々述べてさらに「高句麗の広開土王（好太王）碑文に見られる『倭人』などを、北九州の海賊集団、あるいは九州王朝とする新説が人々の関心を集めている。そして、大和政権であるとみる説とするどく対立している。」（同二一頁）とされています。なお「九州王朝」というのは、古田武彦氏著の『失われた九州王朝』をさし、この「九州王朝」とは、古代中国・朝鮮史料に記される、「倭人、倭国」のことです。本書においては「倭人・倭国」と記しています。

こうみますと『三国史記』新羅本紀記載の「倭」を、そもそもは「ヤマト朝廷」と考える通説の学者は、「やれ四世紀以前の倭は造作」とか、「六世紀以前の倭は新羅とは陸続きの加羅」とか、他民族のしかも正史に、いわば好き勝手な烙印を自由におしつける権利を〝なにによって、また、だれから与えられているのか〟と、いいたくなる態度です。そもそもいったいどこの民族が、そんな事実もないのに「〇〇人」や「〇〇国」が攻め込んできて、自国のなんという武将が戦死したなどという記事を、造作までして正史に書く必要があるのでしょうか。

こうした通説の一般的な態度は、その正史を編纂した民族・国家を、なにか目下の知的障害があるもののように扱う、おおよそ世界の歴史学の姿には一般的には見られない、異常で非常識なもので、世界の学問の姿とは共通性がまったくないものではないかと思います。こうした異常・非常識な言動・態度が、しかし、戦前にとどまらず・戦後の日本古代史学の普遍的な姿なのです。これはあの朝鮮・中国侵略以来、第二次大戦での日本のアジア侵略への反省などまるでない人々の姿に通じるものと思います。

こうした態度が生まれる根元は、「ヤマト朝廷一元史観」にあるのです。『三国史記』新羅本紀に即して言えば、紀元前の倭人の新羅攻撃や、後五九年の「倭国と好《よしみ》を結び、交聘す。」、または後二三二年の「倭人、猝《にわ》かに金城を囲む。王、自ら出でて、戦う。賊、潰走す。」といった記事を事実の記載と認めれば、その瞬間に「ヤマト朝廷一元史と史観」は終焉を迎え、「倭人・倭国」とはどこのどんな勢力か、日本古代史の第一級の問題になるからです。

しかしこれは、戦前・戦後憲法の第一条・天皇制条項の、学問的否定に通じます。ここに「ヤマト朝廷一元史と史観」の真の姿・意味があるのです。一見、歴史学的体裁に秘められた、ギラギラした政治的階級的動機と態度です。しかもこれは、まさに白石が約三〇〇年も前に指摘していた問題です。それは水戸史学が、古代中国・朝鮮史料の対日交流記事に対して、ことごとく「異朝の書の見聞の誤りと申し破り、本朝国史々とのみ申すことに候。本朝の始末、おおかた夢中に夢を説き候ようのことに候。」、と看破した姿そのままということです。

こうして戦前と戦後、一元史観の日本古代史の本質は不変ですが、表面上ちがうのは〝実証主義〟をかかげて見せるあたりです。知られるとおり通説は、「三角縁神獣鏡・魏鏡、邪馬台国・近畿説、卑弥呼、ヤマト朝廷の始祖説」を掲げ、これを「実証主義的歴史学」と称してきましたが、ついにこの「三角縁神獣鏡・魏鏡説」も否定されました。

近代ヨーロッパの歴史学的実証主義のはじめは、古代ギリシャの叙事詩・ホメロスの『オデッセー』や『イリアス』を、歴史の記述と考えたシュリーマンが先覚ですが、その後は古代メソポタミアの楔形文字や、古代エジプトの象形文字の解読とそれの考古学的検証によって、古代オリエント史とその文明の人類史的意義を明らかにするなど、巨大な前進が図られたことはいまさらいうまでもないことでしょう。ここには古代人の文献記録への実証主義的検証という、真に科学的な探究の視点があります。これと通説の「実証主義」の根本違いは、シュリーマン以降の実証主義の基本が、古代の金石文をふくむ文字の記録の重視と、それの考古学的検証であって、その際、古代ギリシャ・ローマ文明とオリエント文明とのあいだに、どんな民族的文化的差別や偏見をも持ち込んだりはしていない、という点です。

これに対して日本古代史学では、述べてきた通りに古代中国・朝鮮史料は蔑視され、不当に歪められ、これも述べたたように、日本人・新井白石でさえもが、そのゆがんだ姿を、「本朝の始末、大かた夢中に夢を説き候ようのことに候。」と、〃学問の名に価するものではない。〃と、あえて指摘しなければならないほどに歪んだものです。およそ真の「文明開化」どころか、その姿は世界に類を見ない、「万世一系の大和朝廷」なる、すなわち戦後といえども戦前同様に、「ヤマト朝廷一元史観」に固執した〃学問〃に、実証主義という着物を着せて、真の学問ででもあるかに飾りたてたという、日本人として顔が赤くなるような代物なのです。

大変興味深いことは、こうした考え方は、素人の私の妄言といえないことは、通説の一角からさえも次の指摘があるほどです。それは「前方後円墳・ヤマト朝廷造営論」にたつ戦後の日本古代史学を、「ごく単純化すれば、それは単調で一系的な形成論（本書がいう「一元史観」）である。第二次大戦以前の国家形成論と、本質的にどこが違うのか不明な部分が多く、神武天皇を畿内地域なる用語に置き換えただけではないのか、との疑念を深くいだかざるをえない。」（北条芳隆氏、溝口孝司氏、村上恭通氏共著、『古墳時代像を見なおす』、「序」Ⅵ、青木書店、二〇〇一年、第二版）。こうした学者諸氏の御健闘を心から期待したいものです。

②『三国史記』の史料的性格

『三国史記』（五〇巻）の記事の信憑性の問題は重要です。この史料は金富軾《きんふしょく》によって一四四五年に編まれた、いわば非常に遅れて生まれた史書です。この史書の古い時代の記事の信憑性にかんして、例えば佐伯有清氏は前掲書の「解説」で、「……その史実性は問題外であるが、『三国史記』での伝説時代における倭関係記事の材料は、すでに朝鮮の古史料・古文献の編年記事に存在していて、その成立は、かなり古い時期であったと想定することも可能である。」(前掲書、一二三頁)と、かなりあいまいな表現ながらもいわゆる「伝説時代」の記事が、「古文献の編年記事」としてあったことを暗に認める記述をされています。

つぎは中国の〝日本古代史学者〟の沈仁安氏著の『中国からみた日本の古代史』(藤田友治・藤田美代子氏共訳、ミネルヴァ書房、二〇〇三年。初版)には、次のようにあります。「『三国史記』と『三国遺事』は著しく遅れて書となり、その史料的価値は、同時代史的性格をもつ中国の史籍と同列に論じることはできない。しかし、日本の史籍の『古事記・日本書紀』と比較すると信憑性は高くなる。金富軾、僧一然がこの書を編集したのは、当時残っていた朝鮮の古籍に依拠しただけでなく、中国の史書をも参考にしたものである。」(同書、一二三頁。傍線は引用者)とあります。ここでは中国の史書云々はおくとしても、朝鮮自身の古記録の存在を指摘している点で佐伯氏と同じであって、この点の指摘がやはり重要と思います。なお沈仁安氏の日本古代史観は、「邪馬一国・九州。東遷説」です。

沈氏の「『古事記・日本書紀』の信憑性の低さ」の指摘を、中国人の僻見などと言えないことは、先述のとおり『岩波講座・日本歴史』(二〇一三年)の第一巻に、通説の著名な学者自身が、「『古事記』『日本書紀』の記事の信憑性は低い。」(九四頁)と述べている点をみれば十分でしょう。だとすればこの『岩波講座・日本歴史』は、「一元史観絶対主義」の歴史観をどこからもってきたのでしょうか。〝近世以降の尊皇史学の集積より〟という他はないでしょう。ではその尊皇史学はどこから「万世一系の天皇制は日本民族の歴史と文化」なる、日本史論をもち出してきたのか、これを問えば、自分達自身がいう「史料的信憑性は低い」、『古事記』『日本書紀』からではないのですか。

③『後漢書』倭伝との比較

では、その『三国史記』の古記録は、どの程度の信憑性があるのか、その検証方法として、『後漢書』倭伝と比較するという仕方があります。『後漢書』倭伝の記事が史実にもとづくものであることは、「建武中元二年（西暦五七年）、倭奴国、奉貢朝賀す。使人、自ら大夫と称す。倭国の極南界なり。光武、賜うに印綬を以てす。」という記事の〝印綬〟が、先述のとおり志賀島から出土している点に示されています。欧米・中国等の考古学ならばこれによって、〝「倭奴国」の首都は北九州で、そこに一世紀に日本の「大国」が存在した、これを記録する『後漢書』倭伝等の記載は正しい〟という正当な結論が導かれると考えますが、「一元史観」絶対主義の日本ではまったく違います。

それは何回も指摘したとおり、正当にして当然の結論を導くや、その瞬間に、「万世一系の天皇制」なる、「一元史観」は崩壊するからです。こうして通説は一致してこの「倭奴国」を、「倭の奴国」と読んで、たとえば直木孝次郎氏は、「……北九州の小国が未熟ながら連合国を形成していたことは……私も同感である。」（直木孝次郎氏著、『日本の歴史』「Ｉ倭国の誕生」、一三二頁、小学館、一九八七年、一一刷）といわれるのです。

すなわち「金印」、これは中国とその他の国家の関係を印の金属材質で示すものですが、金印はあれこれの弱小国ではなく、その周辺を統括する中心国に与えられることはとっくに指摘されているところです。にもかかわらず通説の学者は、「倭奴国」小国論にたっています。その理由はさきに述べたとおりに金印＝大国という、古代中国・漢の印制をありのままに認めれば、戦前・戦後の憲法第一条の〝日本史〟は、その瞬間に根本から崩壊し、一世紀、近畿地方にヤマト朝廷があったとは言えない時代に、北九州に後漢から金印に該当する、日本民族の歴史と文化を切開いた国家、王朝があったことを承認することになるのです。

こうして近世尊皇史学以降の日本古代史は、先の新井白石の指摘のとおり「ヤマト朝廷一元史観」を絶対とし、この否定につながる古代中国・朝鮮史料の記載を、ことごとく否定するのです。その姿は古代ギリシャの説話の、「プロクルステスのベッド」そのものです。この怪物は旅人を自分のベッドに寝かせ、ベッドより足がはみでる者は、その足を切り、ベッドより小さい者は、その躯を無理に引き延ばしたというのです。

これは通説の姿そのものであって、「万世一系の天皇制」こそが、この史学の〝真理のベッド〟であって、これに合せるために史料や考古学的事実をさえも、「赤信号、みんなで渡れば怖くない」式に引き伸ばし、切りちぢめること、「プロクルステスのベッド」の如し、です。がさて、以上にたって『三国史記』の記事と、『後漢書』倭伝の記事とを西暦の年代順に並べてみましょう。

1『三国史記』――西暦一四年「倭人兵船百余艘を遣わし、海辺の民戸を掠む……」

2『後漢書』――――西暦五七年「建武中元二年、倭奴国、奉献朝賀す。……光武、賜うに印綬を以てす。」

3『後漢書』――――西暦一〇七年「安帝の永初元年、倭国王・師升等、生口一六〇人を献じ、請見を願う。」

4『三国史記』――西暦一二三年「倭国と和を講ず。」

以上の比較を見れば『三国史記』の四世紀や、五世紀以前の倭・倭国関連記事を〝造作〟などという根拠が、あらためて問われるでしょう。

④佐伯有清氏の「倭人・海賊論」

この『三国史記』問題の最後に、佐伯有清氏の「倭人・海賊論」を一瞥しておきます。それは「倭人」を、〝海人族〟というべきを「海賊」といわれるからです。佐伯氏の認識では、「海を渡って他国を襲う」者は、〝海賊だ〟ということかと思います。しかし、この海賊論の問題点は、水田稲作を日本本土で展開した倭人、われわれ日本人の祖先はどこから、どうやって海をこえて日本本土に来たのか、という点への問題意識がないところです。この「尊皇」日本史学には、日本民族の「そもそも論」がなく、すべては「ヤマト朝廷」から始まるらしいのです。

敗戦後、約七〇年以上、「皇国史観批判、実証主義」を掲げてみせた、戦後の〝日本古代史〟の真の姿がこのような、「戦後ヤマト朝廷一元史観」であってみれば、それは「戦後の皇国史観」というべきものです。これでは「教育勅語」の復権をたくらむもの達が生まれても、その責任をだけいうのは、やはり一面的と思われます。

新井白石の水戸史学批判や、明治時代の広池千九郎氏等の「ヤマト朝廷一元史観」批判史学の無視もさることながら、昭和時代以降の古田武彦氏の「多元史観」も、また無視されるという日本社会の閉塞性は深刻です。はたしてこうした姿で、右傾化する今日の日本政治に正しく対処できるのか、もしそうであれば〝歴史学などは無用の骨董品〟、というべきでしょう。日本において「歴史に学ぶ」とは、「万世一系・ヤマト朝廷一元史観堅持のこと」だと。だがしかし日本を敗戦に導いた根本的根元的思想は、「万世一系の天皇制」の偉大さ、無敵さをいう、「教育勅語」の日本史論・日本文化論が主な要因の一つではなかったのですか。

二　「倭人・海人説」のさらなる探究、「会稽東治」問題　こうして紀元前後の時代、倭人たちは、古代中国人が「所在絶遠にして往来すべからず。」という、はるかなる海のかなたから「人民、時に会稽に至りて市す。」という姿であったわけです。その生き生きとした姿は、『三国志』「魏志倭人伝」に克明に記されています。それはまず、「倭人」の黥の習慣とその歴史的背景への説明です。「男子は大小となく皆黥面文身す。古より以来、その使、中国に詣《いた》るや、皆自ら大夫と称す……』。この後に『太平御覧』東夷三の倭の条に引用される「魏志」では、「……其の旧語を聞くに、自ら太伯の後と謂う。」（佐伯有清氏著、『魏志倭人伝を読む・上』、一〇五頁、吉川弘文館、二〇〇〇年）があることは述べました。

さて、「魏志倭人伝」では「……夏后少康の子、会稽に封ぜられ、断髪文身、以て蛟竜の害を避く。今倭の水人、好んで沈没して漁蛤《ぎょこう》を捕え、文身しまた以て大魚・水禽を厭う。後やや以て飾りとなす。諸国の文身、各々異なり、あるいは左にしあるいは右にし、あるいは大にあるいは小に、尊卑差あり。その道里を計るに、当に会稽東治の東に当たるべし。」

あの有名な「邪馬台国論争」で、明治以降の著名な日本古代史学者が、この「その道里を計るに、当に会稽東治の東に当たるべし。」を正しく読めなかった、というのは古田武彦氏の指摘です。その急所は、「会稽東治」という陳寿の文章を、「会稽郡東治県」という郡県表示記事（日本式は県・郡）と、『後漢書』倭伝の編者の范曄が勘違いをしたばかりではなく、さらにその際、范曄は、この時代に中国で「郡県」指定の変更、すなわち行政区域の変更が行われていたにもかかわらず、それを見落とすという歴史家としては、大きなミスを犯したと古田氏は指摘されています。（『「邪馬台国」はなかった』、一〇二頁、角川文庫、一九八〇年、第四版）

この問題は、本来、古代中国内部のあれこれの郡内のより細かい行政区の変遷という、一般的には、日本人には縁遠い問題なのです。にもかかわらずこの問題が、日本古代史の探究で大きな比重を占める理由は、通説が古代中国正史類を信頼できない史料と、大宣伝する材料にこの記事が利用されているからです。古田氏は『三国志』を丁寧に調べられて、『三国志』中、「永安三年（二六〇）を境にそれ以前が「会稽郡東冶県」、それ以降が「会稽郡建安県」と変更されている事実を指摘されて、この意味はその記事が永安三年以前ならば「会稽東冶県」、それ以降ならば「会稽郡永安県」とされるという当たり前のことを指摘されて、以下の点を探究されたのです。

問題は、陳寿が「その道里を計るに……」と書いた、その時代はいつかを問われて、「それは三世紀末、魏をうけつぎ、呉を併合した晋の時期なのである。もちろん永安三年よりあとだ。そうして、晋もまた呉の『分郡』をうけつぎ、会稽の南部を『建安郡』と呼んでいた（晋書）。」と指摘されています。すなわち「魏志倭人伝」の「会稽東冶」という言葉は、〝郡県などの行政区変更とは無関係な表現だ〟ということです。そのうえで范曄が『後漢書』に、なぜ間違って「会稽東冶」という記載をする結果になったのかを問われ、「根本は永安三年の分郡問題」を見落としたこととされ、さらには范曄の文筆上の〝不運〟にも言及されています。

ところが通説でこの問題が重視される由縁は、〝古代中国人の地理的認識は非常に低い〟、〝当時の中国人は、日本列島を九州南端から台湾北部（東冶県は台北の対岸）にかけて南北に伸びた国と認識していた〟、といった主張が、この「会稽東冶」記載を理由に強調され、さらにはこれが〝古代中国文献不信論〟をあおる、絶好の口実にされているのです。たとえば直木孝次郎氏著の『日本の歴史』（「1倭国の誕生」、「地図史学からの発言」、二八二頁、小学館、一九八七年）がその例です。これは「プロクルステスのベッド」的方法論正当化の、絶好の口実にされているわけです。

しかもその際、古代中国の地図作成能力が三世紀には、すでにきわめて高度の段階にあったという、京都大学名誉教授の藪内清氏の著書・『中国の数学』の研究などは無視されるのです。現に石原道博氏編訳の『魏志倭人伝・後漢書倭伝・宋書倭国伝・隋書倭国伝』（岩波文庫）の「二〇一一年、第八一刷」では、陳寿の原文・「会稽東治」が改竄されて、「会稽の東治の東に当たるべし」（同書、四五頁）とされ、これにかんして「注五」で、中国郡県制の説明があって、范曄の誤りが堅持され、御叮嚀にも「東治とするものあるは東冶の誤」（同書、四六頁）と、正しい方から誤った方への誘導がおこなわれている状況です。しかし陳寿の「魏志倭人伝」の当該文章は、「会稽東治」と書かれており、この〝「東治」とはなにか〟という問題で、実は通説の日本古代史の諸権威は、そもそも引用文中の「夏后少康の子、会稽に封ぜられ、断髪文身、以て蛟竜の害を避く。」という文章を、陳寿が記してる意味が分かっていない、ということなのです。

古田氏は、「『会稽東治』の句のすぐ前にも『会稽』がでてくる。とすると、二回目の『会稽』は、一回目の『会稽』をうけているのではないか。こう考えるのは、文脈理解の上では常道だ。」（『「邪馬台国」はなかった』、一〇九頁、角川文庫、一九八〇年）とされ、「『夏后少康』とは、夏《か》の中興の英主とされる少康のことである。その子が会稽の王に封ぜられ、彼は水辺の民が蛟龍の害に悩んでいるのを見て、『断髪文身』によってその害をさけられると教えた……」という伝説を指摘されて、さらに次のように述べておられます。

「ところが、今（三世紀、陳寿のころ）、倭人はこれと同じく、『大魚・水禽』の害をはらうために、『文身』をしている、という事実に陳寿は着目した。そうしてかれはその間に、今日の言葉でいえば『文化史的交渉』の存在を推量したのである。つまりは夏の感化が倭人に及んでおり、それが風習化して、今も倭人の中に伝えられているのであろう、と推定しているのである。」（前掲書、一〇九頁）とされています。

古田氏は陳寿の『三国志』「魏志倭人伝」のみを、テキストとして選定されて考察された結果、さきに引用した「『太平御覧』東夷三、倭の条に引用されている『魏志』」の一文は考慮されなかったようです。その「一文」とは、先述の、「其の旧語を聞くに、自ら太伯の後と謂う」です。すなわち「倭人」は、古代中国王朝発展上で有名な、「周ともまた呉ともかかわるもの」と自称しているわけです。しかも、それは呉の青銅鏡が近畿地方から数多く出土している事実、また『日本書紀』孝徳紀の、「中国名の倭人」の存在によって、事実の反映という他はないというのが正当でしょう。

すなわちここの「会稽東治」問題は、古田氏がいわれるとおり、陳寿が「断髪文身」の習慣をもつ倭人の姿について、古代中国・夏の英主少康が会稽の水辺の住民に「蛟竜の害を避ける」方法として、「断髪・文身」を教えたという事例を、ここに書いたのは、その背後に「呉を出身地と称していた〝倭人の旧語〟」があって、そこに文化的関連とその背景として、古代中国の文化的影響を推測したと考えられます。すなわち「倭人の文化の歴史的背景」という問題です。

したがって地理的には「会稽東治の東に当たるべし」とは、〝禹の東治で有名な会稽の東の方角にあたる〟という意味であって、九州・日本は、今日の世界地図上の位置にあるということで、先述の藪内清氏の『中国の数学』の指摘のとおりであるわけです。

こうした考察を通じて、日本古代文明と最初の国家を形成・発展させた倭人・日本人と、呉の関係が日本史の認識から失われた原因を問えば、第一に、大和朝廷の始祖が、「諸家の帝紀・旧辞」を「撰録・討覈」して、『古事記・日本書紀』を編纂し、その過程で日本民族の真実の歴史の記録を、「国禁の書」として破棄したことでしょう。第二が、こうした『古事記・日本書紀』を近世水戸史学、国学、すなわち「近世尊皇思想とその史学」が神聖化。絶対化したこと、第三には、これらの尊皇史学を奉じて「一元史観」の構築・修飾に努めた、明治以来の学者諸氏の「学問的成果」の集積の結果でしょう。したがってこうしたものに、かならず「歴史の審判」が下される日は来るでしょう。こうして私たちは近世以降の尊皇史学が躍起となって否認した、古代中国・朝鮮史料の意義をあらためて知るのです。

ホ 「持衰《じさい》」 さて、もとにもどって倭人の海人的性格のつづきです。「魏志倭人伝」に「持衰」というものが克明に記されています。今日のわれわれは、こうした風習が日本人にあるとか、あった、ということは聞いたことがないのではないでしょうか。それは、「その行来・渡海、中国に詣《いた》るには、恒に一人をして頭を梳《くしけず》らず、蟣蝨《きしつ》（＝シラミ等）を去らず、衣服垢汚、肉を食わず、婦人を近づけず、喪人の如くせしむ。これを名づけて持衰と為す。もし行く者吉善なれば、共にその生口（奴隷）・財物を顧し、もし症病あり、暴害に遭えば、便《すなわ》ち、これを殺さんと欲す。その持衰謹まずといえばなり。」（引用文のカッコ内は引用者）。

これは遠洋航海での無事を祈願する風習と思われますが、従来の通説の「日本古代史」では、真正面から重視されなかったものではありませんか。しかし、いまから三千数百年以上も前から、今日の上海方面をふくむ中国に行くのに、こうした原始的な仕方で航海の安全を祈願したというのは、むしろ自然に思えます。こうした風習があったのは、この「倭人」等が海人族であったことを物語るものと思います。『古事記・日本書紀』の記載では、例の「海彦・山彦」の海彦でしょう。

へ 「海人」の故郷と誕生の背景 今日、世界史に知られている有名な海人は、ヨーロッパでは「バイキング」ですが、古代の航海で驚異的なものは、遠くアメリカ大陸にまで進出した例もあるといわれる、ポリネシア人でしょう。このひろく南太平洋に拡散している人々の遠洋航海術は、古代において驚異的なものと思われます。

このポリネシア人の祖先がラピタ人といわれ、この航海にたけた民族の誕生にかんして、次のような考察があります。「今から一万年ほど前に始まる後氷期になって、……水面の上昇が進み、東シナ海や南シナ海にできた大陸棚が良好な漁場を提供することになり、ますます漁撈活動が活発となった。また、それまで人間の居住地だった場所が臨海地となったために、あちこちと航海することを余技なくされたはずだ。」（片山一道氏著、『海のモンゴロイド』一七頁、「歴史文化ライブラリー139」、吉川弘文館、二〇〇二年。傍線は引用者）とされていますが、古代人類が海に適応する条件の考察として、適切な指摘ではないかと思います。

要する最終氷期の終わりとともに海進が始まり、上海方面の沿海部で水田稲作を行なっていた越人の中に、その地の島嶼化などの問題に直面して、否応なく海への適応をせまられるような状況の人々が生まれ、こうした人々から「倭人」的な海人は生まれたのではないか、ということです。その際、念頭におくべきは、水田稲作をすでに行っている人々という点です。通説の日本古代史は、「プロクルステスのベット」的に、「ヤマト朝廷一元史観」絶対主義の結果、民俗学的要素には関心を示さないようですが、これははたして正しいか問われるところでしょう。

また第二次大戦直後には上海や香港には、多数の海上生活者とその船があり、日本にも戦前、水上生活者がいたと記憶します。これらは従来の「日本史」では、考察の対象にされたことのない人々ですが……。

第八章　「豊葦原水穂の国」と日本史（弥生史）

『古事記・日本書紀』の神話は、復権を狙う政治勢力によって、教育勅語とともに露骨によみがえろうとしていることは、例の安倍首相夫人が名誉校長を務め、国有地を定価よりも約八億円も値引きしたという疑惑で大問題となった、「瑞穂の国記念小学院」の建設費用をめぐる、国・大阪府を巻き込んだ不正疑惑で一躍有名になりました。

※『古事記』では、「豊葦原の水穂の国」（水田稲作の豊かな適地の意）。『日本書紀』本文では「豊葦原中国」。ただし「一書第一」に、「葦原の千五百秋の瑞穂の国」の表記あり。

なぜこうした「瑞穂の国記念」の学校が、しかも場違いの大阪に計画されるのか、戦後日本古代史学の責任は実に大きいでしょう。この神話は、戦前は『日本神話』と称されて崇拝され、戦後は「古事記・日本書紀神話は偽造の説話」というだけですまされ、戦後七〇数年間、放置され、この神話の真の姿を解明しなかった、より正確には、一九七〇年代に古田武彦氏の、『古事記・日本書紀』神話・倭国神話論が登場しながらも、これはまともにとりあげられませんでした。ここに、『古事記・日本書紀』史観と神話復権をたくらむ勢力の、策動の政治的のみならず文化的余地が残されていたわけです。これは本来、戦後以来、危惧された事態の進行です。

そもそも〝『古事記・日本書紀』神話は造作論〟の真の発案者は、戦後の日本国憲法第一条に「象徴天皇制」を書き込んだアメリカ政府、とくにアメリカ国内をはじめ、中国、オーストラリア、ニュージーランド等に広範にあった「昭和天皇の戦争責任論」の国際的な声を抑えて、戦後の対日政策の要として、天皇制の維持と利用策の先頭にたった、先述の駐日大使・ジョセフ・クラーク・グルーです。かれは、一方で天皇制の護持・存続を擁護しつつ、同時に他方で「しかし、私がこういったからといって、日本の天皇は神であるという神話を、維持せよと主張しているわけでは決してない。……日本人の再教育を通じて、そのような偶像崇拝は破壊されなければならない。」（中村正則氏著、『象徴天皇制への道』、五三頁）と述べている点に、それは示されています。

その恰好の教材として戦前、「日本神話造作説」を発表して裁判にふされた津田左右吉氏の、いわゆる「古事記・日本書紀批判」史学を、その「日本国民、再教育」の教材として評価し、戦前から真の学問的主体性のない日本古代史学の諸先生は、「右向け右」とばかりに、号令一下、「古事記・日本書紀神話・造作論」を、いわば一日で態度変更して、主張しはじめたわけです。

ここには〝民主主義とか民主主義的思考〟などはカケラもない、すなわち真の近代的学問の姿勢などは全くないものと思います。この点、グルーが、「天皇制崇拝の日本人は、どうにでも作りかえることのできる人間」というのも、〝むべなるかな〟と思われます。これを坂本太郎氏の言葉で見ましょう。

「津田氏の古事記・日本書紀批判は、発表の当時は時代の通念（軍国主義の政府と戦前の皇国史観）とあまりにもかけ離れていたため、学界のうけいれる所とならなかったが、戦後に天皇制にたいする批判の自由（連合軍・米軍の対日支配）となった勢に乗じて、この説は俄かに（突如として）学界を風靡し、いまは細部に異論はあっても、大局において定説となった感がある…」（坂本太郎氏著、『六国史』、一五五頁、「新装版」、吉川弘文館、一九九四年、引用文の傍線、カッコ内は引用者）という姿です。

では津田氏の「古事記・日本書紀批判」は真に学問的なものか、を問えば、氏は骨の髄からの「万世一系論者」であって、氏の視野からは日本神話は「事実とはおもえない。」というだけの、一見、〃合理的〃な、しかしその正体は、「神話なんか信頼できるか」式の、主観主義的な主張に過ぎません。

イ　水田稲作と「豊葦原の水穂国」

国家とその文化の形成・発展の土台は農業が、その社会の基本的な産業として確立されることです。従来の日本神話への考察では、必ずしもこの点が明確ではなかったように思えます。しかも日本本土の水田農耕の開始・発展は、通説でさえもが「渡来人」によるということは、一応は認めています。この一点を見つめただけでも、これらの渡来集団にとって、水田稲作の適地の発見のもつ意味がどんなものか、よういに想像できるのではないでしょうか。

花粉分析学の高知大学の中村純名誉教授は、水田稲作の最高の適地は「葦原」といわれています。

①「天下り」神話の真相

この『古事記・日本書紀』神話と称される日本神話、すなわち正しい表現としては、「倭国神話」ですが、これの真の姿とその意味についての最良の研究書は、古田武彦氏の『盗まれた神話』と思います。この「天下り神話」を『古事記・日本書紀』でみますと、「国の始まり」が「水田稲作の適地」の、二つの部族間の争奪戦として語られています。それ以前の「国生み説話」も、実は「豊葦原の水穂の国」を争った、二大部族および、その時代のこれらの勢力とかかわった、諸勢力の分布地図をなしているのです。以下、『盗まれた神話』等、古田武彦氏の研究を基礎に述べます。「国生み説話」、「皇国史観」が

「大八島誕生説話」と称した、この説話の「国」とは、通説の「弥生時代」よりははるかに古い時代ですが、そこでの水田稲作の適地をめぐる争奪戦と、それを争った勢力およびそれらがかかわった範囲をいうのです。すなわち「弥生時代初期史」なのです。

この時代の〝勢力・クニ〟とは、たとえば「吉野ケ里」遺跡に見る環濠集落、ないしはその集落群の中心的勢力が単位と思われ、大和朝廷の全国統一以後、すなわち八世紀以降の日本史の〝国〟とは、まったく歴史的次元を異にしています。この時代を日本古代史の言葉でいえば〝弥生時代〟に該当し、この「神話」があつかうものは「弥生時代史」、その端緒的な一中心的事件です。『古事記・日本書紀神話』とは、この時代にかかわった部族の伝承、つまりは水田稲作展開の適地をめぐる抗争と、その勢力の伝承であって、正確には「弥生時代開始の日本史」です。あえて言えば、「百余国時代」(『漢書』地理誌)を切り開く「日本史」なのです。しかもこの「弥生時代」の開始は、通説の年代設定より約一千数百年も古いのです。

②ヤマト朝廷が消える『日本書紀』の〝国生み説話〟

『古事記・日本書紀』神話の「〝国生み〟説話」は、この時代の〝国の名〟を「島読み」にして、「大八島生成説話」と称してきたのです。これが『古事記・日本書紀』および「皇国史観」の、〝日本神話〟の「日本国土形成論」です。ところが古田氏が指摘されたように、この「皇国史観」の〝大八島＝日本本土＝誕生神話〟ですが、それが『日本書紀』と『古事記』のあいだに、のっぴきならない「違いと矛盾」があるのです。それは『日本書紀』では、その国名にすべて「洲」字があてられ、「島」と記されている『古事記』とのあいだに、差異と対立があるという、一見〝ささいな〟問題です。

「洲」と「島」、一見、あまりにも微細な〝対立〟です。しかし、漢字としては「洲」と「島」とは、周知のとおりに意味が違う場合があります。「洲」には「国」の読みも意味もあり、「島」には島の他には〝勢力圏・縄張り〟という意味がありますが、国＝クニという明確な読みも意味もありません。一見ささいなことに見えます。

しかし、この漢字の違いの意味を明らかにされ『古事記』の「島読み」は、明確な〝政治的な意図〟にたった、歪曲を目的にした「洲」字への意図的な当て字であって、この皇国史観命名の「大八島形成説話」の真の姿は、「島」ではなく「洲」、つまり「国生み神話」、すなわち約三千数百年前の弥生時代の〝クニ生み〟説話であることを明らかにされたのが、古田氏の『盗まれた神話』の重要な点の一つです。

たしかに「洲」字にたって「国読み」にすると、この神話から「一元史観」の要の近畿ヤマトがある本州も、したがってヤマト朝廷も消えてなくなるのです。代わりに今日の通説がいう「弥生時代」よりは、はるかに古い水田稲作開始間もない時代の、日本、すなわち「弥生時代」初期の「国」の姿があぶり出しの絵柄のように、浮かびあがってくるのです。

その国の主なものは日本海にそった地域、もう一つは瀬戸内海の淡路島以西の地です。しかもこれは年代的には前後しますが、地域的には日本の初期の製鉄・鉄器製造の考古学的遺跡・遺物の分布（村上恭通氏著、『古代国家形成過程と鉄器生産』、青木書房、二〇〇七年、第一版）と重なるのです。「日本神話」とか『古事記・日本書紀』神話と称されてきたものの真の姿は、「弥生史初期」の神話風の伝承なのです。〝日本古代史の中の「古代史」〟なのです。

③ 〝島と洲〟との対立

「島」字と「洲」字の違い問題探究の発端は、本来、「島」ではないところが、『古事記』では「島」よみに好都合な地域に変更されているという問題です。その端的な例が「大洲」です。日本本土を「大八島」と『古事記』と「皇国史観」が読んできた「島名」は、全部で八つですが、それは『日本書紀』本文および日本書紀引用の「一書」群相互と、『古事記』の間に違いがあるのです。ここでは紙面の都合で『日本書紀』本文と、『古事記』とを対照しつつ古田氏の研究を述べます。

それが次の八つの洲名ですが、さきに記した地名が『日本書紀』の本文で、そのあとにカッコでくくった地名が『古事記』の記載です。「大日本豊秋津洲（大倭豊秋津島＝〝古事記〟、以下同様）。二、伊予二名洲（伊予の二名島）。三、筑紫洲（筑紫島）。四、億岐洲（億岐之三子島）。五、佐渡洲（佐渡島）。六、越洲（『古事記』になし）。七、大洲（『古事記』にない）。八、吉備の子洲（『古事記』になし）。こうして六、七、八は『日本書紀』と『古事記』では違っています。『古事記』では、六が「淡道之穂陜別島」、七が「壱伎島」、八が「津島」となっています。

さて、ここでは『日本書紀』本文で検討をすすめます。すると「島」読みでは読めない地名があるわけです。「大洲」です。これを「シマ」読みすれば「大島」になりますが、日本本土に「大島」と名のつく島は多くて、「大八島」に特別に不可欠のものとは到底言えません。しかしこれを「クニ」読みにかえれば、「大国」となります。おおよそ日本神話から「大国主命」や出雲を消去しては日本神話になりません。「豊葦原水穂の国」問題は、水田の適地をめぐる「アメ氏族」と、大国主命で有名な出雲氏族の占有権をめぐる対立と抗争だからです。

したがって「国生み神話」に、〝大洲＝大国〟がないなどは断じてあり得ない、これが古田氏の指摘の一つです。ところで古田氏がいわれるようにこの出雲地方が、少なくともいまからやく三千数百年以降に、「島」であったことはないでしょう。すなわち『日本書紀』本文ならびに「一書」群が伝える

「洲」字の意味は、それがたとえ島でも「クニ」と読むのが正しいということです。つまりは真の弥生時代（通説より約一〇〇〇数百年古い）の、われわれの祖先は、そこが島であっても、そこを「クニ」と呼んでいたということです。そうしてそれは当然でしょう。あの吉野ヶ里遺跡や弥生時代の環濠集落をみれば、その時代の人々の「国」意識が、どの程度を範囲にしていたか想像できるのではありませんか。

この理解の正当性を物語るものに『日本書紀』に、「第七」と呼ばれる「一書」がありますが、ここに「津島洲」があります。「クニ」よみならば「津島のクニ」ですが、「皇国史観」風に「シマ」よみすれば、「ツシマシマ」となって、シマがダブります。これを本居宣長が「島島と重ねて云ツ名は、あるべきかは」（『古事記伝』五』）と称して、「古事記の記載、（津島）を正しいとした」と古田氏は指摘（『盗まれた神話』、一六八頁）されています。すなわち本来系は、「ツシマのクニ」です。この本居宣長の態度、ひいては明治以降の通説の学者の態度は、あたかも古代史を現代社会から直線的に類推する姿勢なのです。弥生時代の日本人には、弥生時代の世界とそこに生きた人々の見識があるという、歴史家としてもっとも基本な見地を忘れて、いや、思いつかずに〝「ヤマト朝廷一元史観」一色で、古代史も弥生史もぬりつぶす」〟わけです。すなわち「日本神話」の本体部分は「弥生史」なのですが、これを「ヤマト朝廷一元史観」で塗りつぶしたものが、いわゆる「古事記・日本書紀神話理解」なのです。こうした理解は、真の日本民族の歴史と文化の否定・蹂躙であって、典型的な「知ったかぶりの物知りや」、ないしは意図的なゴマカシの姿です。

④「大倭豊秋津洲」と「大倭豊秋津島」

この問題の本質は、「クニ」よみをすると〝本州〟が「国生み神話」から消えていくところにあるのです。「ヤマト朝廷神聖化の神話」から、近畿ヤマトを明示する根拠が消滅する、これは〝尊皇論者〟

にとって、断じて認めるわけにはいかないところでしょう。しかし「大洲」をオオクニ、津島洲をツシマノクニと正しく読む立場にたてば、さきの『日本書紀』本文の地名から、近畿地方を明示する地名が消えてなくなるのです。その意味は、この「クニ生み神話」が、〝実はヤマト朝廷のものではない〟という、「一元史観」にとって断じた容認できないものとなるのです。古田武彦氏が『古事記・日本書紀』の神話を、「盗まれた神話」といわれる所以です。

それが鮮明に露呈するのが『日本書紀』本文の「大日本豊秋津洲」と、『古事記』の「大倭豊秋津島」の対比、ないしは対立です。この「大日本」や「大倭」は、後代の大和朝廷の『古事記・日本書紀』編纂時の挿入句ですから、これを省いて「洲＝クニ」読みすれば、「豊・秋津の国」となります。この地名表記は「豊の秋津」がその根幹です。これを今日風にいえば、「東京都・千代田区」とか、「東京都・杉並区」という地名表示と同じもので、より大きい地域のなかの小地域をさした名称です。これは明瞭なことでしょう。

こうして戦後の「神話・造作論」とその共鳴者が、「造作の説話」と称して、その意義も意味も否定した「古事記・日本書紀」の神話の真っ只中に、「人間の当たり前の知性」にたつ「地名表示」を見ることになります。すなわち「豊の秋津」という地名は「豊」と呼ばれている地域のなかの〝秋津〟という、云わば「より大きい地域のなかの、ある部分の地名」であることは、明瞭でしょう。

では「豊」とはどこか、『古事記』の「国生みの記」には、次のように書いてあります。「次に筑紫島を生みき、この島もまた、身一つにして面《オモ》（＝クニの意）四つあり。面毎に名あり。故《かれ》、筑紫国は白日別と謂ひ、豊国は豊日別と謂ひ、肥国《ひのくに》は、建日向日豊久士比泥別《たけひむかひとよくじひねわけ》と謂ひ、熊曽国は建日別《たけひわけ》という」とあります。岩波文庫の倉野憲司氏校註の『古事記』では、ここの「筑紫国」には注九（二一頁、下段）で『筑前・筑後』とし、「豊国」に同頁の「注一〇」で「豊前・豊後」とし、「肥国」には「注一一」で、「肥前・肥後」とあります。注目すべきは九州内の国名にすべて、「日」がついている点です。その意義は後述します。

以上にたてば、「豊の秋津の洲《クニ》」とは、「豊国のなかの秋津の国」の意味になります。ここで再度、『日本書紀』の「国生み記」の「本文」で八つの国を見てみましょう。①大日本豊秋津洲、②伊予二名洲（四国）、③筑紫洲（九州）、④億岐洲、⑤佐渡洲、⑥越洲（能登半島）、⑦大洲（出雲）、⑧吉備の子洲（吉備のなかの子洲）です。ここの①の「大日本豊秋津洲」の「大日本」は大和朝廷の史官が挿入した文言であって、本来系は「豊秋津洲」のみです。

すなわちこの『古事記・日本書紀』神話の「国生みの記」は、本来、近畿ヤマトも、〝本州〟という認識ももたない「倭人」＝弥生時代初期の時代の人々の、国土意識の表現なのです。日本海方面では筑紫（博多湾方面）・大国（出雲）・隠岐・能登・佐渡、すなわち日本海の暖流にそった地域です。

この日本海にそった地域は、後述するようにわが国の水田稲作の先進地域で、弥生初期以来の真の日本古代文化を生みだした、いわば弥生時代早期の先進地域で、これにたいして東海道方面のいわば〝浮上〟は、ヤマト朝廷成立以後、それもかなりおくれた時代以降です。ただし瀬戸内海方面は「豊の秋津」（別府湾、後述）と吉備（岡山）と四国の瀬戸内側ですが、ここも古代九州の水田稲作民の東進のルートにあたるとおもわれ、古い歴史のあるところと思われます。これらが「ヤマト朝廷一元史観」で塗りつぶされ、正当な評価もないまま落ち葉の下で枯れ朽ちるように放置されてきたのです。これに朝鮮半島南部を加えた世界が、「倭国」を形成した古代倭人の日常的世界であって、その交通は船であったことがこの国名からも、浮かびあがってくるでしょう。

これらの国々の中心は筑紫国であることも、この国名の「白日別」という輝く名からも明瞭でしょう。こう見てくると、「一元史観」からは聖地のはずの、近畿ヤマトなどは影も形もない「国生みの記」であるわけです。これこそが「日本神話」と歪曲されてきた、しかしその実、「倭人・倭国・弥生時代」の人々の、自分達の「クニへの歴史的認識」なのです。

これに困った八世紀の大和朝廷とその史官が智慧を絞って、九州島・四国島に本州島をくわえるべく、考えだしたものが「島読み」で、そこに今日の別府湾である「豊・秋津」を歪めて、「大日本豊秋津洲」（大倭豊秋津島）、すなわち「本州」を考案したというのが、古田氏の研究です。これはきわめて正当なものです。すなわち「倭人・倭国・弥生神話」の換骨奪胎です。なお、先述のとおり国名が六、七、八は、『日本書紀』と『古事記』では違っています。

また古事記の編者がいう「筑紫島」、まるで「一元史観」的な九州島の平凡な呼び名に見えますが、古田氏が指摘されているとおり、その内部の名では、「筑紫国」は「白日別」です。まさに輝く太陽をおもわせる名です。その首都圏の今日の大分県は「豊日別」と、云はば、ナンバーツー的な名になっているいると思えます。しかも今日の「日本古代史」では、その名など出てこないこの大分県の地に、全国最大の分社をもつ八幡神社の本社・宇佐神宮があります。

またこの神社の由来を「神仏習合」形式で記した『宇佐宮御託宣集』（神吽《じんうん》著、一三一三年、重松明久氏校註訳、現代思想社、一九八六年）には、宇佐神宮の古文は源平合戦の時に破壊され、これを一四世紀に神吽が復刻したとあり、其の際に、その記事の年代を『古事記・日本書紀』に合せたと考えられますが、この「古記」部分には堂々と「九州年号」という「倭国年号」がそのまま残され、『古事記・日本書紀』の「神功皇后記・紀」の原本が、実は「倭国」の文献によっていることが分かるのです。

この「九州年号」とは、江戸時代の年号研究でたとえば鶴峯戊申が、その著『襲国偽僭考』（「熊襲が国家を僭称」……こうした表現で古代中国正史類の「倭国」記載を認めた……古田武彦氏著、「『失われた九州王朝』、三八五頁、角川文庫、一九七九年」）など、江戸時代の年号研究で「九州年号」と呼ばれていたものです。明治以降の「尊皇日本」では、戦前はもちろん戦後においても、この「九州年号」とよばれるものへの研究・考察はありません。

その理由は、「ヤマト朝廷にない年号」の研究は、尊皇日本史を根本的におびやかすからとおもわれます。

通説はこれを「私年号」と称するのです。ところがこの「私年号」が〝法隆寺の国宝〟、かの有名な釈迦三尊像の光背銘文の冒頭に、「法興元三一歳、歳次辛元（六二一）十二月、鬼前太后崩ず。」と記されているのです。これは古田武彦氏が『古代は輝いていたⅢ』（第四部、法隆寺の中の二つの金石文）、の「第一章、釈迦三尊の光背銘」、朝日新聞社、一九八五年）でとりあげられた問題です。しかし、古田氏のこの重要な指摘に通説は、いっさいノーコメントです。

だれが見ても〝古代ヤマト朝廷に「法興元」という年号はなく、これはどこの年号かを問うても、江戸時代に〝私年号〟と呼ばれていたという以外に、明治以降は、ただ沈黙というのが通説の姿です。

法隆寺・釈迦三尊像の光背銘文（法興元）

したがって法隆寺とその釈迦三尊像は、ヤマト朝廷の造営という主張は、人を納得させるものではないことは明白でしょう。しかもこの「法興元」年号は、『九州年号』とよばれるもののなかにあるものであれば、通説の「日本古代史」は、根本的に再検討されるべきものとなることは、学問論としては自明のことではありませんか。

しかし、この自明の理が戦後の日本古代史学はもちろん、古田氏の指摘は、戦後の日本の知的社会でも誰によっても重視され、問題視されないという状況です。異常な姿ですが、これは明治以来の政府の「歴史教育の成果」であるとともに、民主主義や実証主義を強調する明治以降の開明的な人々にも、この「ヤマト朝廷一元史観」こそは、実に、戦前・戦後の日本社会のあり方論、その民主主義にかかわる根本問題という認識がない結果と思われます。しかもこれは日本の保守派にとって、〝天佑〟と思われるのですが……。ここに今日、「元年号使用反対」の正論が、国民に十分理解されない所以もあるでしょう。

また法隆寺にかかわって、かの有名な聖徳太子ですが、この人物は「日本史」には実在しないと考えられます。そもそも首都一つない時代に推古天皇はおろか、ヤマト朝廷そのものが存在しえず、この「聖徳太子」は、卑弥呼の国家・倭国のあの「日出る処の天子……」云々の国書で有名な、タリシホコを改竄して「ヤマト朝廷」が、あたかも仏教を輸入したかのように日本史を偽造した際に、造作された人間像で、さらにこれも有名な「一七条憲法」もまた、本来は「倭国の憲法」と考えるものです。聖徳太子にかかわるエピソードもまた、倭国のタリシホコ等にかかわる伝承を改変したものと考えられるのです。

また、この宇佐神宮の存在は、豊の国が「倭国」時代にどんな位置づけにあったか、しのばれるわけです。そうしてその北側の筑紫の地には、志賀島の海神神社が、また鯨の形からの命名という指摘もある「宗像」族の本社の宗像神社があり、「倭国」の首都・太宰府があるわけです。

「通説は近畿地方の巨大前方後円墳とその出土物を華々しく、古代ヤマト朝廷の文化と称し、その水準の高さを、さも当時のヤマト朝廷の文化でもあるかに、麗々しく書きたてているわけです。しかし、これは欺瞞とおもわれます。これを反論の余地なく示すものが、北九州のかの有名な〝沖ノ島の秘宝群〟です。これを直接見聞された井上光貞氏の文書にしたがえば、次のとおりです。

「祭祀の跡は巨岩の蔭にあった。古墳のように地中に埋もれておらず、まるで昨日そこに置き去ったように銅鏡や金銅製品が輝いていた。沖の島への奉納品は、古墳の時代、とくに中期や後期の品物が多いが、調査の対象になった物だけでも、銅鏡四二面、鉄刀二四一本をはじめ装身具や馬具等、当時の大古墳の副葬品にも劣らないものが数万点も発見されている。」（井上光貞氏著、『日本の歴史』（神話から歴史へ）、四〇〇頁、中央公論社、一九八五年。傍線は引用者）。

もちろん井上氏はこの数万点の奉納品の主体を、「ヤマト朝廷」とされていますが、古墳時代、首都はおろか王宮さえ考古的に確認しえない、ヤマト朝廷がこうした品を奉納しうるはずはなく、この巨大な奉納品の主体は卑弥呼の国家・「倭国」の王朝であることは明らかです。

以上、これらの事実がしめすものは古墳時代、「倭国」の文化は実に当時の日本文化の先端をいっていたということです。さらには近畿地方の巨大前方後円墳は、古代ヤマト朝廷などとは無関係で、まったく新しい視野で探究されるべき性格のもので、本書においてあとに試論をこころみるものです。

この他に太宰府天満宮もあります。これを菅原道真を祭るものとしたのは、「倭国」および「倭国王朝」の否定が眼目と考えます。そもそも太宰府の神社は「天満宮」、または「天神様」であります。「天の神」です。これ以上に偉い存在はこの地上にはないはずで、「天の神」、これが今日、子供の神様みたいに「天神様」と、大和朝廷にとって無害なものにされていますが、後述するとおり「倭国」王朝とその神話は、古代大和朝廷でも「消去」できなかったので、これをヤマト朝廷の祖先と、換骨奪胎を計ったのだと思います。

この「倭国」生まれの神社こそは、日本神道の本源・本流であって、その中心に「天照大神」が座っており、その理由は迷信や古代人の無知蒙昧などではなく、その背後に日本本土における水田稲作史と、その古代気象という大問題が厳然として存在している点は、この後で述べます（二四一頁参照）。

だからこそ近畿地方の前方後円墳から「三角縁神獣鏡」が多く出土するのです。今日でも農村の民家の神棚などに「天照大御神」を祭る御札があるのは、その背後に、水田稲作の苦闘の歴史があるからです。今日、日本古代史家の圧倒的多数は、罰当たりにもこうした偉大な民族の姿を知らないのです。それは「事実と道理」ないしは「事実」とそれの内的関連、その必然性の解明という真の学問と、今日の「一元史観史学」とは、その出生の時からまったく異なるものだからです。

⑤「豊の秋津」の真相

この古事記等がいう「大日本豊秋津島」の真の姿を解明されたのも、古田武彦氏の『盗まれた神話』等です。ヤマト朝廷による倭国神話の改竄がその正体を現している例として、「豊秋津島命名説話」がなんと「国生みの古事記・日本書紀」以外に、『日本書紀』の「神武の東征」説話に、あらためて記されているという奇妙な「屋上屋」の姿に示されています。

それは『日本書紀』神武紀の三一年、「皇輿《すめらみこと》（神武）巡《めぐ》り幸《いでま》す。因《より》て脇上《わきがみ》の嗛間丘《ほほまのをか》（「嗛にはふくむ」という意あり）に登りまして、国の状《かたち》を廻らし望みて曰はく、『妍哉乎《あなにや》（ああ美しい）、国を得つること、内木綿《うちゆふ》（地名）の眞迮き《まさき》（狭い）国と雖も、蜻蛉《あきつ》（トンボ）の臀舐《となめ》（交尾）の如くにあるかな。』とのたまふ。是に由《よ》りて、始めて秋津洲《あきづしま》の號有り。」（『日本書紀・上』、二一四頁・傍線は引用者）。

問題は、まずこの「掖上の嗛間丘」とはどこかです。通説の説明は以下のように支離滅裂です。「掖上」に関して、『日本書紀・上』の上段の註「二五」（二一六頁）には、「考昭天皇紀に掖上の池心宮、孝安紀に掖上博多山稜、推古紀に掖上池などが見える。掖上の地は元葛城郡掖上村（この村名は「明治二二年の命名」、と校註者の註あり。今の御所市東北部）付近。掖上村大字本馬（今御所市本間）の東南に独立した丘陵があり、土地で本馬山といい、よく大和平野を展望することができる。また通証は本馬即ち嗛間と転とじ、本馬山の南に位する国見山を嗛間山とする。本馬は嗛間にもとづくとしても、丘をどこかに決定することは困難であろう。」というものです。これは岩波本の『日本書紀』の校註者が、この「脇上の嗛間丘」をなんとか、奈良地方におっつけようともがいている感じです。

では「内木綿」はどうかといえば、『岩波日本古典文学大系・日本書紀』、上段の註二九（二一六頁）で、なんと、「『狭《さ》』『こもる』にかかる枕言葉。かかり方未詳」としています。これは「誤魔化す」とか「煙にまく」という言葉がありますが、まさにそれです。説明できないので「枕詞」と逃げたわけです。なにか落語の物知りの大家さんか御隠居をおもいださせます。最後が「蜻蛉《あきつ》（＝トンボ）の臀舐」です。これも二一六頁の上段の註三一で、この神武の言葉の意味は、「狭い国ではあるけれど、蜻蛉がトナメ（交尾）して飛んで行くように、山々がつづいて囲んでいる国だな、の意」とあります。

この「蜻蛉のトナメ飛行」は、昭和一桁以前などの農村などで育った人ならば、子供時代から目にした光景でしょうが、最近の若い人はどうでしょうか。戦後の都市化・乱開発、水田稲作の衰退は、これを基礎に発展してきた日本文化を衰退させるばかりか、これを感覚的にも理解しえない日本人を形成しているのではないかと、気になります。

がさて本題にもどって、「是に由《よ》りて、始めて秋津洲《あきづしま》の號有り。」という『神武紀』の記載は、文字通りに「屋上屋」ではないでしょうか。すなわち神武のこの言葉で、「はじめて秋津洲の号あり」というのは、『古事記・日本書紀』の「国生み神話」の「大日本豊秋津洲」（紀）や、「大倭豊秋津島」（記）と矛盾するでしょう。にもかかわらずこれにかんしては、注釈「なし」です。

こうした通説の解説の問題点に関しては、是非、古田氏の『盗まれた神話』を御読みいただきたいと思います。古田氏はこの「豊秋津」の地名を〝豊（大地域）と秋津（小地域）に分け〟られ、さらに『古事記・日本書紀』の地名表記から、「〇〇津」という表現が「湾」や「港」にかかわるものという点を指摘され、奈良県には「津」に該当する地形がなく、通説には、これを「難波津」という説もある点も指摘されて、第一に、この地方には「豊秋津」に該当する地名がなく、「神武のこの言葉の地名」が大阪や難波だというのであれば、なぜ「国生みの古事記・日本書紀」に、肝心の奈良がないのか、と指摘（『盗まれた神話』）されています。

それに私の疑問をつけたせば、この「秋津云々」を神武の言葉に当てていますが、だとすれば神武は自分が苦労して手に入れた土地・国・奈良平野と日本を、「内木綿の眞迮き国」、すなわち「内木綿の狭いちっぽけな国」と評していることになる、という点です。いったい自分が苦労して手に入れ、「即位をした」という国を、「狭くちっぽけな国」などというはずはないでしょう。こうして『日本書紀』神武紀は、この書が、したがって『古事記』も、日本古代史造作の史書であるという馬脚を、自ら明るみに出すのです。

⑥豊秋津は別府湾

古田氏は「大八島」にかかわる『古事記・日本書紀』の記載が、この「豊秋津」をのぞいて、まずは明確に指摘・確認できる地名であり、その表記は「大洲」（大国）のように一段国名か、ないしはこれも確認できる「大地域のなかの小地域」という、明確なルールにしたがっている点を挙げられて、この「豊秋津」も同様のルールの下にあるといわれ、豊の国に「アキ」という名の地名をさがされて、別府湾の北にある「安芸町」（国東半島の南部）を指摘されて、この別府湾の後背地には由布院があり、由布岳、由布川があることをも指摘され、さらに湯布院町の西側には福万山（嗛間丘、標高一二三六メートル）がそびえ、ここから由布盆地を眺めると、「秋津のトナメ」というにふさわしい地形が一望できる点を写真入りで指摘されています。

では『日本書紀』はいったい、どこからこの「豊・秋津」、湯布院地方の名称や地形、それを眺望する人物の言葉をもってきたのかを問えば、すでに指摘したように「諸家の帝紀・旧辞」類からです。本来ヤマト朝廷とはなんの関係もない、「倭国王」の九州東南方面の征服戦争の一コマからの剽窃です。ここに古田氏がさきの著書で明らかにされた点は、真の日本史と日本文化への、大和朝廷の傍若無人な破壊と剽窃の生々しい姿の一端です。自己正統化のために真実の日本史とその文化を、ほしいままに破壊した、その姿です。

ロ　「天下り」神話にみる弥生社会の姿　いよいよ古代日本文化と国家形成の土台となった「豊葦原の水穂の国」、すなわち水田稲作の適地として争奪戦の対象とされた土地は、どこにあったかという問題の探究です。この解明も古田武彦氏の業績です。ここで重要なことは、『古事記・日本書紀』でさえもが、水田稲作の適地問題を、「国のはじめ」の問題としているところです。ここにいわゆる「天下り神話」の核心があるのです。

『古事記』では、「天照大御神の命《みこと》（＝言葉）をもちて、『豊葦原の千秋長五百秋《ちあきながいほあき》の水穂国は、我が御子、正勝吾勝勝速日天忍穂耳命《まさかつあかつかちはやひあめのおしほみみのみこと》の知らす（治める）国ぞ。』と言《こと》よさしたまひて、天降したまいき。ここに天忍穂耳命、天の浮橋に立ちて詔《のり》（＝いい）たまひき。『豊葦原の千秋長五百秋の水穂国は、いたく騒ぎてありなり。』と告《の》りたまひて、更に還り上りて、天照大御神に請《まを》したなひき。

ここに高御産巣日神、天照大御神の命《みこと》もちて、天の安の河の河原に、八百萬《やほよろづ》の神を神集《かむつど》へに集《つど》へて、思金神（ものを考える神）に思はしめて詔りたまひしく。『この葦原中国は、我が御子の知らす（治める）国と言依《ことよ》さしたまへりし国なり。故《かれ》、この国に道速振《ちはやぶ》る（暴威をふるう）荒振る国つ神（ここでは先住者）等の多《さわ》なりと以為《おも》ほす。これ何《いづ》れの神を使はして言趣《ことむ》（＝説得）』けむ。とのりたまひき。ここに思金神また八百萬の神、議《はか》りて白《まお》ししく、天菩比《あめのほひの》神、これ遣はすべし……』（以下略、『古事記』、五五頁）。

『日本書紀』本文では、「遂に皇孫天津彦彦火瓊瓊杵尊《すめみまあまつひこひこほのににぎのみこと》を立てて、葦原中国の主とせむと欲《おもほ》す。然も彼《そ》の地《くに》に、多《さわ》に蛍火の光《かがや》く神、及び蠅聲《さばへな》す（群がりうるさい）邪《あ》しき神有り。復草木咸《またくさきことごとく》に能《よ》く言語《ものいふこと》有り。故、高皇産霊神《たかみむすひのみこと》、八十諸神《やそもろかみ》を召し集《つど》へて、問ひて曰《のたまは》く、『吾《われ》、葦原中国の邪《あ》しき鬼を撥《はら》ひ平《む》けしめむと欲《おも》ふ。當《まさ》に誰を遣さば宜《よ》けむ。惟《これ》、爾《いまし》（＝汝ら）諸神《もろもろのかみたち》、知らむ所をな、隠したまいそ』とのたまふ。僉曰《みなまう》さく、『天穂日命《あめのほひのみこと》は、是神の傑《いさを》なり。試みざるべけむや』とまうす。是《ここ》に、俯して衆の言《こと》に順ひて、即ち天穂日命を以て往きて平《む》けしむ。」（『日本書紀・上』、一三四頁。傍線は引用者）とあります。これが「天下り」ないしは「国譲り」説話の冒頭で、知られるとおりにその「道速振る荒振る国つ神」とか「多に蛍火の光く神、及び蠅聲す邪《あ》しき神」は出雲の勢力であることは周知のことです。

ここに引用した『古事記・日本書紀』の文章から伺い知りうることは、まずは先に述べたマルクスの、

「氏族的共同団体が出会う困難（土地の支配・所有問題）は、他の共同団体からのみおこるのである」という指摘が、まるで絵に描いたようにみごとに示されている点です。同時にその意味でこの『天下り』神話と称される説話には、弥生時代の倭人の社会の姿の一端がリアルに示されていると思えます。ここにはやたらに「神々」が登場しているかに描かれていますが、この説話の肝心なところは、ある氏族か部族が支配している水田の適地を、「倭人」の別の部族が乗っ取ろうという話で、人類の氏族的な古代社会において、日常的に見られた話の一つに過ぎないということです。

そのために先遣隊を派遣し、その隊長が船と陸をつなぐ物らしい「浮橋」（？）から目的地の様子をうかがうと、そう簡単には攻略・侵略できそうもなく、なかなか手強い相手らしいということで、引き返して報告しているわけです。きわめてレアルな話です。そこでこの侵略氏族～部族では対策会議が開かれて、まずは説得をふくめて相手を攻略する適任者は誰かをはかっているわけですが、この『古事記・日本書紀』の記事には、ともに氏族社会的面影があるように思えます。

『古事記』では、「天の安の河の河原に、八百萬の神を神集へに集《つど》へて……」とあり、これは氏族員か部族の代表者かの会議を開いて検討している姿と思われます。『日本書紀』でも会議が招集されていますが、〝誰がいいか〟を「爾諸神」、すなわち現代流ならば〝みなさん〟「知らむ所をな、隠したまいそ」、すなわち「お考えを腹蔵なく仰って下さい。」と述べているわけです。そうして提案が採択されると、「俯して衆の言《こと》に順ひて、即ち天穂日命を以て往きて平《む》けしむ。」と述べています。すなわち皆さんの提案と議決に、「伏してしたがいます。」とあって、議決は「上意下達ではなく、衆意に会議の主催者が従う」形式になっています。氏族社会的民主主義の面影があるように見えます。もちろんこの神話がつくられた段階の「倭人」社会を、純粋の「氏族社会」といえるか否かは疑問ですが、そうした面影もある説話と思えます。

八　「天下り」とは　がしかし「『天下り』などは、〝天空から地上に降りてくる話〟だ。空想的な説話だ」。これが津田氏等の「造作神話論」の一つの柱です。しかし、たとえば今日、東京から地方に行くことを「下り」、その逆を「上り」と言っています。

古田氏は先の著書（「第一三章―天照大神はどこにいたか」）で、これらの問題を解明されております。ここではこれらの視点にくわえて、私の考え方をも述べたいと思います。それは「アメ」とは「天」ではなく、「倭人」の一部族の名称、すなわち『隋書』倭国伝に記される「姓は阿毎《あめ》、字《あざな》は多利思北孤」とある、「阿毎」と考えることができるということです。古代において人間はいずれかの氏族・部族に属し、部族・氏族名とそこでの個人名をもっていたはずです。すなわち「アメ」とは、元来は「部族名」であって、漢字使用以後にこれに「天」の字をあてたというのが本来の姿と思います。この「アメ」の原義は「アマ」＝海、すなわち海人族の一部族名と思われます。

それに対して不思議なことに大和朝廷には姓がありません。現に『宋史』日本伝（元、編者、脱脱、一三一四～一三五五）には、「国王は王を以て姓となし、伝襲して今に至る六十四世」とあります。この史料の特徴は、「雍熙元年（九八四年）日本国の僧奝然（東大寺の僧）が入宋し、銅器十余事ならびに本国の『職員令』・『王年代記』各々一巻を献ず。」とある点です。すなわち「姓のある王と王朝」と「姓のない王朝」の対立ですが、ここから簡単に見えてくるのは、「阿毎の他利思北孤」王朝と「大和朝廷」は別物であること、姓のある者とない者とが別人であるようなものです。

したがって「倭国王朝」には「アメ」という姓があり、これはそもそもその部族名に淵源を発するとすれば、「アメ部族の領域」（中心地）からその他の土地・領域に移動することを「天下る」といい、「アメ氏族の地」に行くことを「天上る」といったという考え方は、今日、東京を「上り」、地方を「下り」と言っている以上は、否認することは難しいでしょう。しかも『古事記・日本書紀』の記載の世界では、この「上り、下り」には常に、船がつきまとうという古田氏の指摘を踏まえれば、なおさらでしょう。今日これは新幹線・電車等でなくてはならない言葉です。

二　出雲大社、筑紫重視の構造

「国譲り神話」を考えるうえで重要と思われる記述があります。他ならぬ出雲大社の宮司を務められる家柄の、第八二代出雲国国造、千家尊統氏著の、『出雲大社』（学生社、一九六八年、第一版）です。それは出雲大社の最高の神は「筑紫の神」、「出雲大社の御神座が西向き」という記載です。「大社の古記録によれば、宝治二年（一二四八）の造営時の『杵築大社御正殿日記目録』を見ると、右の三摂社の順序は筑紫社、御向社、雨崎社（今日の天前社）となっており、元禄の頃の大社上官佐草自清の『自清公随筆』にも、筑紫社、御向社、天前社となっている。こうして御本殿に向かって左、大社でいえば西方の筑紫社が、常に一位に置かれているのである。社殿の基礎工事や建築を見ても、筑紫社のそれはその他の二社のそれと異なり、一段と丁重である……」（同書、一三五頁）とあります。

さらには、「したがって普通の参拝者は神様を側面から拝んでいるのである。」（同書、一五八頁）いわれ、この西向きの構造に関して、「御神坐が東向きとなるのを避けて、どうして西向きであるようにしつらえたのか、それは出雲族と西方九州方面との関係を考えなければならないだろう。御神坐と海との関係、結びつきを見なければならないだろう……」（一五九頁）といわれています。

いったいこれはどういう意味でしょうか。ここには明確に筑紫と出雲大社とのかかわりが示され、しかもそれは出雲大社の誕生以来、多分、長い年月を経ても出雲大社の成立の根元的問題として、忘却できないほど意識されていた問題だからと思われます。その根本問題とは、もちろん「豊葦原の中国」（『日本書紀』本文）を奪われたことと考えます。しかし、これが執拗に出雲大社成立の根元に置かれる由縁は、後述するように通説がとり上げない、わが国の水田稲作の歴史が経過した、「小氷期」といわれる数百年間にわたる一時代と深くかかわる問題ではないかと考えます。言い方をかえれば「北九州の地」を手放すことは、水田稲作を手放すことにつながる、ないしはつながったような場合です。しかも、そうした環境変化が、「天照大神信仰」、「三種の神器」、「三角縁神獣鏡」の由来を解明する問題と、深くかかわるのではないか、これが本書の考え方です。このあとで述べます。しかもここに、日本国を創造したものは「ヤマト朝廷」などではなく、「倭国」を創設した「倭人」、今日では「汝、臣民」、すなわち今日の日本国民の祖先たちであることが、明確に示されているのです。後述します。

なお千家尊統氏は、その著書で「また御本殿の構えは水上居住の名称を示すものではなかろうかとも思っている。元来、出雲民族は海洋系の民族であるから、このことは十分に考えられる……中略……実際に数年前に今の拝殿を新築したとき、地下から掘立柱が出土し、その下が海であった事が立証された。床が非常に高いこともこの想像をうなづかせる。」（二六一頁。傍線は引用者）とされている点、非常に注目されます。この神社は、北九州に本源をもつ神社同様に、本来、大和朝廷に先行し、日本民族の真実の古代文化を体現した真の神道として、重視されるべき神社の一つと思えます。真の日本民族の神道と、大和朝廷の日本史的正統化・合理化の「一元史観」的神道とは、厳密に区別すべきことは、真の日本民族の歴史と文化と「一元史観」とを、区別すべきことと同様と考えます。

ホ　豊葦原の水穂国は北九州

「豊葦原の水穂国」の争奪戦の意味は、その地が水田稲作の適地として注目を集めたところであったからです。そうとすればこの地は、北九州です。現にたとえば、「邪馬台国・近畿説」の戦後の代表者の観のある直木孝次郎氏でさえもが、「水稲農業を主要手段とする弥生文化が生まれる。その文化は東南アジアを原産地とする、イネを受け入れるのにもっとも便利の多い北九州でまずおこり、百年未満の短期間のうちに伊勢湾沿岸を東限とする西日本一帯にひろがり、それから東への進行はややスピードが鈍るが、二、三百年のあいだに東日本の大部分も、弥生文化圏にはいってしまう。」（直木孝次郎氏著、『日本の歴史』「I・倭国の誕生」、一一六頁、小学館、一九八七年。傍線は引用者）と述べています。北九州は日本における水田稲作誕生と、その全国的展開の土台の役割をはたしたところです。

①〝日向の高千穂の峰〟は筑前

「日向の高千穂の峯」は北九州、この点を解明されたのも古田武彦氏の、『盗まれた神話』（「筑前の中の日向」、二〇〇頁）です。国学以来、通説は、「筑紫の日向の高千穂の久士布流多気」（『古事記』、六七頁）、「日向の襲の高千穂峯《たけ》に天降ります。」（『日本書紀』本文一四〇頁）。「筑紫の日向の高千穂の槵触之峯《くじふるのたけ》」（『日本書紀』第一、一書．前掲書、一四八頁）の、「日向」を〝宮崎県〟としてきました。

たとえばＮＨＫなども執拗に宮崎県の日向を、「天下り先」とくり返して放映しています。しかし、こうした「天下り先・宮崎の高千穂」という、近世尊皇史学以来の古色蒼然とした見地は、日本の水田稲作の発祥の地は、宮崎県ではなく福岡県・筑前の地と、通説でさえもがいわざるを得ない現実によって破綻しているのです。なおここで指摘しておくべきは、従来説は〝筑紫〟を九州と解し、『古事記・日本書紀』の「筑紫の日向を、九州のなかの日向」とし、日向を宮崎に当てたのです。ここに『古事記・日本書紀』神話への国学以来の通説的理解が横たわるのです。古田氏は前掲書（二〇一頁）で、福岡県の筑前、筑後に、ともに「日向」という地名があることを次のように明らかにされています、

A――日向峠（筑前、糸島郡と博多湾岸との接点、高祖山の南、怡土村より室見川上流の「都地」に至る途中の峠。

B――日向山・日向神社（筑後、八女郡の矢部・大淵二村の山々を「日向山」と呼ぶ。矢部川渓流中に「日向神岩」あり）。

右のうち、Bは現在も「日向神参り」という現地の民間信仰があり、「正面日向神、裏日向神」を拝す、という（長沼賢海、『邪馬台と太宰府』）と指摘されて、筑前・筑後にも「日向」の地名があることを例証され、「これはこの筑紫一帯が『日向』信仰の分布地帯だったことを物語るものであろう。」とされ、さらに「今の当面の問題からは、Bはのぞかねばならぬ。なぜなら、本来の筑紫は『筑前』であり、『筑後』は『筑紫後国』と呼ばれたからである。」とされています。

そうして筑前の日向を正当と根拠づける史料として、次の文献をあげておられています。

それは「福岡県地理全誌抜萃目録、怡土郡之部、大正二年五月発行、『怡土志摩郡地理全誌』、東京糸島会発行所収」の「高祖村、椚《くぬぎ》二十四戸。慶長の頃、黒田長政、村の南の、野地を開き、田地とすべしと、手塚水雪に命じられし書状、今も、農民、田中が家にあり。其書に、五郎丸の内、日向山に、新村押立、とあらば、椚村は、此時立しなるべし。民家の後に、あるを、くしふる山と云、故に、くしふると、云いしを訛りて、秏というとぞ。田中は、元亀天正の間は、原田家より与へし文書、三通を蔵す。」（同書、二〇一頁。傍線は引用者）。

さらに氏は「慶長郷村帳には、高祖村のうち、三雲村、高上村、宇田河原村と記せり。すべて五郎丸

村とも称せり。（原田氏、享禄中の書にも、三雲五郎丸とあり）」をも引用されて、「つまり、糸島郡の有名な遺跡、『三雲遺跡』の近辺が『五郎丸』だ。高祖村中の三雲、高上、宇田河原等の総称だというのである。それゆえ、ここにあらわれた『日向山』とは、高祖山あたりの山をさすこととなろう。また、椚村の裏手に『くしふる山』がある。」と書かれている。……これこそ特色のある山名だ。

筑紫の日向の高千穂の槵触之峯《くしふるのみね》
日向の襲の高千穂の槵日《くしひ》の二上峯

ここにあらわれる「くしふる」「くしひ」だ。ことに後者の場合、「二上峯」となっているが、ここ高祖山は、まさに隣の山と両々相並び、まさに『二上峯』の観を呈している。なお一言吟味しよう。読者の中には、〝『和名抄』ならともかく、大正の郡県誌では話にならん。〟といわれる人があるかも知れない。一応その通りだ。だが『クシフル山』といった特色ある地名は、後代の地名でない。その上、〝この地帯が天孫降臨の地だ〟だといった認識が大正以前に存在した形跡がないから、〝記紀の記事にあわせて後代に造られた〟とは、考えにくいのである。右の郡県誌の筆者にも、全くそのような議論はない。この点、たとえば宮崎県の『日向』とはちがう。ここは、永らく『天孫降臨』の地と信ぜられてきたから、〝ここがそれだ〟〝いや、私の方がそれだ〟と、真剣な比定地争いまでが発生しているのである。

問題を整理しよう。

・日向峠、日向山と並んでいるのだから、この地帯が『日向』と呼ばれていことは、疑えない。
・ここは、『筑紫』（筑前）の日向の……」といって当然だ。
・同じ地域に『くしふる山』という特色ある名の山があった。以上の論証によって、――（「筑紫の日向の高千穂の槵触之峯」の所在地は）――博多湾岸と糸島郡との間、高祖山を中心とする連山こそ、問題の「天孫降臨の地」である、という結論にわたくしは到達したのであった。」（前掲書、二〇一頁）。

この氏の考察の正当性は、この北九州の地こそが、わが国最初の水田稲作の開始された地であるという、動かすことのできない事実によって不動と思います。しかも、この水田稲作を開始した人々は、一方では水田稲作文化の保持者であり、同時に他方で海人という特殊な性格を保持していた人々であって、しかも古田氏は、『古事記』の「天孫降臨」と称される記事の最後を飾る部分の記述からも、「天下り」の地が、筑前の地であることを、さらに詰めて考察されています。その記事とは、「此地は、韓国に向ひ、笠沙《かささ》の御前を眞来通りて、朝日の直刺《たださ》す国、夕日の日照る国なり。故、此地は甚吉《いとよ》き地」です。

たとえば倉野憲司氏校註の岩波文庫の『古事記』では、この部分について、下段「注五」（同書、六七頁）で、「以下、原文のままでは意味が通じない。」とされています。岩波書店の日本思想史大系の『古事記』では、「笠沙之御前」を、「鹿児島県川辺郡笠沙町の野間岬にあたるという。」（同書、九九頁）という具合です。すなわち〝この文章が読めない、つまり理解しえない〟わけです。

古田氏は、これを『漢字六字ずつ、四行の対句形』の、あまりうまいとはいえないものの……整然たる〝日本式対句漢文〟（前掲書二一三頁）の、「四至文」（二一八頁）といわれ、国学以来、これが読めなかった理由は、この「この明白な対句形を勝手に破壊したまま読んできた」結果と指摘されています。

整理すれば右のとおりです。

「此地は」、すなわち天下り先の地（糸島郡、高祖山付近から望む）は、

一、向韓国真来通（六字）…「（北は）韓国に向かって大道が、遮るものもなく真っ直ぐに通り抜け」

二、笠沙之御前面（六字）…「（南は）笠沙の地（三笠川流域）の御前に当たっている。そうして」

三、朝日之直刺国（六字）…「（東は）朝日の直に照りつける国」

四、夕日之日照国（六字）…「（西は）夕日の照らす国」

「この地は本当に素晴らしいところだ。」（括弧内の方角記載は、引用者）。

以上ですが、この地からは東西南北で表示すれば「韓国は北」です。方角論からはここにもっともピッタリの地は、日本本土では北九州の地、すなわち「豊葦原の水穂国」です。この〝日本式対句漢文〟の真の意味は、私見では「朝日之直刺国・夕日之日照国」にあると考えます。「お日様が一日中あたる」という意味と思えます。「豊葦原の水穂の国」が争奪戦の対象になった理由は、まさにここにある、という考え方です。

このあとで指摘するように、高知大学の中村純名誉教授（花粉分析学）の研究では、約三〇〇〇年前を中心に、数百年間、日本は「小氷期」の影響下におかれ、九州以外に水田稲作が不可能になったと指摘されています。近代日本古代史学の問題点の一つとして、日本における水田稲作とその自然環境問題などは、最初から視野にない点です。しかし地球には「氷河期」～「小氷期」などの変動があります。しかし通説のようにこの研究がなく、どうして〝弥生日本史〟が分かるのですか。こうした問題に目を注がずに、「日本神話」を無条件に否定する見地を、〝当然とか学問的〟という態度は、わが国に水田稲作を定着させた自分たちの祖先を、馬鹿者あつかいにする現代人の思い上がりでしょう。

先述のように『古事記』の九州内の国名に例外なく「日」がつけられていた意味も、中村純名誉教授の研究をふまえれば理解でき、それは大きな意味をもつものと思います。

同時に、江戸時代の尊皇史学、たとえば国学が、この「六字四行対句」の「四至」を理解しえなかったというのは、「世のなかのことは次第に元をおし極めるならば、人知にては知りえないこと」などと云っている、本居宣長の不可知論の水準、主観主義的観念論では、この「四至」を理解できなかったのは、むしろ当然でしょう。『古事記・日本書紀』は、日本民族の偉大な歴史とその記録である「諸家の齎す帝紀・旧辞」を、自己の日本史的正当化をはかって、八世紀の大和朝廷とその史官等がずたずたにしたものと考えられます。ましてやその「神話」などは、その正常な復元など絶望的ともいえるほどに破壊されている可能性があります。

この『古事記・日本書紀』の神話の一つは、水田稲作を日本本土で開始した時代、すなわち「弥生時代」初期の人々の社会・その闘争、その文化、もう一つは「倭国」史の一端の伝承と考えられます。したがってその中心的舞台は、朝鮮半島に面した筑紫を中心に日本海の暖流にそった地帯というのは、自然なことです。この〝弥生時代の日本史とその文化〟は、古代中国・朝鮮史料にも記載がなく、その復元は一見、絶望的に見えます。

ましてや「日本神話造作説」が支配的な今日の日本社会で、実はこれは弥生時代を開始した倭人の各部族の歴史的動向と、その文化の〝神話的体裁の記録だ〟という見方、理解に通じる道は、古田武彦氏の『盗まれた神話』によって、はじめてその突破口が開かれたと考えるものです。したがってこの方面は、いわば学問的な「人跡未踏の荒野」です。

しかし、にもかかわらず、今日の自然科学的研究の諸成果と、水田稲作の日本本土における展開への真に科学的研究等と、『古事記・日本書紀』の神話、すなわち弥生時代の人々、その社会の姿とその文化、および三角縁神獣鏡等の考古学的遺物とを対照することによって、〝この時代の日本史〟をある程度、再生・復元の可能性はあるのではと思いもいます。

その一つが、たとえば「豊葦原の水穂の国」の所在地問題や、この地、すなわち筑紫をはじめ領有していた「倭人」部族・出雲族、ここに新たに侵入してきた「倭人」部族・安曇族の姿などです。これが

『古事記・日本書紀』の歪められてはいますが「国譲り説話」から、次の問題を考察しますと鮮やかに浮かび上がってくる、と言えると思います。

それは第一に、筑紫地方が「豊葦原水穂の国」、すなわち水田稲作の適地として、なぜ争奪の対象になったのか、という問題です。いくら古代だからと言って初期の倭人部族にとって、水田の適地の探査では日本本土は、広すぎるはずではないのかと。

しかしこの問題が実は、「小氷期」という地球規模の数百年間にわたる一時的寒冷化問題とかかわり、日本本土において九州以外、水田稲作が困難になる時代が数百年間続くという、先述の研究があるのです。これは高知大学名誉教授の中村純博士の研究・「花粉から分かる稲作の苦闘」、（『科学朝日』、四一巻六号、一九八一年）です。

ではなぜ、通説はこの中村純名誉教授の研究を無視するのかといえば、この花粉分析学からの日本における水田稲作の発展の姿、したがって日本文化・国家形成・発展の姿は、『古事記・日本書紀』および、これを国是とする明治以来の近畿中心主義を根本的に否定して、北九州・九州こそが日本の水田稲作発展・推進の原動力ということを明らかにして、『古事記・日本書紀』の日本史よりも、古代中国・朝鮮の正史類の対日交流記を正当とする見地を導くからです。

ところが皮肉なことに後述するとおり中村純名誉教授の研究を肯定する結果となる、北九州等の水田稲作の開始年代の研究（放射性炭素〈^{14}C〉年代測定値）が、国立歴史民俗博物館によって二〇〇三年に発表される結果となり、通説はこれに反発して、大混乱に陥っている始末です。

以上、『古事記・日本書紀』の神話の世界は、実際には弥生時代初期の北九州の、水田稲作の適地をめぐる争奪史であって、その部族は先述のとおりですが、この時代の風景は多分、弥生式の環濠集落的要素をそなえた、たとえば「吉野ケ里」的なもので、『漢書』地理志に登場する「倭人・百余国」とは、まさに、こうした環濠集落を基礎にした、大小の集落が「国」と呼ばれた時代ではないかと思います。すなわち「日本神話」の世界とは、水田稲作展開の弥生の倭人の世界、つまりはいわゆる〝日本古代史〟よりもさらにはるかに古い、いまから約三千数百年前の世界で、それは今日の日本社会の土台をすえた「弥生史初期」の世界、その時代のことなのです。

つまりは今日の日本社会をつくったものは、「教育勅語」の「皇祖皇宗の肇国樹徳の聖業」などでは断じてなく、「小氷期」の約数百年間をはじめ、水田稲作に苦闘し、それを発展させた日本国民とその祖先、「教育勅語」はこれを「汝臣民」というのですが、この「汝臣民」、すなわち勤労国民自身こそが、「肇国樹徳の聖業」をなしとげ、社会を発展させてきた真の主体と考えます。「肇国樹徳の聖業」への最敬礼は、「汝臣民」になされるべきものと思います。

②水田稲作、北九州と近畿の時差、炭素年代測定値と「国譲り」

いつ北九州で水田稲作が開始されたか、すなわち北九州と近畿地方の水田稲作の時差という問題は、日本における国家形成史の土台、その出発点の問題です。だからこそ近畿中心主義の通説は、例えば先述の直木氏のように、北九州と近畿地方の間の水田稲作開始の時差を、「百年未満」などというのです。

その根拠は「土器編年」です。弥生時代以降を対象とする考古学では、「世界に冠たる土器編年」と称して、世界の歴史学が採用する放射性炭素（^{14}C）年代測定法を、〝不正確〟として否認しています。しかし、わが国の縄文考古学でも、「縄文土器編年」は否認されました（今村啓爾氏著、『縄文の実像を求めて』）。この著書には出土土器を地層別と「文化層」別に分類し、最終的にはその出土層から年代を類推する「土器編年」が、中国・ロシアをふくむ世界の先史考古学の発展との関連をも踏まえて、最終的に否定されていく姿が劇的に述べられています。「世界よりも俺が上だ」、すなわち戦前の皇国史観の「万邦無比」という考え方が、世界に通用するはずは断じてないと考えます。

〝論より証拠〟で、二〇〇三年、「一元史観」のおおもとの国立歴史民俗博物館による、北九州等の「土器編年」の「〝弥生時代早期・前期〟等の、煮炊き用土器に付着した煮焦げや炭化物を、〝AMSによる炭素（^{14}C）年代測定法〟で測定し、得られた数値を年輪年代法にもとづく、国際標準の暦年較正曲線によって暦年代に換算した結果、一一点の試料のうち一〇点が、〝前九〇〇〜七五〇年〟になった」（歴博特別講演会、二〇〇三年、七月二五日、津田ホール）という結果になりました。これは従来の「土器編年」の弥生時代よりも約五〇〇年も、北九州方面の水田稲作開始が、早まることを意味します。当時の新聞は「弥生時代五〇〇年はやまる」というように報道しました。

すなわちそれ以前の通説の考古学が、北九州と近畿地方の水田稲作の時差を、「一〇〇年足らず」としていたものが、国立の機関の炭素年代測定法で、「五〇〇年」も開いたわけです。これは日本古代史における近畿中心主義の根底的崩壊なのです。しかも「弥生式土器編年」に固執する、わが日本古代史学の姿に、「いつまでも理化学的な年代測定に拒否反応を続けていては、世界に通用しない学問になってしまいます。」と、九州大学理学部名誉教授の北村秦一氏が指摘（内倉武久氏著、『太宰府は日本の首都だった』、二二五頁）されていたわけです。

ところがこの歴博の発表以来、約一〇年以上をへても通説はなお、「……考古学が遺物の配列（土器編年）によって相対的年代を測定してから、実年代を推定するという手続きを重視している以上、安易に放射性炭素（^{14}C）に依りかかることを避け、まず形式学的研究を進めるのが筋だろう。」（二〇一三年、『岩波講座・日本歴史』第一巻、七八頁）という、古色蒼然たる姿です。これは近代日本古代史学の学問的な姿とその意味をあらためてしめしたものでしょう。

③花粉分析学からの報告——近畿より約千年も古い

学者の議論、いったいどちらが正しいのか、日本古代史の学者の議論は、延々たるものでわれわれ門外漢には、とても理解できないかの外観を呈しがちです。しかし、それはあくまでそう見えるだけで、論争の成否を決定するものは〝事実〟ですが、事実は誤ったイデオロギーを乗り越えるのです。がさて通説にとって不幸なことに、先の歴博の二〇〇三年の炭素年代測定値よりはるかに早く、一九八一年に先述の高知大学の名誉教授の中村純博士が明らかにされた、北九州での水田稲作の開始にかんする放射性炭素（^{14}C）年代測定値があります。

④遠賀川系土器

ところが皮肉にも通説が固執する「土器編年」の指標の土器が、結局は、通説の「土器編年」の破綻と、中村名誉教授の花粉分析学に立脚する炭素年代測定法の数値の、正当性を証明する結果になるという現実があるのです。通説の水田稲作の存在の考古学的指標は「遠賀川系土器」です。通説は日本全国の水田稲作遺跡の探究を、この土器の出土においています。つまりは日本の水田稲作の展開は、北九州の住民の東進という理解です。もっとも通説では土器形式のみが独り歩きしている観がありますが……。ところが中村純名誉教授の花粉分析学からは、日本最古の水田稲作は、遠賀川流域の「鞍手地区」と、同じく福岡県の板付遺跡の「J—23地点」と命名された遺跡で、ともに炭素年代測定値は〝三四〇〇年前〟（前掲書、四五頁）、次が「板付遺跡」の「G—7A地点」で、炭素年代で〝二九〇〇年前〟（前掲書、同頁）とあって、これは先述の歴博の数値と同じです。

ホ　三千年前の気象と九州――「国譲り・神武の東征」説話の真相

以上の測定値とともに中村純教授の指摘の重大性は、「三〇〇〇年前は、一時的植性破壊期（地球的規模の気象変動で、日本は寒冷化）で、北九州から中国側瀬戸内海、奈良盆地を経ては浜名湖に至る線の南側の地点では、一時的植性破壊期が終わると、ほとんど時を同じくして稲作がはじまる。つまり北九州で稲作が始まってから、数百年の間に稲作の始まった地点は発見されていないのである。」（前掲書、四五頁。傍線は引用者）、というのが、花粉分析学からの報告（次頁、図2参照）です。

これを読めば、出雲族が占有した北九州の水田稲作の適地が、なぜアマ氏族との争奪戦の対象になったか、だれにでも理解できるでしょう。そうしてこの寒冷化現象が終息に向かう数百年間、北九州～浜名湖線の南側が水田稲作の適地として、九州のアマ氏族等のうち、土地を求める氏族・部族等の進出の対象地になったのです。九州、とくに北九州は稲作がもっとも早くから開始され、弥生時代、人口密度が、一番高い地域と考えられます。「神武の東征」（実は東進）も、この一部と考えられます。これにかんしては『改訂版・『「邪馬台国論争史学」の終焉』に詳しく述べました。

図1　遠賀川系（弥生前期）土器分布図

①「北九州〜浜名湖線」と、「遠賀川系土器分布図」の一致

以上、中村純名誉教授の花粉分析学からの、九州と本州との水田稲作開始の時差と、それをうむ古代気象という問題が明らかになったと思います。さらに興味深いことは、中村名誉教授の「北九州〜浜名湖線」の存在を、通説の「土器編年」考古学が結果的に証明することとなるという、研究があるのです。それが「図1」です。

この「図1」は一九八六年一〇月一八日に、青森県八戸市で開催された日本考古学協会の大会の基調報告で示された、「遠賀川系（弥生前期）土器分布図」で、「土器編年」の〃弥生時代〃の水田稲作展開図です。これをみますと第一に「関東の空白」が目につきます。この図では、日本海側は東北まで水田稲作展開の遺跡があり、「北九州〜浜名湖線」の図とは一見、異なるかに見えます。

しかし、その後、さすがの通説も見解の変更を行なっています。それは先述の『岩波講座・日本歴史』（二〇一三年、第一巻）の以下の記述です。「東北地方北部を弥生文化の範疇からはずす意見もあるが、水田をはじめとする稲作志向が関東地方より強く（?、引用者）、拡大再生産も企画した状況からすれば、弥生文化の範疇で理解することが適切である。弥生後期に寒冷化の影響をうけて、続縄文文化に包摂されたのは、イネの生態上不可避のことであって、曲りなりにも数百年間は稲作志向の農耕文化形成の動きがあったことを評価すべきであろう。」（同書、七四頁。傍線は引用者）。

これを中村純名誉教授の「北九州〜浜名湖線」（図2）の説明らからみれば、三千数百年前に開始された水田稲作は、日本海側にそって東北方面に、出雲族かその近親の部族の人々によって展開されたが、約三〇〇〇年前の気象の「一時的寒冷化」に妨げられて、「今から約二〇〇〇年前に再開された」ということです。

関東の空白の意味は、一つは日本海側から遠いため、当時の交通手段の制約もあって、約三千数百年前には水田稲作民の進出がなかったか、きわめて少なかったこと、二つは「北九州〜浜名湖線」の形成に妨げられて、進出が近畿地方よりおくれたことなどが、その要因とおもわれわけです。

以上の諸点をふまえれば「図1」の「遠賀川系土器」が集中しているところは、一つは「北九州〜浜名湖線上」と、その南側であって、中村純名誉教授の「北九州〜浜名湖線」(図2)の指摘のとおりであることは明白でしょう。

にもかかわらず通説は、中村純名誉教授の花粉分析学からの指摘を口にはしません。なぜでしょうか。それは中村名誉教授の指摘を認めれば、北九州と近畿間の水田稲作の時差、〝約一千年説〟をも承認せざるを得ないからでしょう。この説を認めれば近畿中心説の日本古代史は、根底から崩壊し、「万世一系の天皇制は日本民族の歴史と文化」という戦前・戦後憲法第一条に、〝日本民族の歴史の事実はない〟ことを認めざるをえないからだ、と思います。

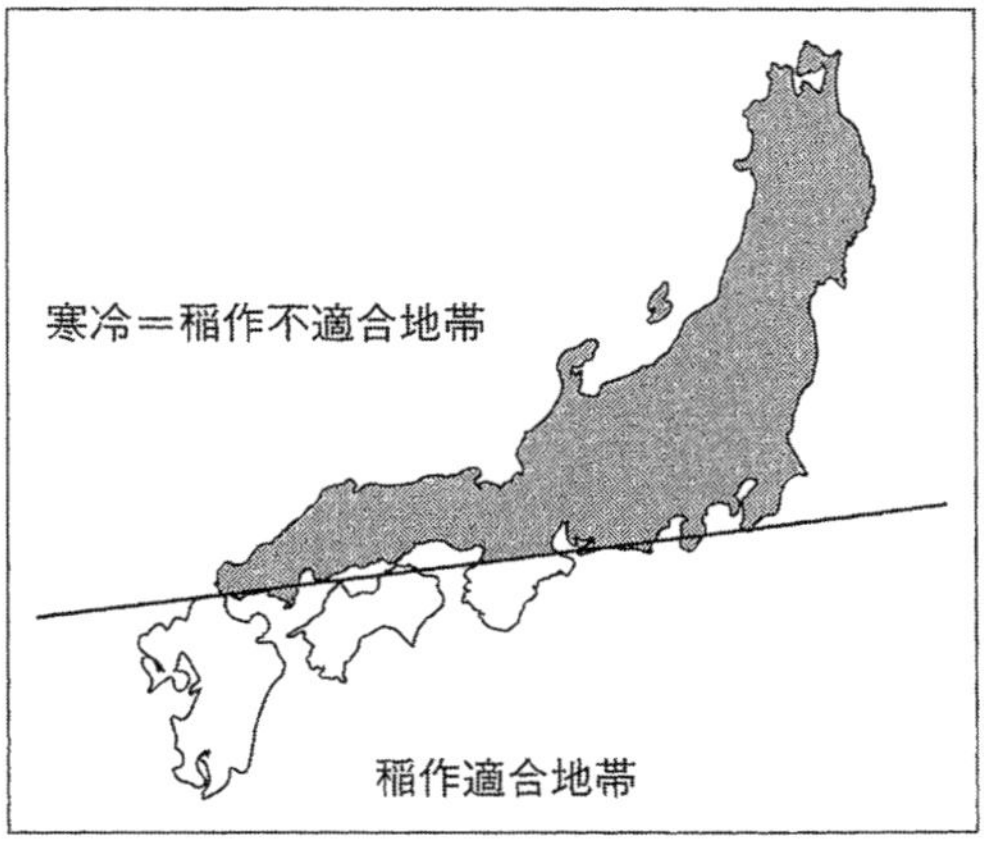

図２　北九州〜浜名湖線

第九章

天照大神、「三種の神器」は弥生文化の輝く宝

イ　天照大神と鏡（三角縁神獣鏡）　以上、わが国文明の土台である水田稲作は、その開始の初期に地球的規模の「寒冷化」現象に見舞われ、この南方系植物である稲の生産は、その低い生産力もあって、多大の困難に直面したものと思います。とくにこの寒冷化のなかで我々の祖先が、切実に求め祈ったものは太陽の輝きでしょう。今日といえども人間の力ではなんともならない寒冷化、太陽の光の喪失、この現実に直面したわれわれの祖先が、必死の思いで太陽光を求め、祈ったのはあまりにも当然でしょう。

この気候変動の事実を直視すれば、第一に北九州・九州をのぞいて水田稲作が不可能になる条件のもとで、その適地をめぐる取得権の確保問題は一大事であったことは、だれでも理解できることと思います。だからこそその地を手に入れたあとで、〝この地は朝から夕方まで一日中日が照るよ〟、と感激するのはあまりにも当然です。例の「四至」の「漢字六字ずつ、四行の対句形」です。またこの土地を奪われた出雲族の無念の想い、言い知れぬ怒り、水田稲作の適地・北九州の地への想いも、十二分に理解で

きるのではありませんか。出雲大社が「西向き」の由縁でしょう。

こうした寒冷化のなかで北九州等において、人々の太陽、その光を求める気持ちは切実なものであって、これが形となり、祈りとなったものが天照大神信仰と考えます。この願いを込めたものが鏡でしょう。ここから鏡は信仰の対象になったと考えるものです。

中村説では寒冷期は九州では、「北九州〜浜名湖線」残留区域よりは早く終息しています。先述のとおりこの「線」の誕生とともに、北九州・九州内の土地を十分にもてない氏族・部族等から、一斉に四国・中国地方瀬戸内沿海部、近畿地方の水田稲作の適地獲得をめざす、激しい取得争いが生じたと考えられます。「神武の東征」も、その実、その一部分であって、「東征」は虚偽であって真実は「九州からの東進」です。『新唐書』日本国伝に、八世紀の「ヤマト朝廷」の使者が、〝ヤマト朝廷のそもそもの出身地を「筑紫」〟としていた意味も同様にここにあります。これは「ヤマト朝廷」のみならず、本州・四国の稲作民＝日本人は、みな九州をはるかなる「故郷」とするということです。

本州西部からか近畿地方にかけて、「北九州〜浜名湖線」という寒冷化現象の境界線は、九州よりなお数百年間残存し、この結果、太陽信仰は維持され、ついにこの方面で三角縁神獣鏡信仰として、例の日本製の青銅鏡をうみだしたと考えるものです。また今日、農家の神棚に、「天照大御神」のお札が飾られているのは、先述のとおりに真実の日本史に照らせば当然なことです。しがって「日本神話・『古事記・日本書紀』神話造作論」は、その根本においては誤りであるばかりか、同時に、『古事記・日本書紀』神話、大和朝廷文化論もまた、日本民族の歴史の二重の歪曲・否定です。この「神話」は出雲・安曇族等の倭人の弥生文化であって、近畿ヤマト朝廷勢力はこの文化の偽造者に過ぎず、この文化を創設した中心的勢力は、古代出雲・北九州の「倭人」であり、それは同時に「倭国」創設の推進勢力です。

ロ　「北九州〜浜名湖線」と近畿・奈良　なお一語指摘しておくべきは、「近畿・奈良地方」の「弥生時代」の位置づけです。この「北九州〜浜名湖線」のうち本州のなかで、最大の平野面積を誇るのが奈良盆地だということです。大坂方面は古代において広大な「河内湾」（四〇〇〇年以前）、「河内潟」（二〇〇〇年以前）、「河内湖」（一六〇〇年以前）があり、この干拓等の事業が寒冷気象下と相まって、九州方面から入植した部族によって、営まれたのではないか等、あまり指摘されていない問題があり、その「北九州〜浜名湖線」形成の初期の時代には、北九州・九州方面の倭人は、一番広い面積をもつ奈良方面をめざしたと思われるのです。その他の地方は、四国をふくめて瀬戸内は、平地が奈良等にくらべて狭く、紀伊半島も山が海岸線まで迫っており、「北九州〜浜名湖線」形成時においては、奈良盆地こそは進出の主な対象地になり、のちに蘇我氏や大和朝廷等の勢力形成の地となった、ということと思われます。したがって「近畿中心主義」は、後代の大和朝廷成立後の姿を、日本古代史と錯覚する真の科学的歴史観からは、非歴史的日本史観に過ぎないということです。

八　前方後円墳・三種の神器は倭人の文化　まるでヤマト朝廷と近畿地方を日本文化の中心でもあるかにいう、代名詞に位置づけられている「前方後円墳」は、九州にその起源をもつ墓制であることは、次の指摘で明らかです。

・「……九州の古墳は圧倒的に前方後円墳であって、宮崎県の生目《いくめ》古墳群、西都原《さいとばる》古墳群が定式化された最初の段階に近いであろうという実態があきらかになりました。その結果、墳丘の長さ二百メートルをこえるものが相当ある。……それと大規模な前方後円墳が、古墳時代初期の段階から中期頃ぐらいまでにほとんど終わっている……」（『シンポジウム・日本の考古学・4』、「古墳時代の考古学」、五八頁、学生社、二〇〇〇年、重版）。

・その墳岳が全国屈指の巨大前方後円墳（墳丘の長さ、三五〇メートル）である造山古墳群（岡山県）の一翼に、千足古墳がある。この装飾石飾にかぎらず、すべての石飾の石は、九州の唐津湾岸周辺の砂岩製と考えられる。また石室を構成した多くの板条の石のなかで玄武岩ないし安山岩系のものは、ともに北部九州から運ばれた石と思われる。

この古墳は、構造や装飾にかぎらず、主要な石まで九州的であり、古墳構築の材料から構築技術者までが九州から運ばれたとみられる。……この吉備中枢部の古墳の主たちが、いかに西の勢力とつよく関係していたかがうかがえる。」（『日本の古代遺跡・岡山』、森浩一氏企画、間壁忠彦・間壁葭子氏共著、一一二頁、保育者、一九九五年、第三刷）。ここに示されているものは。日本古代文化・近畿中心主義の代名詞のような「前方後円墳」は、実際は北九州・九州発祥の古墳文化であるということです。

①「三種の神器」

昭和二四年（一九四九）に、前期に属する茶臼山古墳（奈良県桜井市）が発掘調査されています。「すでに盗掘を受けてめぼしいものはなかったが、その副葬品の組み合わせは、〝鏡・玉・剣〟など北九州の弥生中期、後期の族長が持っていたものと基本的に同じである。」（井上光貞氏著、『日本の歴史』〈神話から歴史へ〉、三一〇頁、中公文庫、一九八八年）という指摘があります。

「三種の神器」、戦前、国民学校（小学校）に行った人ならば、耳にタコができるほど「天皇の皇位継承」の神器として、その重大さ、神聖さが強調された器物です。ところがこの「三種の神器」が、北九州等の〝族長の古墳〟から出土するということは、どういうことでしょうか。この戦前、「天皇の皇位継承の神聖な神器」などと、天まで持ち上げられたこの「鏡・玉、剣」とは何でしょうか。これを「倭国文明の産物」と看破されたのは、古田武彦氏（『盗まれた神話』、「第四章、「おおわれた王朝発展史」〝三種の神器〟圏）です。

鏡・玉・剣の三種の器物が弥生時代の、北九州～九州で神聖視されていたということです。私は、鏡が「太陽光」への信仰財と考えられる点を指摘しました。では「玉」はなにか、結論は、細石＝〝さざれ石〟信仰、すなわち健康・長寿への祈願です。〝さざれ石〟とは、今日、国歌とされている「君が代」の歌詞の〝さざれ石〟です。問題は、この〝さざれ石〟とはなにか、なのです。この問題も拙著『改訂版・「邪馬台国論争史学」の終焉』（日の丸、君が代の真実）で詳論しましたので、ここでは簡略に述べます。

人類の文化は世界的に石器から金属器へと発展しています。人類の文化のなかで時間的にはこの石器時代は大変長いといっても間違いではないでしょう。こうした長大な期間にわたって続いた文化が、金属器時代になお一部が残存していたとしても。不思議ではないでしょう。人類の文化には長寿への祈りもあり、この気持ちは金属器使用時代に、はじめて生まれたなどということはできないでしょう。さきにあげた拙著で詳しく述べたように、古代琉球・古代北九州等に「成長する石・巌」信仰があり、そこには「苔むす巌」には、人間の命を長らえるという信仰があり。同時に、その巌からかき取った細石には、人の魂を身体に込める、すなわち魂が体から飛んで行かないようにする、そういう力があるという信仰があったことが指摘されています。

日本のみならず原始人には、いろいろと自然・世界・身体等々にかんして「考え方」があり、これにしたがっていろいろとお守りとして躯に首飾り、腕輪等々としてつける風習があることはひろく指摘されています。こうした細石は、勾玉とかそうした腕輪などとなって、身体に帯びて効能が期待され、こうした背景をも帯びながらいわゆる装身具として定着したと思われます。

こう見てきますと「鏡は太陽、すなわち水田稲作の豊かな実り、豊穣への祈りであり、剣はいうまでもなく自衛の象徴であり、玉は住民の健康と長寿への祈り」を示すものではないかと思います。すなわちこうしたものが出土する前方後円墳は、そこに埋葬された首長なり祈祷師なりが、水田稲作の豊かな実り、部族社会の安心・安全の確保、部族の構成員の健康と長寿を確保・実現するうえで大きな功績があり、その力がこの人物の死後も、生前同様に部族の上に働くよう祈り、それをその指導者の埋葬にあたって祈願する風習があり、前方後円墳造営はそうした意味があったのではないか、と考えます。

こう考えますと『三種の神器』と称されてきた器物の意味は、きわめて人間的で正常なもので、社会の指導者像は、生産の発展と社会の安心安全と、社会の全構成員の健康の確保への貢献など、今日の社会でも立派に通用するものではないかと思います。平凡ながら明確なその社会の人々の安心・安全・健康の確保を、その評価の基準においたもので、戦後の日本国憲法の天皇制条項を除いた、国民主権と平和、人権、国民一人ひとりが「健康で文化的な生活」を確保できる社会という考え方に、通じるものではないか、と思います。すなわち日本民族の偉大な社会的・思想的・文化的遺産ではないか、ということです。

こう書きますと「弥生時代」の「倭人」は、大変、民主的で健全な文化を持っていた、わけですが、しかし、弥生人にかぎらず、全人類は、『アメリカ先住民のすまい』によると、その氏族社会において、一方では「民主的」で〝異氏族〟（今日の他人）にも、平和時には大変人間的に対応（歓待の習慣＝自分の食糧を最後まで分ける）する習慣があったと指摘されています。

これは原始共産主義社会の低い生産力の結果、人が食糧に困った時には、無条件に助け合う習性から生まれたものといわれ、これは相互に守られ、この社会では「ケチ」は重大な犯罪で、万一、部族に一人でそんな人間がいれば、全部族員が侮辱され、非難されたとモーガンは指摘（『アメリカ先住民のすまい』）しています。しかし、いったん戦争の相手になれば、その捕虜を皆殺しにするのが、とくに集落インディアンの傾向と、モーガンは同書で述べています。これが旧大陸では生産力の一定の発展段階以降は、殺さずに奴隷にするという制度になったと云われています。

②前方後円墳終焉の意味

前方後円墳は一種の氏族的・部族的性格の強い墳墓であって、その造営はその氏族・部族の意志と力をもって造営されたもので、寒冷化気象の終焉とともに土地の氏族的部族的所有形態から、個々の氏族員の個人的所有の形態の比重がおもむきをなす社会に移行した場合、終焉する必然性を持った墓制ではないかと思います。

その意味は、北九州・九州はこの一時的な寒冷化現象から、いち早く脱却しその後の生産力の向上の条件に恵まれ、次第に土地の所有形態も私的性格をつよめたとおもわれ、この結果、一種の氏族社会的性格の前方後円墳造営の社会的基盤は失われたと思われます。

これに反して近畿地方は、寒冷化現象の終局にむかう過程の「北九州～浜名湖線」の真下にあって、しかも九州から東進した勢力をむかえたのは、『神武古事記・日本書紀』に見るような先住者（縄文系先住者）との土地をめぐる抗争、さらには九州から東進した勢力同士の緊張、また一方では大阪平野に見られた広大な、「河内湾～湖」の〝天然の干拓〟の過程ばかりではなく、多分人工的干拓の必要等々の要素が重なって、氏族的部族的結合は〝再生産〟され、それは九州が生産で個人の力、したがって土地の私有的側面の強化・発展に反して、その後、長く維持されて、これが例の巨大前方後円墳形成の要因ではないかと思われます。

そうして北九州～九州において、この土地の個人的所有制の確立・発展とともに、富める一部の人間が生まれ、次第に支配階級を形成し、階級社会が誕生したのでないか、これが北九州～九州の近畿地方にたいする先行性の客観的背景であって、ここを無視して『古事記・日本書紀』絶対主義で日本史を考察するのは、『聖書』の「天地創造」を盲信するようなものということと思います。

おわりに

最後に、倭国滅亡直前の近畿地方で勢力を保持し、近畿地方への倭国文化、前方後円墳、若干時代が下がっての「倭国」の仏教の普及、さらには都城の原型を形成したものは、先述の「武内宿禰～蘇我」系列であって、これが「倭国」に討たれた後に、大和朝廷台頭の機会があったのではないかなどは、拙著『改訂版「邪魔台国論争史学」の終焉』に詳しく述べました。

「万世一系の天皇制」とか、「ヤマト朝廷一元史観」は、大和朝廷の始祖らの「日本史改竄」を源流とし、近世の「水戸史学、国学」という、尊皇史学・尊皇思想によって神聖化された〝偽造の日本史〟に過ぎず、その真の正体は近代日本の支配層の階級的支配の、日本史論を装った自己の支配の正当化、合理化論＝社会の秩序論・あり方論に過ぎない、ということです。

また日本における民主主義への流れは、水田稲作を日本本土で開始した弥生時代にその根源を発し、古代天皇制政府の打破という日本民族の進歩を推進した、初期武家階級の闘いの旗印を形成し、本来、近代日本社会の確立で継承・発展させられるべきものでしたが、『尊皇・日本史論』への正当な批判的探究が、近代の日本の民主主義をいう人々に正当に理解・評価されず、尊皇日本史論への正しい批判の確立こそが、日本における民主主義への道を切り開くうえで、きわめて重要な課題という認識が、まことに残念ながら今日、ただいまといえども、確立されていない現状と思います。

しかし、「文明開化」的海の向う礼賛一辺倒に別れを告げ、欧米の民主主義思想ともいわば地下水脈＝氏族社会の普遍的な思想・文化で結ばれた、東アジアと日本の古来の文化への正当な評価をも踏まえて、尊皇日本史論の虚偽を、日本民族の歴史の真実の解明を通じて明らかにし、それとともに日本の民主主義とその思想等の歴史をも再評価して、発展的に継承する道をひらくことは、真に意味ある課題ではないかと思います。ここからの結論は、現憲法の第九条の改変はもちろんですが、「天皇元首化」などは論外のことというべきものだということです。

私は「一元史観」批判において、古田武彦氏の「多元史観」に立脚していますが、古田武彦氏の業績は広範囲ですが、なかでも古代中国・朝鮮諸国の「正史」類の対日交流記を、偏見と予断を排して正面からとりあげられた点は、画期的なものと考えます。それは「伝統的な尊皇日本史論」に屈服することなく、しかも近代日本の相対立する左右の勢力が、ともに蔑視・拒否する古代中国・朝鮮史料に堂々とたちむかわれた姿は、日本古代史学の探究において、シュリーマンの「トロイ発掘」の偉業に例えられるものと思います。シュリーマンは当時、欧米の歴史学において、まともな歴史探究の対象とはされていなかった、ホメロスの『オデッセー』『イリアス』を歴史の事実の記録と信じて、トロイを発掘した点に大きな意味があることは、周知のことです。これによって近代ヨーロッパの科学的実証主義的歴史学の発展の基礎を築いたことは、すでにヨーロッパの古代史学が、一致して確認していることは衆知のことです。古田武彦氏の古代中国・朝鮮史料への正しい態度と探究は、真実の日本古代史探究において、このシュリーマンの業績に例えられるものと思います。

ただし民主主義の発展がおくれたシュリーマンの祖国ドイツは、マルクスが厳しく批判した「ドイツの俗物根性」のせいか、事実の重視という精神にかけ世俗的権威主義が支配的で、ドイツ以外のヨーロッパの諸国が、シュリーマンの功績を認めてた後も、「一介の町人如きが」とその業績を認めず、シュリーマンが自己の発掘物をイギリスに寄贈することを希望したら、これには断固反対したという醜態振りであったことが、ヨーロッパ史学で指摘されています。

民主主義の精神の欠落とは、こうしたものでしょう。なお古田氏が切り開かれた「多元史観」は、古代ヤマト朝廷の正史および近世尊皇史学の真の姿と、その歴史的・社会的性格、その意味を明にするものという点でも、日本史的意義をもつものという評価が確立される日は、後代に必ず来るものと思います。

ただしそれが第二時大戦での日本の敗北に次ぐ悲劇を経ずに、確立されるか否か、ひとえに「日本の民主主義」の姿に依存しているように思えます。

草野　善彦（クサノ　ヨシヒコ）

1933年生まれ。
武蔵野美術学校（大学）卒。

〝憲法改正〟教育勅語問題と「二つの日本史」

2018年６月９日　初版第１刷発行
著　者　　草野 善彦
発行者　　新舩 海三郎
発行所　　株式会社 本の泉社
〒113-0033 東京都文京区本郷2-25-6
TEL. 03-5800-8494　FAX. 03-5800-5353
印　刷　　新日本印刷 株式会社
製　本　　株式会社 村上製本所
ＤＴＰ　　木椋 隆夫

乱丁本・落丁本はお取り替えいたします。本書の無断複写（コピー）は、
著作権法上の例外を除き、著作権侵害となります。
©Yoshihiko KUSANO, 2018 Printed in Japan
ISBN978-4-7807-1694-8 C0021